民事訴訟法

〔第8版〕

上原敏夫・池田辰夫・山本和彦 著

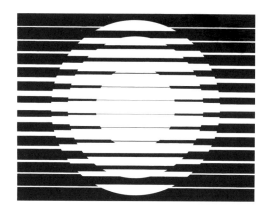

有斐閣Sシリーズ

Yuhikaku

第8版 はしがき

本書の第7版は平成29年3月に出版され，これまでと同様に多くの読者を得ることができた。しかし，それから8年，本書の初版から数えれば33年もの歳月が経過しようとしている。この間，法令の改正と判例・学説の進展が著しい。とりわけ，令和4年には，民事訴訟手続のIT化，犯罪被害者等が申立てにあたって住所・氏名等を秘匿する規定の整備，法定審理期間訴訟手続の創設などを内容として，民事訴訟法が改正され，同5年には，仲裁法も改正されるなどした。

そこで，このたび，上記の法改正への対応，14件の最高裁判例を含む新判例のフォロー，コラム欄の見直しなどを行って，記述内容の一層の充実をはかり，第8版として送り出すこととした。なお，本書では，改正法下の民事訴訟手続の全容を明らかにするために，現時点で未施行の条文も含めて，記述している。

わが国の司法制度及び裁判所の実務は，なお変革の途上にあり，AIの急速な普及への対応など，今後の課題も多い。このような中で，民事訴訟法を中心とする手続法の理解を深める教育の重要性はますます大きくなっている。第8版がこれまでと同様に広く用いられ，学部及び法科大学院における教育のための標準的な教科書としての使命を果たすことを念じている。

第8版の編集を担当された有斐閣法律編集局学習書編集部の小野美由紀さんに，厚く御礼申し上げる。

令和7年1月吉日

執筆者を代表して

上原　敏夫

初版　はしがき

　本書は，有斐閣Ｓシリーズの他書と同様に，主に，大学での講義に際して標準的な教科書として利用されることを予定して，執筆したものである。限られた分量で民事訴訟（判決手続）の全体をカバーしている。

　民事訴訟法は，学生諸君にとって，現在でも取りかかりにくい科目といわれている。たしかに，ここ数十年にわたり，優れた先達とそのもとに輩出した多くの研究者の手によって，過去の通説を揺り動かすような新しい学説が次々と登場し，新しい分野へと研究対象が広がる一方で，判例・実務にも現代的な紛争に対応するダイナミックな動きが見られるなど，民事訴訟法学は活況を呈しており，過去に「眠素」と評されたような状況はなくなった。しかし，反面でこのような学問・実務の発展が，大学ではじめて民事訴訟法を学ぶ者にとって，この科目の履修の難しさを増す原因となっていることも否定できない。

　このような中にあって，本書は，基本的な概念及び手続の仕組みをわかりやすく解説し，学生諸君が判決手続の全体像を把握し，民事訴訟法学の基本的な理論体系を理解する手助けとなることを，目標としている。各章の扉にその章の内容をごく簡単に要約したり，小活字のコラム欄を設けて，学説上の論争の立ち入った紹介や実務に関連した話題の提供を試みたのは，民事訴訟の世界に学生諸君ができるだけ早く親しみ，興味をもって勉強を進めることのできるようにと，配慮してのことである。

　同時に本書には，これを基礎として学生諸君がより進んだ勉強をする場合に，そのための手掛かりとなる情報も盛り込むように，努めている。判例について，『民事訴訟法判例百選ⅠⅡ』に掲載されたものを中心に相当数を引用し，学説について，『民事訴訟法の争点（新版）』の項目を挙げてあるのは，この趣旨である。小活字のコラム欄にも，このような

意図で執筆されたものが含まれている。これらの情報は，学生諸君が自習をする場合だけでなく，教師が教室において折にふれて特定のテーマについて立ち入った解説を試みる際にも，役立つであろう。もちろん，これらの引用は網羅的ではなく，その選択は，あくまで，学習上の便宜という観点からなされていることをお断りしておく。なお，本書の執筆にあたって，体系書・論文等，先人の多くの優れた業績を参照したことはもちろんであるが，本書の目的及びその規模から，これらの引用は控えさせていただいた。

　本書の企画段階及び執筆の途中において，執筆者三名は，いくたびか議論を重ねて，本書の内容及び記述の体裁が前に述べた目的に沿うものとなるよう，最大限の努力をした。しかしながら，本書のような基本的な教科書においてであっても，各自の個性が反映された内容となることは学者として当然のことであり，担当部分についての最終的な責任は各自が負うものである。

　最後に，本書の企画から発行に至るまで全般を担当され，執筆者に多くの有益な助言をいただいた有斐閣編集部の酒井久雄氏，亀井聡氏に，心よりお礼を申し上げる。

平成4年3月吉日

執筆者を代表して

上原　敏夫

目　次

第1章　総　論──民事訴訟の世界　　　　　　　　　T. Uehara　1

I　民事紛争の解決制度　2

1　民事紛争と民事訴訟　2

2　民事紛争の解決制度　3
　(1)　和解──話合いによる解決(3)　(2)　調停(3)　(3)　裁判上の和解(4)　(4)　仲裁(5)

3　民事訴訟手続の特色　7
　(1)　民事紛争の解決のための最終的手段(7)　(2)　当事者の意思の反映(8)　(3)　訴訟と他の解決手段との関係(9)

4　訴訟と実体法　10

II　司法制度の中での民事訴訟　11

1　司法権の限界──法律上の争訟　11
　(1)　法律上の争訟とは(11)　(2)　法律上の争訟概念の訴訟法的位置付け(12)

2　訴訟と非訟　14
　(1)　非訟事件の具体例(14)　(2)　非訟事件の審理手続の特徴(14)　(3)　非訟事件の性格と訴訟事件の非訟化(15)　(4)　非訟化の限界(16)　(5)　近時の法改正(17)

3　裁判を受ける権利　17
　(1)　裁判を受ける権利(17)　(2)　訴権論(18)

III　民事訴訟制度の現代的課題　19

1　裁判所へのアクセスの保障と審理の充実・促進　19
　(1)　訴訟制度の利用の不活発(19)　(2)　審理の充実・促進(21)　(3)　訴訟の費用をめぐる問題(22)

2　現代型訴訟への対応　25
　(1)　紛争の集団性と多数当事者訴訟(25)　(2)　争点の解明の困難(27)

(3)　求められる救済と判決の役割(27)
　3　国際化の問題　*28*
　4　民事訴訟法典　*29*

第2章　訴訟手続の開始　　　　　　　　　　　　　K. Yamamoto *35*

I　訴　え　*36*

　1　訴えの提起　*36*

　　(1)　訴えの意義・種類(36)　(2)　提訴予告通知(39)　(3)　訴え提起の方式(41)　(4)　訴え提起後の手続(43)

　2　訴訟物　*46*

　　(1)　訴訟物の意義(46)　(2)　訴訟物の同一性・単一性(47)　(3)　申立事項と判決事項(50)

　3　訴訟の開始の効果　*52*

　　(1)　訴訟係属(52)　(2)　二重起訴(重複訴訟)の禁止(52)　(3)　実体法上の効果(54)

II　裁判所　*54*

　1　裁判所の概念　*54*

　　(1)　裁判所の意義・種類(54)　(2)　裁判所の構成(56)　(3)　裁判官(57)　(4)　裁判所書記官(59)

　2　民事裁判権　*60*

　　(1)　意義(60)　(2)　範囲(60)　(3)　効果(61)

　3　国際裁判管轄　*61*

　　(1)　意義(61)　(2)　範囲(62)　(3)　効果(63)

　4　管　轄　*64*

　　(1)　管轄の意義(64)　(2)　管轄の種類(64)　(3)　移送(71)

　5　裁判所職員の除斥・忌避・回避　*72*

　　(1)　意義(72)　(2)　除斥(73)　(3)　忌避(73)　(4)　除斥・忌避の手続(74)　(5)　回避(75)

III　当事者　*75*

　1　当事者の意義　*75*

　　(1)　当事者の概念(75)　(2)　当事者権(76)　(3)　当事者の確定(77)

2　当事者能力　*79*

　　(1)　当事者能力の意義(*79*)　(2)　当事者能力を有する者(*80*)　(3)　当事者能力の調査・効果(*82*)

3　訴訟能力　*83*

　　(1)　訴訟能力の意義(*83*)　(2)　訴訟無能力者・制限訴訟能力者(*83*)　(3)　訴訟能力欠缺の効果(*85*)　(4)　弁論能力(*86*)

4　第三者による訴訟追行（訴訟担当と代理）　*86*

　　(1)　第三者による訴訟追行とは(*86*)　(2)　法定訴訟担当(*87*)　(3)　任意的訴訟担当(*88*)　(4)　法定代理(*88*)　(5)　訴訟代理(*91*)

第3章　訴訟の審理　　　　　　　　　　　　　　*T.Uehara* 97

I　審理の対象　*98*

1　本案と訴訟要件　*98*

　　(1)　本案(*98*)　(2)　訴訟要件(*98*)　(3)　両者の関係(*99*)

2　訴訟要件の調査　*100*

　　(1)　職権調査の原則(*100*)　(2)　本案判決との関係(*102*)

3　訴えの利益　*103*

　　(1)　意義(*103*)　(2)　訴えの利益の一般原則(*103*)　(3)　各訴訟類型ごとの訴えの利益(*103*)

4　当事者適格　*108*

　　(1)　意義(*108*)　(2)　原則(*108*)　(3)　第三者の訴訟担当(*109*)

II　審理の過程　*110*

1　当事者・裁判所の役割分担　*110*

　　(1)　当事者主義と職権主義(*110*)　(2)　弁論主義(*110*)　(3)　釈明(*114*)　(4)　専門委員の関与(*118*)　(5)　職権進行主義(*119*)

2　口頭弁論　*127*

　　(1)　口頭弁論の概念(*127*)　(2)　口頭弁論の諸原則(*128*)　(3)　口頭弁論の準備(*139*)　(4)　口頭弁論の実施(*146*)　(5)　当事者の欠席の場合の措置(*149*)

3　訴訟手続の停止　*150*

　　(1)　停止の制度(*150*)　(2)　中断(*151*)

Ⅲ 証　明 *152*

1 概　念 *152*
(1) 証明(*152*)　(2) 証拠(*154*)

2 証明の対象 *157*
(1) 事実(*157*)　(2) 証明を要しない事実(*157*)

3 自由心証主義 *160*
(1) 意義(*160*)　(2) 内容(*160*)　(3) 事実認定の法的規律(*161*)

4 証明責任 *162*
(1) 証明責任の概念(*162*)　(2) 証明責任の分配(*164*)

5 証拠調べの手続 *170*
(1) 証拠の申出と採否(*170*)　(2) 証人尋問(*172*)　(3) 当事者尋問(*174*)　(4) 鑑定(*175*)　(5) 書証(*177*)　(6) 電磁的記録に記録された情報(*186*)　(7) 検証(*187*)　(8) 調査の嘱託(*188*)　(9) 証拠保全(*188*)

第*4*章　訴訟の終了　　　　　　　　　　　　　　*T. Ikeda 193*

Ⅰ 総　説 *194*

1 訴訟の終了とは *194*
(1) 裁判所の判断で終わる場合(*194*)　(2) 当事者の意思に基づく行為によって終わる場合(*195*)

2 訴訟の終了の実際 *195*

Ⅱ 当事者の行為による訴訟の終了 *196*

1 訴訟上の和解 *196*
(1) 法的性質(*196*)　(2) 要件(*196*)　(3) 手続(*197*)　(4) 効果(*198*)　(5) 訴訟上の和解の瑕疵を争う方法(*199*)

2 訴えの取下げ *201*
(1) 法的性質(*202*)　(2) 要件(*202*)　(3) 手続(*203*)　(4) 取下げが無効である場合の措置(*204*)　(5) 効果(*204*)

3 請求の放棄・請求の認諾 *205*
(1) 法的性質(*205*)　(2) 要件(*206*)　(3) 手続(*207*)　(4) 効果(*208*)

Ⅲ 終局判決とその効力 *208*

1 総　説 *208*

（1）判決の自縛力（自己拘束力）(*209*)　（2）判決の脱漏(*211*)　（3）確定判決の効力(*212*)

2 判決効の客観的範囲（拘束される判決内容の範囲） *216*

（1）訴訟物による限定(*216*)　（2）基準時による限定（いわゆる既判力の時的限界）(*219*)

3 判決効の主観的範囲（拘束される人の範囲） *221*

（1）判決効の相対性の原則(*221*)　（2）反射効(*222*)　（3）対世効(*223*)

4 判決のその他の効力 *223*

（1）判決の法律要件的効力(*223*)　（2）裁判の羈束力(*224*)　（3）波及効(*224*)

5 終局判決に付随する裁判 *224*

（1）仮執行宣言(*224*)　（2）訴訟費用の裁判(*225*)

Ⅳ　その他の裁判 *225*

第5章　複雑な訴訟形態　　　　　　　　　　　　　　　*T. Ikeda* 229

Ⅰ　請求の複数——複数請求訴訟 *230*

1 訴えの併合（請求の併合） *230*

（1）併合形態(*230*)　（2）併合要件(*231*)　（3）効果(*232*)

2 訴えの変更 *233*

（1）意義(*233*)　（2）要件(*234*)　（3）許否の判断(*235*)　（4）効果(*235*)

3 反　訴 *237*

（1）意義(*237*)　（2）要件(*238*)

4 中間確認の訴え *239*

（1）意義(*239*)　（2）要件(*239*)

Ⅱ　当事者の複数——多数当事者訴訟（多数関与者訴訟） *240*

1 共同訴訟——主張共通の原則・証拠共通の原則はどの範囲で妥当するか *240*

（1）共同訴訟の意義(*240*)　（2）選定当事者とクラス・アクション(*241*)

目　次　ix

　　(3)　必要的共同訴訟（固有必要的共同訴訟・類似必要的共同訴訟）(244)
　　(4)　通常共同訴訟(248)　(5)　特殊な併合形態(249)

2　大規模訴訟等における審理手続の特則　*251*

3　訴訟参加の諸形態　*253*
　　(1)　意義(253)　(2)　参加の諸形態(254)

4　当事者の変動（交替）——訴訟承継・任意的当事者変更・第三者の訴訟引込み　*266*
　　(1)　訴訟承継(266)　(2)　任意的当事者変更(273)　(3)　第三者の訴訟引込み(273)

第6章　不服申立手続　　　　　　　　　　　　　　K. Yamamoto　275

I　上　訴　*276*

1　上訴制度　*276*
　　(1)　上訴の意義・種類(276)　(2)　上訴の目的(277)　(3)　上訴の要件(278)

2　控　訴　*279*
　　(1)　控訴の意義(279)　(2)　控訴の利益(279)　(3)　附帯控訴(282)
　　(4)　控訴の提起(283)　(5)　控訴審の審理(284)　(6)　控訴審の判決(287)

3　上　告　*290*
　　(1)　上告の意義(290)　(2)　上告理由(291)　(3)　上告受理の申立て(293)　(4)　上告の提起(294)　(5)　上告審の審理(297)　(6)　上告審の判決(297)

4　抗　告　*299*
　　(1)　抗告の意義・種類(299)　(2)　抗告のできる裁判(299)　(3)　抗告手続(300)　(4)　再抗告(301)

II　特別上訴と再審　*301*

1　特別上訴　*301*
　　(1)　特別上訴の意義(301)　(2)　特別上告(302)　(3)　特別抗告(302)
　　(4)　許可抗告(303)

2　再　審　*304*
　　(1)　再審制度の意義(304)　(2)　再審事由(304)　(3)　再審訴訟の要件(305)　(4)　再審訴訟の審理・判決(306)　(5)　準再審(307)

第7章　簡略な手続

I　簡易裁判所の手続　310
1　手続の特則　310
2　訴え提起前の和解　311

II　少額訴訟　312
1　意　義　312
2　対象事件　313
3　通常手続への移行　314
4　審　理　314
5　判　決　315
6　不服申立て　316

III　法定審理期間訴訟手続　318
1　意　義　318
2　要　件　319
3　手　続　320
4　手続移行・不服申立て　321

IV　督促手続　323
1　意　義　323
2　管轄および対象となる請求　323
3　支払督促　324
4　督促異議　325

事項索引(327)

判例索引(337)

条文索引(348)

凡　例

■法令名の略語

　法令名の略語については，有斐閣版『六法全書』の「法令名略語」によった。なお，民事訴訟法の条文については条数のみ，民事訴訟規則は規の略語で示した。

　　例　55Ⅱ①→民事訴訟法55条2項1号

■本書のなかで，判例の後に **123** という形で表記されているものは，『基本判例 民事訴訟法〔第2版補訂〕』（2010年，有斐閣）での項目番号を示す。

■判例・雑誌等の略語

大　判（決）	大審院判決（決定）
最(大)判(決)	最高裁判所（大法廷）判決（決定）
民　録	大審院民事判決録
民　集	大審院（最高裁判所）民事判例集
全　集	大審院判決全集
裁判集民	最高裁判所裁判集民事
高民集	高等裁判所民事判例集
下民集	下級裁判所民事裁判例集
行　集	行政事件裁判例集
裁　時	裁判所時報
判　時	判例時報
判　タ	判例タイムズ
金　判	金融・商事判例
金　法	金融法務事情

第 1 章

総 論
——民事訴訟の世界

➡ウェブ会議を利用した口頭弁論
　毎日新聞社提供

本章では，まず，民事紛争の解決制度にはどのようなものがあるか，その中で民事訴訟手続はどのような特色をもっているかを解説する（Ⅰ）。

次に，どのような紛争が民事訴訟の手続によって解決されるかという問題を，司法権の限界という視点（法律上の争訟）から，また裁判所が訴訟とは異なる手続によって処理するものとされている事件（非訟事件）との比較の中で，検討する（Ⅱ）。

さらに，現代において民事訴訟制度に何が期待されており，その期待に応えるための法改正，実務及び理論の動きを概観する（Ⅲ）。

I 民事紛争の解決制度

1——民事紛争と民事訴訟

　本書は，民事訴訟法の規定を中心として，民事訴訟手続の概要を解説することを目的としている。民事訴訟とは，民事紛争の解決のために国家が提供する手続制度，と定義できる。いいかえれば，民事訴訟の対象は民事紛争である，ということになる。

　ここで民事紛争とは，私人間で実体私法上の権利義務や法律関係の存否をめぐって生じた紛争をいう。たとえば，財産権をめぐる紛争の例としては，一つの土地につきXとYとが互いに自分の所有物であると主張して譲らない場合や，XがYに対して貸した金銭を返せと要求したのに対してYは借りた覚えはないとか，既に返したはずだと主張する場合があげられる。また，身分や家族関係をめぐる紛争の例としては，夫婦XYが不仲となりXは離婚を求めるがYはこれに応じない場合や，Xが自分の父親はYであると主張するのに対してYがそれを否認している場合があげられる。

　民事訴訟とは，広い意味では，このような紛争を対象としてその解決のために裁判所で行われる手続の総称である。広義の民事訴訟には，私人の権利義務や法律関係を確定して紛争解決の基準を示すことを目的とする狭い意味の民事訴訟手続だけでなく，そのようにして確定された私人の権利を現実に実現する目的をもつ執行手続，その準備段階である民事保全手続，さらには多数の債権者の権利の実現・調整を目的とする倒産手続も含まれる。本書で取り扱うのは，この狭い意味での民事訴訟手続である。狭義の

民事訴訟は，さらに，財産権をめぐる紛争を対象とする通常民事訴訟と，身分や家族関係をめぐる紛争を対象とする人事訴訟とに区分することができる。また，財産権をめぐる紛争の一部については，通常民事訴訟に対する特別手続として，手形訴訟・小切手訴訟，少額訴訟および督促手続が設けられており，本書はこれらの手続にもふれている（312頁以下参照）。

なお，行政訴訟は，行政処分の効力をめぐる争いのように，公法上の法律関係についての紛争の解決を目的としているが，その手続は，行政事件訴訟法に特別の規定がない限り，民事訴訟法の規定によることとされている（行訴7）。そこで広く行政訴訟を含む意味で民事訴訟の概念が用いられ，刑事訴訟と対比されることがある。

2——民事紛争の解決制度

(1) **和解**——話合いによる解決　　民事訴訟は民事紛争の解決のための制度であるが，そのための唯一の方法ではない。紛争解決の最も基本的な方法は，争っている当事者同士の話合いである。話合いがまとまった場合，民法典は，当事者間に紛争の解決を内容とする契約が成立したものと扱っている。これが和解契約（民695・696）である。しかし，紛争の解決を対立している当事者の自発的な交渉に委ねるだけでは，紛争が解決される可能性はそれほど高くはない。また，いったん和解契約が成立したとしても，その履行をめぐって紛争が再発する可能性もある。

(2) **調停**　　そこで必要となるのが，当事者間の話合いによる解決に第三者が手助けをすることである。具体的には当事者双方から言い分を聴き，双方の対立を和らげ，解決の原案を提案し，当事者間の合意の形成を促す，という手続である。一般に調停と

呼ばれる手続がそれであり，財産をめぐる紛争については民事調停法に，家族関係をめぐる紛争については家事事件手続法に，それぞれ手続が規定されている。調停を担当するのは，調停主任1名（常勤の裁判官または非常勤の民事調停官もしくは家事調停官。57頁参照）と私人から選ばれる2名（以上）の調停委員とからなる調停委員会である。

　調停においては，紛争の解決はあくまで当事者の合意に基づいて行われるのであり，調停委員の提案した解決案が当事者双方に受け入れられなければ，紛争の解決には至らない。しかし，いったん当事者の合意が成立すれば，その内容を記録した電子調書（調停に係る電子調書）は，民事訴訟の判決と同様の効力をもつものとして扱われるのであり（民調16，家事268），この点で単なる民法上の契約にすぎない和解契約（これを裁判外の和解と呼ぶこともある）とは，異なる。

　調停は，公開された場での対決や黒白をはっきりとさせる解決を好まない日本人の国民性に合った制度として，従来から活発に利用されてきた。一時，事件数および成立件数ともに減少する傾向も見られたが，多重債務の整理（特定調停。特定調停法参照）や遺産分割の事件などを中心に再び利用が増加している。

　(3) 裁判上の和解　　また，裁判所自体が当事者間の話合いによる解決に助力する場合もある。これが，裁判上の和解と呼ばれる制度である。裁判上の和解には，さらに，既に開始されている訴訟手続の中で行われる訴訟上の和解（89）と，訴訟開始前に当事者双方が簡易裁判所に出頭して行う訴え提起前の和解（即決和解ともいう。275）とがある。

　訴訟上の和解は，判決（終局判決）と並ぶ訴訟手続の終了原因の一つと位置付けられ，実際にもその例は非常に多い（195頁以

下参照）。起訴前の和解は，公正証書（執行証書）の作成と並んで，訴訟手続によらずに簡易に債務名義（強制執行の基本となる文書。民執22）を作り出すための手段として，活用されている（たとえば，建物や土地の明渡し・引渡しを内容とする場合には，公正証書は債務名義と認められていないので，起訴前の和解が訴訟によらずに簡易迅速に債務名義を取得する手段として，重要な意味をもっている）。

裁判上の和解には裁判所が関与するが，その実質はあくまで当事者の合意による紛争の解決である。しかし，いったん成立すれば裁判上の和解を記録した電子調書（和解に係る電子調書）は，民事訴訟の判決と同様の効力をもつものとして扱われる（267。198頁参照）。

(4) **仲　裁**　第三者が関与して紛争を解決する制度としては，この他に，仲裁がある。仲裁では，調停とは異なり，紛争の解決案は，当事者の合意によるのではなく，仲裁判断という形で第三者（仲裁人）によって決定され，当事者はそれに拘束される。この点で仲裁手続は，訴訟手続に類似しており，仲裁判断は確定判決と同一の効力をもつものとされている（仲裁47）。

しかし，仲裁は，特定の紛争を仲裁によって解決することが紛争当事者間で合意されている場合にはじめて利用できる紛争解決手続であり，訴訟手続が紛争当事者の一方（原告）の意思だけによって開始されるのと，異なっている。また，紛争の解決案を決定するのは裁判官ではなく，当事者によって選定された任意の第三者であり，仲裁判断に至るまでの手続も，訴訟のように（8頁・10頁参照）厳格に法定されているものではない。このような違いを反映して，仲裁判断の内容を強制的に実現しようとする強制執行の局面では，仲裁判断だけでは債務名義と認められておらず，裁判所の執行決定を得ることが必要とされている（仲裁48,

民執22⑥の2)。

　仲裁制度の利用は，わが国では，これまで活発ではなかった。しかし，調停制度の伝統のない欧米諸国や，裁判所の手続の信頼性に問題のある国々では訴訟に代わる紛争解決方法として活用されており，経済活動の国際化に従い，国際的な取引から生じた紛争について，わが国の企業が仲裁手続の当事者となることも多くなってきた。平成15年には，新たに仲裁法が制定され，さらに令和5年の改正により仲裁判断があるまでの間に仲裁廷が発した暫定保全措置命令に基づく強制執行が可能となり（仲裁49～51，民執22⑥の3)，仲裁手続の積極的活用が期待されている。

裁判外紛争解決制度 ——ADR——

　2で述べた，和解，調停，裁判上の和解および仲裁の他に，わが国では，近年，行政機関または民間団体が行う相談，苦情処理，斡旋，調停，仲裁などの手続が普及している。たとえば，行政機関によるものとしては，労働委員会，公害等調整委員会，原子力損害賠償紛争解決センター，建築工事紛争審査会，国民生活センター，各地の消費生活センターなどがある。民間団体によるものとしては，交通事故紛争処理センター，各製品分野のPLセンター，各地の弁護士会が設けた仲裁センター，医事紛争処理委員会，クリーニング事故賠償問題協議会などがある。これらの手続は，費用・時間が経済的であり，紛争解決が当事者の意思に基づくために内容が柔軟で，かつ当事者に対する説得力が高い，という特徴がある。これらの手続の普及により，本来の民事訴訟手続も当事者の利用しやすさという点で反省を迫られる反面で，最終的な解決手段としての存在意義がより鮮明となってきている。逆にこれらの手続には，適正な手続という観点から民事訴訟手続を参考として改善すべき点が残されている。現代社会においては，どちらが優れているかという二者択一ではなく，両者は互いに刺激しあって発展してゆく関係にある。

裁判外紛争解決制度は，訴訟手続による解決に重点を置いていた諸外国，特にアメリカ合衆国においても，訴訟社会のもたらす弊害・非効率に対する反省の中でその特徴が注目され，Alternative Dispute Resolution（ADR）の名の下に積極的な活用の兆しがみられる。デジタル技術を活用して，紛争解決手続のコストを下げ当事者の参加を容易にする工夫として，ODR（Online Dispute Resolution）と呼ばれる手続も発展中である。なお，欧米では従来，仲裁型の手続が主流であったが，調停型の手続の利点も認められるようになり，裁定の拘束力を弱めた仲裁手続が登場するなどしている。また，国際的な事業者間紛争の解決手続として，調停型の手続の利用も増加していることを受けて，その中で成立した和解合意に基づく強制執行を可能とする国際連合条約（シンガポール条約）が成立し，令和5年にわが国もこの条約に加入し，「調停による国際的な和解合意に関する国際連合条約の実施に関する法律」が制定された（同法5，民執22⑥の4参照）。

　わが国では，ADRの利用を促進するため，ADRの基本理念や国等の責務を定め，民間のADR機関の行う手続の認証制度を設けるなどの内容をもった，「裁判外紛争解決手続の利用の促進に関する法律」が平成16年に制定された。そして，同法の令和5年の改正は，認証を受けた民間紛争解決事業者により行われた紛争解決手続で成立した和解について，当事者の合意がある場合には，和解の内容を民事執行により強制的に実現することを可能とした（同法2⑤・28，民執22⑥の5。ただし，消費者・事業者間の契約に関する紛争での和解，個別労働関係紛争に係る和解，人事・家庭に関する紛争に係る和解などは対象外とされている〔裁判外紛争解決29〕）。

3——民事訴訟手続の特色

(1) 民事紛争の解決のための最終的手段　2で述べた他の紛争解決制度と対比して見ると，民事訴訟の制度は，当事者の合意を基礎とせずに，国家がその権力（裁判権）を背景として，強制

的に民事紛争を解決する点に，その特色がある。いいかえれば，民事訴訟は，当事者の合意を何らかの形で要件とする手段を試みたが解決に至らなかった場合や，そのような手段がはじめから利用できない場合にも，用いることができる解決手段であり，紛争の当事者にとっては最終的な，また最も徹底した手段，ということができる。

このような民事訴訟の特色を示すものとして，具体的には，①訴訟手続は紛争当事者の一方の申立てによって開始され（36頁参照），相手方は否応なしに訴訟手続に対応しなければならない立場に立たされ，たとえば口頭弁論に欠席すれば原告の主張（請求原因事実）を自白したものとみなされ（159頁参照），原告勝訴の判決が下されるなどの不利益が課せられること，②訴訟手続は，国家の設営する裁判所において職務および身分の独立性を保障された高度の法律専門家である裁判官（57頁以下参照）の手によって進められ，当事者の意思によってその進行を左右することは原則的にできないこと，③訴訟で下された終局判決が確定した場合には，それは対象とした紛争の解決基準として最終的なものとされ，既判力など特別の法的効力が認められ，当事者が後にそれを覆すことは原則としてできないこと（212頁以下参照），などが指摘できる。

(2) **当事者の意思の反映**　しかし，(1)で述べた民事訴訟の特性は，手続に当事者の意思を反映させることをすべて拒絶するわけではない。それは民事訴訟の解決の対象が，私的自治の原則が妥当する実体私法上の紛争であり，私人が自己の自由な意思によって処分できる権利や法律関係をめぐる争いだからである。

当事者の意思の反映は，まず訴訟の開始段階で見られる。解決を必要とする民事紛争があっても，訴訟は，原告が訴えを提起し

たときに，しかも原告が訴えによって解決を求めた限度（訴訟物）において開始されるにすぎないのである。これが処分権主義と呼ばれる原則である（36頁参照）。裁判所が判決という形で紛争解決の基準を示すことも，原告の訴えによって申し立てた事項に限られている（246）。また，判決の前提として裁判所が行う審理の対象およびそのための資料も，当事者の意思によって左右され，裁判所の証拠調べは，当事者が争っている事実だけを対象として，当事者の提出した証拠方法について行われるのが原則である。このことは弁論主義と呼ばれる（110頁以下参照）。さらに，裁判所主導で行われる訴訟手続の進行面でも，間接的ながら当事者の意思の反映が見られる。法律に違反した手続が行われた場合でも，当事者がただちにそれを指摘しなかった場合には後になって手続の適法性を争うことができなくなるという規律である（90）。これは責問権の喪失と呼ばれる（126頁参照）。

もちろん，民事訴訟といっても，当事者の自由な処分が禁じられている権利や法律関係をめぐる訴訟の場合には，上に述べたことは当てはまらない。たとえば，離婚の訴えや認知請求の訴えでは，弁論主義は妥当せず，裁判所は，当事者間に争いのない事実でも証拠によって事実を確定しなければならないし，当事者の提出をまたずに職権で証拠調べをすることもできる（人訴20）。これは職権探知主義と呼ばれる（111頁参照）。

(3) 訴訟と他の解決手段との関係　訴訟は強制力をもった最終的な解決手段ではあるが，いったん訴訟が開始された場合でも，判決にまで進むことは必然ではなく，当事者の合意に基づく他の解決手段が試みられる可能性が存在するし，実際にもその例は多い。2(3)に述べた訴訟上の和解はその適例であるし，請求の放棄・認諾という当事者の行為に訴訟を終了させる効力が認められ

ていること（267。205頁以下参照）も，当事者の意思を反映した紛争解決が訴訟開始後も尊重されていることを示している。また，判決によらない訴訟終了原因の一つである訴えの取下げ（261。201頁以下参照）も，裁判外での和解契約の成立の結果として行われる場合が多い。さらに，訴訟が提起された裁判所（受訴裁判所）がまず調停による解決を試みる場合もある（付調停と呼ばれる。民調20）。

4——訴訟と実体法

　当事者間の合意を基礎とした他の紛争解決手段と対比するとき，3(1)で述べたことの他に，もう一つの民事訴訟の特色が明らかになる。それは，民事訴訟による紛争解決の基準，つまり判決の内容は，実体法を基準として，具体的事案に実体法を適用することで示される，ということである。当事者の合意により解決内容が決定される和解，調停ではもちろんのこと，第三者が解決内容を決定する仲裁においても，解決の基準は，強行規定に反しない限りは，必ずしも実体法に従う必要はない（仲裁38Ⅲ）。しかし，訴訟の判決においては，裁判官は実体法を適用しなければならないのである（憲76Ⅲ）。解決の基準があらかじめ実体法によって定められていることは，裁判官が下した判決が当事者の意思に反する場合でも当事者を拘束し，紛争を解決する強制力をもつことを正当化する，一つの要因である（他の重要な要因は，当事者が訴訟手続において裁判官に自己の主張を述べ，また，その根拠となる証拠を取り調べてもらう機会が与えられていたことである）。

　このようにして，訴訟で判決が言い渡されること，また場合によってはその判決の内容が強制的に実現されることによって，実体法上の法律関係および権利義務の存否が明らかにされ，結果的

に法秩序が維持されていることは、疑いがない。また、判決によって実体法規の内容が解釈という形で明確にされ、さらには、実体法規が存在しない場合（法の欠缺）に判例法という形で法形成（創造）が行われることもある。しかし、法秩序の維持を民事訴訟の直接の目的と考えてよいかどうかは議論があり、紛争の解決や利用者である私人（特に原告）の権利の実現を訴訟の目的に据える見解が、むしろ有力である。

Ⅱ 司法制度の中での民事訴訟

1── 司法権の限界──法律上の争訟

(1) 法律上の争訟とは わが国において裁判所が司法権を行使できるのは、法律上の争訟（裁3）に該当する事件に限られる。法律上の争訟は、司法権の限界を、裁判所が審判の対象とすることができる事件の面で画する概念であり、当事者間に具体的な利害の対立が存在し、かつ裁判所が法律を適用して適法・違法の判断をすることによって解決できる紛争をいう。

法令の効力・解釈に関する抽象的な紛争は、法律問題ではあるが、当事者間の具体的な紛争とはいえないから、法律上の争訟ではない。逆に、当事者間の具体的な紛争であっても、学説や宗教上の教義または国家の政策の是非をめぐる対立は、裁判所が法律の適用によって解決することができないので、やはり法律上の争訟ではない。

たとえば、警察予備隊の設置および維持に関する一切の行為の無効確認を求める訴訟（最大判昭27・10・8民集6・9・783）や、宗教法人の住職たる地位の確認を求める訴訟（最判昭44・7・10民集

23・8・1423〔*1*〕,最判昭55・1・11民集34・1・1〔*2*〕)は,法律上の争訟ではない(なお,最判平7・7・18民集49・7・2717〔*3*〕参照)。また,宗教団体に対して寄付をした信者が寄付には要素の錯誤があったとして不当利得の返還を請求し,寄付の目的は本尊安置のための本堂建立にあったが本尊は偽物であることが判明した,と主張している事件も,法律上の争訟ではないとされる(最判昭56・4・7民集35・3・443〔*4*〕)。しかし,同じ住職の地位の存否(選任・罷免の適否)が問題となる場合でも,寺が前住職に対して境内地・本堂等の不動産の明渡しを請求する訴訟の前提問題として判断が必要となるときには,その判断の内容が宗教上の教義の解釈にわたるものでない限り,裁判所の審判権が及ぶとされた(前掲最判昭55・1・11〔*2*〕)。もっとも,宗教団体内部でなされた懲戒処分の効力が請求の当否を決する前提問題となっていて,その効力の有無が当事者間の紛争の本質的争点をなすとともに,それが宗教上の教義・信仰の内容に深くかかわっているため,教義・信仰の内容に立ち入らずに懲戒処分の効力の有無を判断することができず,しかも,その判断が訴訟の結果を左右する必要不可欠のものである場合には,やはり,法律上の争訟に当たらないとする判例もある(最判平元・9・8民集43・8・889〔*5*〕,最判平5・9・7民集47・7・4667〔*6*〕,最判平21・9・15判時2058・62。事案はやや異なるが同旨,最判平14・2・22判時1779・22)。

このように,法律上の争訟に当たるか否かは,第1次的には原告の請求の趣旨によって判定される。しかし請求の趣旨自体が法律上の争訟の形式を備えている場合にも,第2次的に,その訴訟の争点が法律の適用によって判断できる問題であるかどうかが,さらに問題とされるのである。

(2) 法律上の争訟概念の訴訟法的位置付け　　従来,法律上の

争訟に当たるか否かは、訴訟手続との関係では、訴訟要件の一つである訴えの利益（103頁以下参照）の問題と位置付けられていた。そして、法律上の争訟といえない場合には、本案につき判断せずに訴えを却下する措置が適当と考えられていた。このような措置は、原告の請求の趣旨自体から法律上の争訟ではないことが明らかな場合には、妥当である。

しかし、前述のように、請求の趣旨は法律上の争訟の形式を備えていても、法律の適用によっては判断ができない争点が含まれていることから、法律上の争訟といえるか疑問となる場合がある。この場合に、訴訟要件（訴えの利益）としての問題の位置付けでは、裁判所には、法律上の争訟であるとして全面的に審理するか、法律上の争訟ではないとして訴えを却下するか、二つの選択肢しかないことになる。第1の方法では、裁判所に不可能な判断を強いることになるし、かといって第2の道を選ぶことは、解決が求められている現実の紛争を放置する結果になる。

そこで必要なのは、請求の趣旨自体が法律上の争訟といえる場合には、本案につき判決をすることとし、個々の争点ごとに、法律の適用による判断になじむものかどうかを検討して、裁判所が審理をする範囲を限定してゆく、中間的な処理である。ある争点につき裁判所の審判権が及ばないとしても、訴えを却下するのではなく、裁判所がその点に関して社会的に既に形成されてきた事実状態や秩序を尊重し、それを是認する判断を前提として本案判決をして、紛争を解決することが必要であり、そのような処理が審判権が及ばないとされている趣旨（たとえば、宗教団体の国家からの独立）に合致する場合があるのである。こうした考え方は、行政訴訟においては行政裁量との関係で従来から唱えられてきたが、民事訴訟にも、応用できると思われる。

2──訴訟と非訟

1で述べたことは、裁判所が他の国家機関との関係において、どのような事件を民事訴訟として取り扱うことができるか、ということであった。これに対して、同じ裁判所が取り扱い、裁判の形で判断を示す事件であっても、民事訴訟とは異なる手続によって処理されるものがある。非訟事件と呼ばれるものがそれである。

(1) 非訟事件の具体例　具体的には、第1に非訟事件手続法に定められた、供託所の指定（非訟94，民495Ⅱ）、公示催告（非訟99以下）などの事件がある。第2に、一般社団法人及び一般財団法人に関する法律に定められた、法人の検査役の選任（一般法人46・86）、清算（一般法人206以下）、解散命令（一般法人261）、会社法に定められた、会社の検査役の選任（会社33・207・306・358）、株式買取価格の決定（会社117・470）、社債管理者の解任（会社713）、会社の清算（会社475以下）、信託法に定められた信託事務の監督（検査役の選任、信託財産管理命令等。信託46・63など）などの事件がある。第3に、家事事件手続法第2編第2章に規定された、成年後見、保佐、補助、不在者の財産管理、失踪宣告、婚姻等、親子、親権、未成年後見、扶養、遺産の分割に関する処分、相続の承認・放棄、遺言などをめぐる審判事件がある。第4に、借地借家法が定める借地条件の変更・増改築の許可および借地権の譲渡・転貸について賃貸人の承諾に代わる裁判（借地借家17～20）や、戸籍法による氏名の変更や戸籍の訂正の許可の裁判（戸107・113，家事226以下）がある。破産・民事再生・会社更生などの倒産事件も非訟事件と呼ぶことができよう。

(2) 非訟事件の審理手続の特徴　非訟事件においては、審理手続は非公開で（非訟30，家事33）、口頭弁論のような対審（二当

事者対立）構造をとらずに，審問という形式で行われる。そこでは弁論主義ではなく**職権探知**（111頁参照）が原則とされ（非訟49，家事56），裁判は判決以外の方式（225頁参照）でなされ（非訟54，決定。家事73，審判。家事81，決定），そのため不服申立ても抗告という簡易な方法（299頁以下参照）が認められるにすぎない（非訟66，家事85・99）など，訴訟と比べて，当事者が手続を支配する度合いは低い。また，非訟事件では，裁判の基準となる実体法の内容が一義的に定まっておらず，裁判所の裁量的な判断に委ねられている場合が多いことも，訴訟と異なる特徴である。

(3) 非訟事件の性格と訴訟事件の非訟化　非訟手続の対象とされている事件には，法人または会社の清算の監督，後見の開始，成年後見人の選任，不在者の財産管理，遺言書の検認などのように，もともと特定の私人間での具体化した紛争を前提としない事件がある。これらは，訴訟事件とは異質のものであり，現行法上は裁判所の所管事項とされているが，そこでの裁判官の職務執行は，私人の保護，法人をめぐる法律関係の整序などの政策目的を実現するために，私法上の法律関係に介入するものであって，むしろ行政作用と見られる。

　しかし，離婚に伴う子の監護・財産分与に関する処分，扶養，遺産の分割，借地条件の変更・増改築・借地権の譲渡転貸についての地主の承諾に代わる許可（借地借家17～20）などのように，訴訟事件と同様に特定の私人間の具体的な紛争を前提としてその裁判による解決が必要な事件も，非訟手続の対象とされている。これらは，本質的に訴訟事件と変わりがないが，その事件の解決の基準となる実体法が一義的・具体的内容をもたない一般条項を含んでおり，その適用のためには，必ずしも当事者が提出した資料（要件事実を中心とした事実の主張・立証）に基づかない，裁判所

の裁量的な判断の余地が大きい,という特徴がある。そこで,審理手続の上でも,厳格な方式による慎重な手続よりも,機動性に富んだ簡略な手続が重視され,訴訟手続とは異なる構造が採用されることになる。このように,争訟性のある事件の審理が訴訟手続でなされるか,非訟手続でなされるかは,実体法の規定の仕方に影響されるところが大きい。現に,前述の借地非訟事件などの例が示すように,もともと訴訟手続で審理されていた事件が,法改正により非訟手続で審理されるようになることがある(訴訟事件の非訟化)。

(4) **非訟化の限界**　　しかし,(3)の最後で指摘した違いが,本質的には訴訟事件と変わらない紛争について訴訟手続とは全く異なる審理手続が行われること(前述(2))を,十分に正当化できるか,疑問となる。非訟化の限界と呼ばれる問題であり,それは具体的には,非訟手続による審理が,憲法32条で保障された裁判を受ける権利(後述3参照)の侵害になるのではないか,という形で提起されてきた。裁判によって実体的な権利義務の存否が確定される場合(純然たる訴訟事件)ではなく,権利義務の存在を前提として裁判によってその具体的内容が形成されるにすぎない場合(非訟事件)を非訟手続によって審理することは,憲法32条に違反しないというのが,判例である(最大決昭40・6・30民集19・4・1089〔**8**〕,最大決昭40・6・30民集19・4・1114。なお,最大決昭35・7・6民集14・9・1657〔**7**〕参照)。もっとも,非訟手続で具体的内容が形成された権利義務の存否を常に訴訟手続で争うことができるものとすることが合理的か,訴訟手続で争う機会を保障しさえすれば十分といえるのか,問題が残る。また,訴訟事件と非訟事件とに単純に二分し,後者の場合に,訴訟手続の厳格な規律を全面的に排除してしまうのは妥当でなく,むしろ,事件類型ご

とに，公開の原則，対審構造，判決（三審制）といった訴訟手続の基本原則である手続保障措置のどれを維持しあるいは後退させるか，細かく検討すべきである，との有力な見解もある。

(5) 近時の法改正　平成23年に非訟事件手続法が全面改正され，また家事事件手続法が制定された。この法改正は，非訟手続においても，争訟性の高い事件については，相当程度の手続保障が必要であるとの考え方に基づいている。手続保障を重視する規定として，相手方への事件係属の通知（家事67），必要的審尋（家事68），審問期日での立会権（家事69），職権による事実の調査の通知（非訟52，家事70・63），事件記録の閲覧の許容（非訟32，家事47），抗告状の写しの送付（非訟69），抗告審での原審の当事者等の陳述の聴取（非訟70）などをあげることができる。

他方で，近時の立法においては，実体法上の権利・法律関係の存否をめぐる紛争の解決のために，簡易迅速な処理を目的として非訟手続を前置し，その結論に不服のある場合には訴訟手続による審理を保障する複合的な手続の採用が注目される。倒産手続における債権の確定，否認，会社役員の責任追及などがその例である（破125・126・174・175・178・180など。民事再生法および会社更生法にもほぼ同様の規定がある）。労働審判の制度も，非訟手続と訴訟手続との複合形態をとっている（労審21・22）。プロバイダ責任制限法の改正で非訟手続として創設された，プロバイダに対する発信者情報開示命令の手続も，同様の複合形態である（同法14以下）。これらの近時の立法は，訴訟と非訟の区分が相対的・連続的なものであることを示している。

3── 裁判を受ける権利

(1) 裁判を受ける権利　既に述べたように（7頁参照），民事

訴訟は，民事紛争の解決のために国家が国民に提供する最終的かつ最も徹底した手段であり，このような手段を整備することは，私人が紛争解決のために実力を行使すること（自力救済）を禁じた近代国家においては，国家の国民に対する責務である。憲法32条が裁判を受ける権利を基本的人権の一つとして保障していることは，民事訴訟の制度に関しては，このような意義をもっている。

もちろん，裁判制度が用意されていればどのようなものでもよいというわけではない。裁判は，正規の裁判官により適正な手続によって行われるものでなければならないし（この観点から 2(4)に述べた非訟手続の合憲性が問題とされる），さらに，国民が低廉な費用で利用でき，また迅速に紛争を解決できるものであることを要する。

(2) **訴 権 論**　基本的人権としての裁判を受ける権利が民事訴訟の関係でも議論されるようになる以前から，民事訴訟法学においては，私人が訴えを提起して判決を得るという形で民事訴訟制度を利用する関係を，私人の国家に対する権利ととらえ，これを訴権と呼んできた。訴権論という議論がそれである。訴権の概念の成立は，実体法と訴訟法の分化をきっかけとしている。訴訟を離れて実体権が観念されるようになると，どのような場合に私人が実体法に規定された実体権をめぐって訴えを提起できるかを理論的に説明する概念が必要になったのである。そして訴権の概念をどう構成するかは，かつては民事訴訟法学上の重要な基本問題の一つとされていた。

古くは，訴権を実体権の侵害から生ずる妨害排除請求権に類似したものととらえる私法的訴権説も存在したが，次第に私人の国家に対する公法上の権利と位置付ける公法的訴権説が有力となっ

た。公法的訴権説は，さらに，訴権によってどのような内容の判決を求めることができるかで，分かれており，内容を問わず何らかの判決を求める権利とする抽象的訴権説，請求認容（原告勝訴）の判決を求める権利とする権利保護請求権説，請求認容か棄却かを問わず本案判決（98頁参照）を求める権利とする本案判決請求権説，が存在する。この中では本案判決請求権説が比較的有力であるが，訴権論は，訴訟法上の法律問題の解決に具体的な基準を提供するものではないことから，現在では，理論としてもかつてのように重視されてはおらず，私人の民事訴訟制度の利用を訴権という権利の概念でとらえることはできないとする訴権否定説も主張されている。

しかし，訴権を具体的な状況に応じて国家が裁判所に義務付けている諸行為を私人が裁判所に要求する権利ととらえた上で，訴権こそ前述の裁判を受ける権利であるとして，これを重視する学説も存在する。また，利用者である国民の立場を十分に考慮した民事訴訟制度の設営と運用のために，訴権論のイデオロギーとしての実践的意義を再評価しようとする見解も主張されている。

Ⅲ 民事訴訟制度の現代的課題

1──裁判所へのアクセスの保障と審理の充実・促進

(1) **訴訟制度の利用の不活発**　次頁の図に示すように，わが国では，戦後50年にわたって飛躍的な経済的発展を遂げ，社会生活が複雑化した割には，裁判所に提起される訴訟事件数は，増加していない。

その原因としては，従来は，訴訟のような公開の場での黒白を

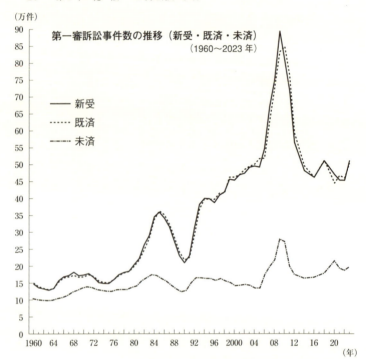

※ 数字は地方裁判所および簡易裁判所の事件数の合計である。
司法統計年報をもとに作成。

はっきりさせるような決着を好まない国民性があげられることが多かった。しかし、最近では、この日本人の「訴訟嫌いの神話」に対しては諸外国との比較から疑問も指摘されており、むしろ、訴訟制度の利用が不活発な原因は、訴訟が他の社会生活のテンポと比べてあまりに時間がかかり、また、国民にとって不合理と感ぜられる高額の費用がかかることにあるのではないか、という反省が強くなってきている。国民に低廉で迅速な裁判制度を提供することは、裁判を受ける権利を憲法によって保障した国家として、当然の責務である。

裁判外紛争解決制度（6頁）の活用の動きもあるが，本来の訴訟手続でなければ解決ができない紛争も多いのであるから，訴訟手続の現状を放置するわけにはいかない。また，訴訟手続が最終的な紛争解決手続として十分に機能していてはじめて，当事者の合意を基礎とした裁判外の紛争解決制度もよりよく機能するという関連性があることも，忘れてはならない。

(2) 審理の充実・促進　　訴訟の審理に時間がかかるという問題は，古くから，また多くの国で指摘され，改善のための試みが繰り返されてきた。わが国も例外ではない。訴訟の審理期間が，裁判官および弁護士の数（法曹人口），裁判所の施設，裁判所書記官等の職員数など，外部的な制約条件に左右されているところが大きいことは確かである。諸外国と比較すれば，わが国の法曹人口が過少であることは明らかであり，その増加を急ぐ必要があり，司法制度改革の重要事項の一つとなっている（30頁）。

しかし，そのような外部的条件を前提としても，訴訟審理の進め方自体にも改善の余地が大いにあることは，否定できない。実務では，近年，弁論兼和解，新様式判決書，集中証拠調べなどの試みがなされ，成果をあげてきた（135頁以下参照）。このような実務の動きを定着させ，訴訟審理の一層の充実・促進をはかるために，現行民事訴訟法は注目すべき規定を置いている。裁判所に公正かつ迅速な訴訟の進行を義務付け，当事者に信義に従った誠実な訴訟追行を要求したこと（2），攻撃防御方法は訴訟の進行状況に応じ適切な時期に提出すべきものとしたこと（156。133頁参照），当事者の主張または立証の準備を助けるための当事者照会制度を設けたこと（163。144頁参照），口頭弁論の準備のための争点および証拠の整理手続を充実させたこと（164～178。141頁参照），などである。

さらに，平成15年の民事訴訟法改正では，計画審理の推進（147の2以下。133頁，137頁），訴えの提起前における証拠収集等の手続の拡充（132の2以下。39頁，145頁），専門的な知見を要する事件への対応の強化のための専門委員制度の創設（92の2。118頁）などの措置がとられた。また，民事訴訟法の改正とは別に，「裁判の迅速化に関する法律」が成立し，裁判の迅速化の推進のために，国，日本弁護士連合会，裁判所，当事者等の責務が定められた。

(3) 訴訟の費用をめぐる問題　① 訴訟費用の負担に関する原則　訴訟手続の利用が不活発である重要な要因の一つとして訴訟にかかる費用の多さがあげられる。まず問題になるのは，訴え提起に伴う手数料である。訴額に応じて逓増する定めとなっている（民訴費3Ⅰ）が，諸外国，特に定額制をとる国と比較すると，高すぎるのではないか，という疑問もある。

もっともこの訴え提起の手数料は，原告が勝訴すれば，訴訟費用の敗訴者負担の原則（61）により，被告から償還を受けることができる。しかしこの場合でも，原告は，訴訟の追行を弁護士に委任したためにかかった費用の償還を受けることはできない。わが国では弁護士報酬は訴訟費用に含まれないからである（例外は民訴費2⑩）。わが国では，当事者本人が独力で訴訟を追行することは許されるが，実際には素人が訴訟を追行することはきわめて困難であるから，弁護士に代理を依頼する必要が大きく，また，弁護士費用は訴訟にかかる費用の相当部分を占めるのが普通である。そこで弁護士費用の自己負担ということも，訴訟手続を利用することの大きな障害となっている（31頁，225頁参照。なお，簡易裁判所の訴訟では弁護士でない者を代理人とすることができる。54Ⅰ但書）。ただし，不法行為を理由とする損害賠償請求訴訟におい

ては，相当の弁護士費用も賠償すべき損害の中に含める考え方が一般的になっているので，この問題は緩和されている（最判昭44・2・27民集23・2・441〔*9*〕，これに対して，最判昭48・10・11判時723・44〔*10*〕は，債務不履行による損害賠償請求訴訟につき弁護士費用は損害に含まれないとする）。

② 訴訟救助および法律扶助等　①で述べた問題の解決のための手段として，訴訟上の救助および法律扶助の二つの制度が存在する。

訴訟上の救助は，訴訟の準備および追行に必要な費用を支払う資力がない者またはその支払により生活に著しい支障を生ずる者に対して，本来であれば当事者が支弁または予納しなければならない費用の支払を，裁判所が猶予する制度である（82・83 I ①②）。この制度の限界は，対象が裁判所に納める費用に限られているので弁護士の報酬は含まれないこと（例外は83 I ②），また，支払を免除するのではなく猶予するにすぎないこと（83・85），さらにこの制度を利用するための要件として，当事者の無資力のほかに，訴訟について勝訴の見込みがなくはないことが要求されていること（82 I 但書），にある。もっとも次第に無資力の要件を柔軟に考える運用がなされるようになり（名古屋高金沢支決昭46・2・8下民集22・1＝2・92〔*11*〕），制度の利用は増加しつつある。

これに対して，法律扶助は，沿革的には，民間団体による慈善事業として始まったものであるが，現代の福祉国家においては，裁判を受ける権利を実質的に保障するために国家がこの事業を財政的に支える責務がある，との理解が一般的になりつつある。従来，わが国の法律扶助制度は，予算規模の点などで諸外国に比してきわめて不十分であったが，平成12年に「民事法律扶助法」が制定され，制度の充実のための基礎が整えられ，従来から法律

扶助業務を行っていた財団法人法律扶助協会への国家補助が大幅に増額された。そして，平成16年には「総合法律支援法」が制定され，政府の出資により設立される日本司法支援センターが，法律扶助事業を行うこととなった（同センターは，刑事事件についても，国選弁護人の選任や犯罪被害者等への援助など重要な任務を負っている。また，費用の立替援助だけでなく，センターのスタッフ弁護士が法律サービスを直接に提供できることも従来にない特徴である）。民事紛争の解決に関する日本司法支援センターの業務（民事法律扶助事業）は，民事裁判等の手続の準備および追行のための弁護士報酬等の立替え，手続に必要な書類の作成を司法書士に依頼した場合の報酬等の立替え，センターが契約する弁護士等による手続の代理や書類の作成，法律相談の実施とされている（同法30Ⅰ②）。扶助の対象には，訴訟上の救助と異なり，弁護士報酬も含まれる。扶助を受けるには，資力に乏しい者で，勝訴の見込みがあることが必要であるが，事件終了後も立替金の償還が困難な利用者には，償還の猶予や免除の措置がとられる可能性もある。なお，地方公共団体の消費者保護条例に見られる訴訟費用貸付制度も，扶助事業の一つと考えてよい。

この他，国民の訴訟による経済的負担を緩和するためには，保険制度の活用も考えられる。これまで，わが国では，ドイツやアメリカ合衆国とは異なり，ほとんど普及していなかったが，ようやく保険会社が日本弁護士連合会との協定に基づいて一般市民のための権利保護保険を発売し，保険事故が発生した場合に，各地の弁護士会が保険加入者に弁護士を紹介するシステムが整備されることになった。

2── 現代型訴訟への対応

近年，人間の経済活動の飛躍的発展，科学技術の進歩，社会生活の複雑化などを反映して，従来の実体法や訴訟法が予定していなかったような新しいタイプの紛争について，訴訟手続による解決が求められるようになってきている。具体的には，交通事故訴訟，公害訴訟，薬害訴訟，消費者訴訟，環境訴訟，知的財産権をめぐる訴訟などであり，現代型訴訟と総称されているが，これに対する対応も現代の民事訴訟制度の重要な課題である。従来の実体法および訴訟法は，平等の立場にある2人の個人間の紛争，しかも主として契約関係から生ずる紛争を，解決の対象として予定していたが，それに対して現代型訴訟は次のような特色とそれに伴う問題点を含んでいる。もっとも現代型訴訟といってもその定義が確立されているわけではない。

(1) 紛争の集団性と多数当事者訴訟　現代の大量生産・大量消費の社会では，多数の者に影響を及ぼす社会的活動が多いことから，紛争も集団的性格をもつことが多い。そのことが直接に訴訟手続に反映されるのが，多数当事者訴訟，さらには集団訴訟である（268・269。240頁以下参照）。しかし，形式的には伝統的な二当事者対立構造の訴訟であっても，背後に訴訟の結果（判決）によって自己の権利義務に事実上大きな影響を受ける多数の者が存在することがある。処分権主義（36頁・195頁参照）や弁論主義（110頁以下参照）という訴訟の基本原則は，訴訟の結果は当事者にしか影響しないという前提にたっているのであるから，集団的性格を帯びた現代型訴訟においては，この基本原則につき再考が必要となる。

また，紛争の集団性は，個々人の利害関係を希薄にすることが

ある。環境訴訟や消費者訴訟にはこのような側面があり，そのことは特に当事者適格の問題（108頁以下参照）に影響し，従来の個人の権利侵害を重視する基準では，誰も当事者適格を認められない事態も生ずる。しかし，それではこの種の紛争の訴訟による解決の途を閉ざすことになってしまう。そこで，たとえば，多数の者に共通の利害を裁判所で適切に主張できる適格，といった新しい視角から当事者適格を認めることが必要になる（しかし，最判昭60・12・20判時1181・77〔*12*〕は，そのような当事者適格の考え方を否定した）。また，多数の者に少額の財産的被害が生じた場合のように，個人の当事者適格が認められることが明らかであっても，個人の提訴がほとんど期待できない場合がある。

この点で，近時，多数の消費者の利益を保護する適格を備えているものと内閣総理大臣が認定した消費者団体に，民事訴訟の提訴権（原告適格）を認める制度が新設されたことが注目される。まず，平成18年には，「消費者契約法」の改正により，適格消費者団体が消費者契約法に違反する行為の差止めを求める訴訟を提起できることとなり（その後，同様の制度が，景表法，特定商取引法及び食品表示法でも認められることとなった），団体の提訴権が消費者保護のため重要な機能を果たしつつある。次に，平成25年には，「消費者の財産的被害等の集団的な回復のための民事の裁判手続の特例に関する法律」が制定され，平成28年10月1日に施行された。これによれば，適格消費者団体のうち，さらに特定の要件を備えているものと内閣総理大臣が認定した消費者団体（特定適格消費者団体）は，多数の消費者に対して事業者が負う金銭支払義務に関して訴訟（共通義務確認訴訟）を提起し，訴訟で勝訴した場合には，財産的被害を受けた個々の消費者からの授権に基づいて，個々の消費者の損害賠償や不当利得の返還請求などの金銭

支払請求権の確定・実現のための裁判手続（簡易確定手続）を遂行できる。これらは，ドイツを中心としてヨーロッパで発達してきた団体訴訟制度及びアメリカ合衆国等で発展してきたクラス・アクションの制度を参考に，制度の濫用の危険にも配慮した謙抑的な手続を導入するものであり，今後，新制度の定着と発展とが期待されている。

(2) **争点の解明の困難**　公害訴訟，薬害訴訟，環境訴訟に見られるように，解決のためには最先端の科学知識が必要であり，場合によってはそれをもってしても解明が困難な争点や公共政策にかかわる問題を含むことがあるのも，現代型訴訟の特色である。司法機関である裁判所は本来このような問題を扱う機構を備えていない，として審理を拒否することも考えられるが，特にわが国では，この点でも裁判所における解決を求める声は大きい。

裁判所での訴訟審理を許すとしても，この種の訴訟での証明の困難は，多くの場合に，原告である被害者個人にとって大きな負担となる。しかも原告側には証明のための資料がなく，重要な証拠は企業や国など力の強い当事者に握られていることが多い。審理の基本原則である弁論主義や証明責任の考え方は，もともと対等の地位にある二当事者を前提としてきており，上のような証拠の偏在現象がむしろ常態である現代型訴訟においては，理論の修正を迫られることになる。文書提出命令や証拠保全の制度（178頁以下参照）が注目を集め，証明妨害に関する議論の発展が見られるなど，当事者の証明活動の法的規律に関心が向けられるようになった（190頁参照）のは，現代型訴訟の出現がきっかけである。

(3) **求められる救済と判決の役割**　現代型訴訟の対象は，契約関係にない当事者間の紛争である場合が多い。その解決基準となる実体法は主として不法行為法であるが，そこでは当事者に与

えられる救済の内容が，契約法の領域とは異なり，法規の文言上明確でなく，個々の事件での裁判所の判断にまかされていることが多い。原告にとっても訴訟の過程を通じてはじめて自分の求めることのできる救済が具体的になってくる場合が少なくない。このことは，訴訟上の請求（訴訟物）は原告が訴え提起の段階で特定しなければならない，という原則（42頁参照）をどこまで貫くことができるか，という疑問を生じさせる。

　救済の内容が，損害賠償という過去に向けられたものから（ただし，117参照），違法行為の差止めや違法行為の結果の除去といった将来に向けて当事者の行動を規律するものへと重点を移してきたことも，現代型訴訟に特徴的である。このことは裁判所の判決が紛争解決にあたって果たす役割を変化させることになる。伝統的な訴訟の場合とは異なり，判決は，場合によっては，救済内容を最終的・完結的に決定するのではなく，当事者に対して将来に向けて救済方法を具体化してゆく出発点を与えるものにすぎないのである。判決の効力に重点を置いた従来の訴訟理論に対して，審理の過程や当事者の地位（75頁以下参照）を重視する理論が提唱されるのは，このような現代型訴訟を背景としている。

3——国際化の問題

　社会生活の国際化に伴って国際性をもった紛争が多発している。これを受けて，当事者の住所や経済活動の中心地が異なる国に存在する，紛争が訴訟の係属する国以外の国で生じたものである，証拠が訴訟係属国以外の国に存在するなど，国際的な要素を含む訴訟が内外の裁判所に係属することが多くなってきた。

　具体的には，どこの国の裁判所が管轄権をもつか（国際的裁判管轄）（61頁以下参照），文書（訴状，口頭弁論期日の呼出状，判決な

ど）の送達や証拠調べの手続を訴訟係属国以外の国で行う場合にどの国の訴訟法規に従うべきか（民訴条約および送達条約参照），訴訟の判決が外国の実体法規（どの国の実体法規が適用されるかは，訴訟が係属している国の国際私法によって決定される）を適用してなされる場合に，その調査・証明はどのように行うべきか（157 頁参照），ある国の裁判所が言い渡した判決の内容を他の国で強制的に実現するためにはどのような手続によることが必要か（外国判決の承認・執行の問題。118，民執 24 参照），などの困難な問題がある。

4——民事訴訟法典

わが国の民事訴訟制度を規律する基本的な法律である民事訴訟法典は，民事訴訟制度の現代的課題に応え，また，法文を現代語化して国民にとってわかりやすい法律とする必要から，平成 8 年に全面的な改正がなされ，新法として公布された。また，最高裁判所の規則（3 参照）である民事訴訟規則も全面的に改正され，旧規則に比べて詳細なものとなっている。

明治 23 年に制定され 100 年以上にわたって施行されてきた旧民事訴訟法典は，近年までは広い意味での民事訴訟制度（2 頁）を規律する基本法典であったが，執行手続および保全手続に関する規定が民事執行法（昭和 54 年制定）および民事保全法（平成元年制定）として独立し，新民事訴訟法典は狭義の民事訴訟手続（判決手続）のみを規律する法律として制定された（1 参照）。さらに，仲裁手続については，平成 15 年に新たに仲裁法が制定され，また，平成 16 年には，公示催告手続についても，制度が見直され，新たな規定が非訟事件手続法の中に設けられた。この結果，旧民事訴訟法は完全に姿を消すことになった。

30 第*1*章 総 論——民事訴訟の世界

新法制定後の主な改正としては，訴訟能力等（83頁以下参照）（平成11年），公務文書の提出義務（177頁以下参照）（平成13年），特許権に関する訴訟の管轄集中（67頁参照），専門委員制度の新設（118頁以下参照），訴え提起前の照会および証拠収集手続の新設（39頁以下，145頁以下参照），計画審理の義務づけ（132頁・137頁参照），鑑定（175頁参照），和解に代わる決定の新設（198頁・311頁参照），少額訴訟手続の対象の拡大（312頁参照）（平成15年），インターネットを利用した申立て等の許容（41頁・326頁参照）（平成16年），犯罪被害者等の保護のための証人尋問等の手続改善（173頁以下参照）（平成19年），国際裁判管轄規定の整備（61頁以下参照）（平成23年），訴訟手続のIT化を中心とする改正（令和4年。31頁参照）などがある。

司法制度改革　平成8年の民事訴訟法の全面改正は，民事訴訟制度の現代的課題に応えるものであったが，種々の重要課題に十分に応えるには，訴訟手続法の改正だけではなく，訴訟制度の運営のための人的・物的な基礎を充実させ，また，訴訟制度を実際に利用しやすくするための諸制度を整備するなど，司法制度全体としての対応が必要である。司法制度改革審議会の意見書（平成13年6月）は，このような視点から，21世紀の司法制度の姿を，①国民の期待に応える司法制度の構築，②司法制度を支える法曹の在り方，③国民的基盤の確立の3点に整理して種々の重要な提言をしている。意見書のうち民事訴訟に関係する点の概要は以下のとおりである。

①については，ア 民事裁判の充実・迅速化，イ 専門的知見を要する事件への対応強化，ウ 知的財産権関係事件への総合的な対応強化，エ 労働関係事件への総合的な対応強化，オ 家庭裁判所・簡易裁判所の機能の充実，カ 民事執行制度の強化，キ 裁判所へのアクセスの拡充，ク 裁判外の紛争解決手段（ADR）の拡充・活性化，ケ 司法の行政に対するチェック機能の強化，を述べている。②については，ア

法曹の質と量の拡充，イ 弁護士制度の改革，ウ 裁判官制度の改革などを指摘する。③は，刑事訴訟につき裁判員という新しい形での国民の司法参加を提言することに重点があるが，民事訴訟への参加について，専門委員制度の導入，調停委員，司法委員および参与員制度の拡充などにもふれている。

これを受けて，政府は司法制度改革推進本部を設置し，具体的な制度改革に着手し，既に，次のような改革が実現した。民事訴訟法の改正（専門委員制度の導入，計画審理の一層の促進，証拠収集手段の拡充，知的財産権関係事件の東京地裁・大阪地裁，東京高裁での集中的処理，少額訴訟手続の訴額の上限の引上げなど。①アイウ），知的財産高等裁判所の設置，秘密保持命令制度の創設および当事者尋問の公開停止（①ウ），人事訴訟法の制定（人事訴訟等の家庭裁判所への一本化など。①オ），裁判所法の改正（簡易裁判所の事物管轄の拡大，民事調停官・家事調停官制度の新設など。①オ②ウ），民事執行法の改正（債務者の履行促進や財産把握のための方策，執行妨害対策，少額定期給付債務の履行確保，少額訴訟債権執行手続の創設など。①カオ），労働審判制度の創設（①エ），仲裁法および裁判外紛争解決手続の利用の促進に関する法律（いわゆる ADR 基本法）の制定（①ク参照），弁護士法の改正（国際化・外国法事務弁護士等との提携，職業倫理の保持のための懲戒制度の改善など。②イ），司法書士法の改正（簡易裁判所の訴訟事件での司法書士の代理資格付与。②イ），裁判官の任命手続の改善（下級裁判所裁判官指名諮問委員会の新設など。②ウ），法曹養成制度の改革（新設の法科大学院を中核とする法学教育，司法試験，司法修習を有機的に連携させたプロセスとしての法曹養成制度。②ア）。なお，弁護士報酬について当事者の合意により敗訴者負担とすることを可能とする法案が国会に提出されたが廃案となった（①キ）。

> **訴訟手続のIT化を中心とする法改正**

わが国の現行民事訴訟法は，電話会議システムによる争点および証拠の整理手続や，遠隔地に居住する証人につきテレビ会議システムを利用した証人尋問を可能にするなど，平成8年の制定当時としては，国際的にも，比較的早期に通信技術を応用するものであったが，IT技術が急速に発展する中で，インターネットを用いた申立て等については，平成16年の改正で基本的規定（132条の10）が設けられたものの，具体的な手続としては，支払督促手続につきオンライン申立て等を可能とすることにとどまっていた（令和4年改正前の397～402）。近年，諸外国ではITを利用した民事訴訟手続の整備が急速に進んでおり，わが国の制度の立ち遅れが目立つようになってきたことから，利用者の利便性を高め，手続の合理化を図るために，令和4年に民事訴訟法が改正され，訴訟手続のIT化が実現することとなった。

IT化は，3つのe，すなわち，①e提出（e-Filing），②e事件管理（e-Case Management），③e法廷（e-Court）からなっている。①は，訴えの提起などの申立てその他の申述や，電磁的記録の内容についての証拠調べの申出をオンラインで裁判所のサーバーに記録する方法で行うことを可能にし，委任を受けた訴訟代理人等にはこの方法により申立て等をすることを義務付けるものである（132の10・132の11・231の2Ⅱ）。

②としては，訴訟記録の電子化（裁判所のサーバー上に記録），口頭弁論等の記録の電子化（従来の調書に代えて，電子調書とする。160・267），記録閲覧方法の電子化（91の2，規33の3），電磁的記録に記録された情報（電子データ）の内容に係る証拠調べの手続の整備がある（231の2・231の3）。また，証人尋問および当事者尋問の手続について，ウェブ会議等の利用を認める要件を緩和し，証人・当事者本人の出頭が困難な場合，証人・当事者本人が圧迫を受け精神の平穏を著しく害されるおそれがある場合のほか，当事者に異議がない場合にも，利用可能とした（204③）。簡易裁判所の手続では，さらに

要件は緩和されている。277の2)。ウェブ会議等の利用は，検証（232の2)，裁判所外での証拠調べ（185Ⅲ）においても，可能となる。鑑定については，鑑定人の意見陳述の方法として，書面の提出に代えて，オンラインでの提出または意見の電磁的記録を記録した記録媒体を提出する方法が認められる（215Ⅱ）ほか，ウェブ会議等の利用の要件が緩和されている。さらに，判決書の電子化（電子判決書，252)，送達の電子化（255Ⅱ①），手数料の電子納付（民事訴訟費用等に関する法律8）なども実施される。

③としては，裁判所および当事者双方が映像と音声の送受信により相手の状態を相互に確認しながら通話できる方法（ウェブ会議等）で口頭弁論期日の手続を行うことを可能とした（87条の2)。また，弁論準備手続につき，電話会議等の利用可能性を拡大し（170Ⅲ），同様に，参考人等の審尋期日（187Ⅲ），専門委員の手続関与（92の2Ⅱ・92の3），和解の期日（89Ⅱ～Ⅴ）についても，広く電話会議等の活用を可能とした。

令和4年の改正では，IT化の他に，重要な手続が創設された。犯罪被害者等が訴えの提起や申立てをするにあたり，氏名等の情報を秘匿する手続（133～133の4。42頁参照），当事者の申出により一定の事件について一定の期間内に審理を終えて判決を行う手続（法定審理期間訴訟手続。381の2～381の8。318頁参照）などである。

第2章

訴訟手続の開始

➡訴状を提出する森永ヒ素ミルク事件の原告団
写真提供：共同通信社

本章では，まず，訴訟手続を開始する基本的な行為である訴えについて，その種類・内容（訴訟物），訴えの提起の方式，それに伴って裁判所でなされる手続などが解説される（Ⅰ）。

次に，訴え提起の宛先であり訴訟事件の審理・判決を担当することになる裁判所について，その構成，管轄などの問題が取り扱われる（Ⅱ）。

さらに，訴訟手続が誰と誰との間で行われるかという当事者の問題について，その意義，当事者となることができる資格・能力，実体法上の権利義務帰属主体以外の第三者による訴訟の追行の問題が検討される（Ⅲ）。

I 訴　え

1──訴えの提起

(1) 訴えの意義・種類　① 訴えの意義　訴えは，原告が裁判所に対して自己の請求を提示しその当否についての審判を求める申立てである。国家は公的サービスの一環として民事訴訟制度を設営し，国民の利用に供しているが，その具体的な利用は私人の自由な意思に委ねられており（「訴えなければ裁判なし」），訴えは自らの特定の利益救済のためにこの制度を利用したい旨の私人の申出に当たる。したがって，訴えが提起されたときは，裁判所は，訴えの適法性ないし原告の請求の当否につき審理を行い，何らかの裁判をする必要がある（裁判拒絶の禁止）。また，一般にこのような訴えの性質から，訴訟の中途で両当事者が和解し，また原告は訴えを取り下げ，請求を放棄し，被告は原告の請求を認諾することができる（196頁以下参照）し，裁判所は請求外の事項について判決したり，請求の範囲を超えて判断することは許されない（50頁以下参照）（処分権主義）。

② 訴えの種類　訴えの種類としては，その内容をなす訴訟上の請求の種別に応じて，給付の訴え，確認の訴え，形成の訴えの3種類がある。この他，提訴の態様・時期の観点から，単一の訴えと併合の訴え，または独立の訴えと訴訟中の訴えに分類することも可能である。なお，形成の訴えの一種とされてきた再審訴訟や執行法上の異議訴訟などを救済訴訟と名付けて，独立の訴訟類型とする考え方もある。

(a) 給付の訴え　給付の訴えは，原告の被告に対する給付請

求について審判を求める訴えであり，最も古くから存在し，現実に最も事件数の多い訴えの類型である。即時の給付判決を求める現在の給付の訴えが通常であるが，訴えの利益がある場合には，将来現実化すべき給付請求権をあらかじめ主張しておく将来の給付の訴えも許される (135)。給付の内容としては，金銭の支払や土地建物の明渡しが典型であるが，一定の作為の請求 (建物収去請求，謝罪広告請求など) や不作為の請求 (差止請求など) も含まれる。給付の訴えに対する請求認容の給付判決は執行力を有し，同時に，給付請求権の存在を既判力をもって確認するが，請求棄却の判決は，給付請求権の不存在を確認する確認判決である。

(b) 確認の訴え　　確認の訴えは，原告の被告に対する特定の権利ないし法律関係の存在または不存在の確認請求について審判を求める訴えである。沿革的には，給付訴訟より遅れて認められるようになったが，それは給付の訴えが問題になる場面の方が救済の必要性が切実であることや，確認判決が実効性をもつためには法秩序の確立，遵法意識の高まりが必要であることによる。確認の訴えには，土地等の所有権の確認を求めるように，権利または法律関係の存在の確認請求を内容とする積極的確認の訴えと，債務が存在しないことの確認を求めるように，権利または法律関係の不存在の確認請求を内容とする消極的確認の訴えとがある。なお，確認の対象は，権利または法律関係の存否であるのが原則だが，法律関係を証する書面の成立の真否の確認を求める場合 (134の2) その他確認の利益があるときには，例外的に事実の確認を求める訴えも許される (105頁以下参照)。確認の訴えに対する本案判決は，既判力をもってその権利または法律関係の存否を確認する確認判決である。

(c) 形成の訴え　　形成の訴えは，一定の権利または法律関係

を発生，変更ないし消滅させるために，法律上裁判所の判決が必要とされている場合に，法定の要件（形成要件）の充足を主張して，そのような権利等の形成の宣言を求める訴えである。私法上の権利等の発生・変更・消滅は，法律行為その他の法律要件がみたされれば当然に生じるのが原則であるが，法は権利関係の変動を明確化・画一化し，それに関する紛争を予防するため，一定の場合にそのような変動を判決にかからせ，判決確定前は何人も権利関係の変動を主張しえないものとしていることがある。したがって，形成の訴えが認められるのは，身分関係や会社関係など多数の利害関係人に重大な影響を与えるために，その明確性・安定性・画一性が特に期待される法律関係に限られる（離婚の訴え，認知の訴え，会社の設立無効の訴え，株主総会決議取消しの訴えなど）。形成の訴えに対する請求認容判決は形成判決で，その確定により直接その権利等を形成する効力，すなわち形成力を有し，同時に形成要件の存在について既判力を生じる。請求棄却判決は形成要件の不存在を確認する確認判決である。

> **形式的形成訴訟** 法が権利ないし法律関係の形成要件を具体的に規定せず，形成の基準および方法を裁判所の自由な裁量に委ねている場合があるが，このような訴えの類型を形式的形成訴訟と呼ぶ。共有物分割訴訟（民258），境界確定訴訟，父を定める訴え（民773）などがこれに当たるとされる。これらの事件では，裁判所は要件事実の確定というよりも，むしろ合目的的な裁量判断を行い，実質的には非訟事件に近いが，当事者の利害の対立性が強いので，伝統的に訴訟手続によるものとされている。その特質から，判例は，形式的形成訴訟，とりわけ境界確定訴訟では民事訴訟法246条（申立事項の拘束）や304条（不利益変更禁止の原則）の適用はなく（最判昭38・10・15民集17・9・1220〔*17*〕，大連判大12・6・2民集2・345〔*18*〕），固有必要的共同訴訟との関係でも特別の取扱いを

認め（最判平11・11・9民集53・8・1421〔**214**〕），当事者適格についても独自の考察を必要としている（最判昭58・10・18民集37・8・1121〔**19**〕，最判平7・3・7民集49・3・919〔**20**〕）。しかし，境界確定訴訟では，当事者間の真の紛争は公法上の境界というよりも，所有権の範囲にあることから，境界が確定しえない場合に請求を棄却するのは確かに適当ではないが，処分権主義の適用を一律に排除する判例の態度は，硬直的な過度のモデル思考だなどとして，学説から批判を受けている。なお，平成17年の不動産登記法の改正により，上記判例を確認する形で，「筆界確定訴訟」が明定されたが（不登147・148），新たに登記官による筆界特定制度が導入された結果（不登123以下），境界確定訴訟の件数は減少傾向にある（平成10年の761件から，平成26年には395件にほぼ半減した。令和4年で311件）。

(2) 提訴予告通知　訴え提起後に計画的な審理を円滑に進めるためには，提訴の時点で，当事者がその事件について十分な情報および証拠を収集している必要がある。しかし，従来は，特別の場合に証拠保全手続（188頁参照）が利用できるに止まり，提訴前の証拠収集手続が不十分であった。そこで，平成15年改正により導入されたのが，提訴予告通知の制度である。これは，訴えを提起しようとする者が提訴予告通知を発することにより，提訴前照会および証拠収集処分を利用できることとするものである。

提訴予告通知は，訴えを提起しようとする者（予告通知者）が被告となるべき者に対し，請求の要旨と紛争の要点を記載した書面（予告通知書）を送付することでされる（132の2 I Ⅲ。なお，相手方の承諾があれば，オンラインでも可能とされる。132の2 Ⅳ）。そして，その通知から原則として4か月の間，提訴前照会・証拠収集処分の申立てができる（132の2 I・132の4 Ⅱ）。また，予告通知を受けた者（被予告通知者）も，予告通知者に対し，答弁の要旨

を記載した返答書を送付して同様の措置を利用することができる（132の3・132の4Ⅰ）。なお，同一事項について重複して予告通知をすることはできず（132の2Ⅳ・132の3Ⅱ），予告通知ではできる限り，提訴の予定時期を明らかにしなければならない（規52の2Ⅲ）。

　提訴予告通知およびそれに対する返答に基づき，まず提訴前照会をすることができる。これは，提訴後の当事者照会（144頁以下参照）と同様の制度であり，その要件・効果もほぼそれに対応する。ただ，提訴前のものであり，濫用を防止するという観点から，主張・立証の準備のための必要性が明らかな場合に利用が限定され（132の2Ⅰ本文），また回答拒絶事由として，163条所定の事由の他，相手方・第三者の私生活の秘密や営業秘密に関する事項も含まれている（132の2Ⅰ但書②③）。

　さらに，提訴予告通知およびそれに対する返答に基づき，証拠収集処分の申立てをすることができる。利用できる処分は，①文書送付嘱託，②調査嘱託，③専門知識を有する者に対する意見陳述嘱託，④執行官に対する現況調査命令である（132の4Ⅰ）。これらはいずれも任意の処分であり，嘱託を受けた者や調査の対象となった物件の所有者はそれに応じなくても制裁はない。処分を命ずる要件は，①訴えが提起された場合の立証に必要なことが明らかな証拠であること，②申立人が自ら収集することが困難であること，③それに要する時間や負担などが不相当なものでないことである。証拠収集処分に基づく報告や意見陳述は書面またはオンラインでされるが（132の6ⅡⅢ），申立人および相手方はそれを閲覧することができ（132の7），提訴後に必要があれば証拠として提出することができる（証拠保全のように，当然に証拠となるものではない）。ただ，現実にはほとんど利用されていない（令和4

年で52件)。

(3) **訴え提起の方式**　　訴えの提起は，訴状を作成して裁判所に提出する方法で行うのが原則である（134 I。簡裁の例外につき，310頁参照）。ただ，訴状も申立てであるので，インターネット（オンライン）経由で提出することもできるし（132の10），訴訟代理人である弁護士等はオンラインで提出しなければならない（132の11）。訴えの提起に際しては申立手数料を納付する必要がある。その納付は，原則として現金によるが（民訴費8），実際にはペイジーによって納付される。その金額は訴額に応じて逓増するが（民訴費3 I II・別表第1），外国に比べて高いとの批判を考慮して，平成4年に高額部分が引き下げられ，さらに平成15年に司法制度改革に伴うアクセス改善のため全体的に引き下げられた。また，被告に対する送達の関係から，原告は被告の数だけの訴状の副本または出力書面を訴状に添付し（規58 I），送達費用を予納しなければならない（民訴費11・12。ただし，郵便費用の予約は不要である）。ただ，これらの費用の納付については，その支払の猶予を認める訴訟救助の制度がある（23頁以下参照）。

申立てのオンライン化　　令和4年改正により，訴状に限らず，民事訴訟における申立て等を行う場合，当事者は，書面に代えて，オンライン（電子情報処理組織），すなわちインターネットを経由して行うことができることとされた（132の10）。具体的には，裁判所が設置する事件管理システムに訴状等のPDFを投稿したり，フォーマットに入力したりする形で申立て等を行うものである。そして，本人訴訟ではこのようなオンラインの利用は当事者の任意に委ねられるが，弁護士等の訴訟代理人については，その利用が強制され，原則として書面により訴状等を提出することは許されなくなる（132の11 I）。なお，オンライン申立てが義務づけ

られた際に問題となるのは，事故等様々な事情でオンラインが使えなくなる場合の取扱いであるが，「裁判所の使用に係る電子計算機の故障その他その責めに帰することができない事由により」オンライン申立てができないときは，例外的に書面申立ても可能とされる（132条の11Ⅲ）。この「責めに帰することができない事由」の解釈については，今後様々な議論がされるであろう。

　訴状には，当事者，法定代理人，請求の趣旨および原因を記載しなければならない（必要的記載事項，134Ⅱ）。請求の趣旨とは，原告が訴えによって求める判決の主文の内容の簡潔かつ明確な表示である。たとえば，「被告は原告に対し金1,000万円を支払え」とか「別紙目録記載の土地は原告の所有であることを確認する」とか「原告と被告とを離婚する」というように記載される。公害などの差止請求においては，一定の基準を超えた騒音・振動の侵入を禁止する旨の請求の趣旨によって訴訟物は特定され，被告のより具体的な作為の特定までは要しない（最判平5・2・25判時1456・53，名古屋高判昭60・4・12下民集34・1〜4・461〔*21*〕参照）。また，請求の原因とは，請求の趣旨を補足して，請求を特定するのに必要な事実をいう（規53Ⅰ参照）。金銭支払請求などでは，請求の趣旨だけでは原告・被告間のどの債権が訴訟物となっているのかが特定しないので，さらに債権発生の具体的な事実関係の記載が訴訟物特定のために必要となる。他方，所有権の確認など請求の趣旨だけで訴訟物が特定できる場合には，必要的記載事項としての請求原因の記載は不要である。

住所・氏名の秘匿措置　本文で記載したように，当事者の氏名・住所は訴状の必要的記載事項とされている。ただ，DV被害者が加害者に損害賠償訴訟を提起する際に自分の住所を知らせたくないとか，行きずりの犯罪被害者が加害者に損害賠

> 償訴訟を提起する際には自分の名前すら秘匿したいという要望が強い。
> このようなニーズに応えるため，令和4年改正では，新たに住所・氏名等の秘匿制度が導入された（133以下）。これは，当事者の氏名・住所等が相手方に知られることによってその者が社会生活を営むのに著しい支障を生ずるおそれがある場合に，その氏名・住所等を秘匿する旨の裁判（秘匿決定）ができるとする制度である（133）。秘匿決定がされれば，その部分に関する訴訟記録の閲覧等が（秘匿対象者以外は）できなくなる（133の2）。これにより，前述のような場面でも訴訟を通じた権利の救済を可能にすることができる。ただ，このような事項の秘匿が相手方の手続保障を害するおそれもあるので，秘匿の要件を欠く場合は秘匿決定が取り消されることはもちろん，秘匿決定により攻撃防御に実質的な不利益を受ける当事者も，秘匿決定にかかわらず記録閲覧等が可能とされる（133の4）。このような規定により，秘匿を求める当事者のニーズと相手方の十分な手続保障の要請との調和を図ったものである。

ただ，裁判所が早期に事件の概要を理解して適切な争点整理を行うためには，訴状において既に具体的な事実主張および事実に対応した証拠関係が明示されていることが望ましいので，請求を理由付ける具体的な事実および，立証を要する事由ごとに，重要な関連事実や証拠の記載が求められる（規53Ⅰ）。また，同様の理由で，不動産事件では登記事項証明書，人事訴訟では戸籍謄本など重要な書証の写しやその画像情報を訴状に添付しなければならない（規55，人訴規13）。ただ，これらの記載や添付がなくても，訴状却下の理由とはならない。なお，攻撃防御方法（任意的記載事項）について記載した訴状は，準備書面を兼ねるものとされる（規53Ⅲ）。

(4) 訴え提起後の手続　① 訴状の点検　裁判所に訴状が提出されると，裁判所内の事務分配の定めに従い，特定の裁判体

に事件が配点される。その後,配点を受けた裁判体の裁判長は訴状を点検し,必要的記載事項の記載が不十分なときは,相当の期間を定め原告にその補正を命じる(137Ⅰ。裁判所書記官に補正を促させることもできる。規56)。原告がこれに応じないときは,裁判長は命令で訴状を却下する(137Ⅱ)。また,所定の提訴手数料の納付がないときは,裁判所書記官が納付命令処分をし,やはり原告が応じないときは,裁判長が訴状却下命令をする(137の2)。

② 訴状の送達　訴状が適式なものとして受理されると,裁判所書記官は訴状の副本を被告に送達する(138Ⅰ)(訴えの不適法が明らかで,その後の補正が期待できないときは,訴状の送達を経ずに訴え却下の判決をできるとするのは,最判平8・5・28判時1569・48〔*22*〕)。

送達は職権でされ(98Ⅰ),原則として名宛人に直接手渡す交付送達による(102の2)。名宛人の住所・事務所などにおいて郵便業従事者または執行官により実施されるが(101・103Ⅰ),就業場所での送達も許される(103Ⅱ。就業場所の意義につき,最判昭60・9・17判時1173・59〔*23*〕。その判断に関する書記官の裁量につき,最判平10・9・10判時1661・81〔*24*〕)。ただ,当事者は送達場所を受訴裁判所に届け出る義務を負い,その届出があったときは送達はその場所にされる(104)。また,交付は名宛人以外の一定の関係者にもなしうる場合があり(補充送達,106ⅠⅡ。名宛人と送達を受けた者の間に事実上の利害関係の対立がある場合,補充送達は有効とされるが,一定の場合に再審事由〔338Ⅰ③〕があるとされる。最決平19・3・20民集61・2・586〔*25*〕),送達を受けるべき者が正当な理由なしに受領を拒むときは,その場に訴状を差し置くことも認められる(差置送達,106Ⅲ)。

送達としては,このように,紙の訴状を送達するほか,令和4

年改正により，インターネット（オンライン）を経由するシステム送達も可能となった。これは，当事者があらかじめオンライン経由での送達を受けることを承諾し，かつ，メールアドレスを裁判所に届け出ておくと，裁判所は，訴状等の送達書類を事件管理システムにアップロードし，その旨を電子メールで相手方に通知することで，その閲覧やダウンロードを可能にし，それにより送達があったものとする手続である（109の2，規45の2）。この場合，相手方当事者の閲覧やダウンロードがあればもちろん（109の3Ⅰ①②，規45の4），実際にそれがなくても，上記通知から1週間の経過によって送達が効力を生じるものとされる（109の3Ⅰ③）。ただ，訴状の場合には，まだ訴訟係属を知らない被告からシステム送達の承諾を得ることは難しいため，提訴に当たり，原告訴訟代理人は，その事件について被告から委任を受けて事務処理をしていた弁護士等を裁判所に届け出るものとされる（規55の2）。裁判所書記官は，この届出を受けてその弁護士に連絡し，その者が訴訟でも被告を代理することが確認でき，かつ，その同意が得られれば，訴状についてもシステム送達を実施することが想定される。

　名宛人が常時不在等で，これらの送達が不可能なときは，裁判所書記官は訴状を書留郵便に付することができ，その場合はその発送の時点において送達があったものとみなされる（付郵便送達，107）（その適法性および判断基準につき，最判平10・9・10判時1661・81）。さらに，当事者の所在が不明の場合には，裁判所書記官が訴状を保管し，名宛人に対して交付の用意がある旨をウェブページおよび裁判所において閲覧可能な状態にし，その後2週間経過した時に送達の効力が生じる（公示送達，110～112）。これらの送達は，被告の実際の受領なしに送達の効力を認めるものであるか

ら，被告の手続保障を重視して慎重な運用が必要である（最判昭42・2・24民集21・1・209〔*118*〕，最判平4・4・28判時1455・92〔*250*〕参照）。有効な訴状の送達を欠いてなされた判決には上訴の追完（97）が許されるし，再審事由が認められる場合もある（最判平4・9・10民集46・6・553〔*273*〕）。

③ **第1回口頭弁論期日の指定**　訴えの提起があると，裁判長は口頭弁論期日を定めて，当事者を呼び出す（139）。ただし，不適法な訴えで，その不備の補正が不可能な場合には，口頭弁論を経ずに訴え却下の判決ができ（140），また，呼出費用の予納がない場合には，被告の異議がないときに限り，訴え却下の決定ができるので（141），この指定は要しない。第1回の口頭弁論期日をいつに指定するかは裁判長の裁量事項であるが，第1回期日において事件を適切な手続のルートに振り分けるためには，振分けに必要な資料がそろった段階で（裁判長は，第1回期日前でも，当事者から，訴訟の進行につき参考とすべき事項の聴取ができる〔規61〕），できるだけ早期に指定すべきである（規60Ⅱは訴え提起の日から30日以内の指定を原則とする）。ただ，裁判所は，当事者に異議がないときは，第1回口頭弁論期日の前にただちに弁論準備手続等に付することもでき（規60Ⅰ），近年は両当事者に訴訟代理人があるときは，早期にウェブ会議で審理の方向性を協議するような運用が行われている。

2——訴 訟 物

(1) 訴訟物の意義　民事訴訟による私益の保護にあたっては，裁判所による法的判断になじむように，特定した審判の対象を原告が提示しなければならない。このような審判の対象を訴訟物と呼ぶ。なお，民事訴訟法は訴訟物を指して「請求」という語を用

いることがあり（258 Ⅰ・259 Ⅰ Ⅱ・136など），従来審判の対象は「訴訟上の請求」とも呼ばれてきた。

訴訟物という概念は，本案判決の主文において判断すべき事項の最小の基本単位を構成し，訴訟手続の様々な局面で基準を提供する。たとえば，訴えの併合の問題（136），訴えの変更の問題（143），二重起訴の問題（142），申立事項の問題（246），既判力の客観的範囲の問題（114），訴えの取下げの場合の再訴禁止の問題（262 Ⅱ）などについて，いずれも訴訟物が重要な基準として機能する。ただ，最近は，訴訟物にこのようなオールマイティーな機能をもたせることに疑問を呈し，個々の問題を訴訟物とは異なる基準で処理しようとする見解や訴訟物概念を複数定立して柔軟化をはかる見解も生じている。確かにあらゆる手続場面の統一的な規律を訴訟物に期待することは困難であるが，個々の問題についての解決の指針を提供するものとして，今日もなお訴訟物という概念の一般的な重要性は失われていないといえる。

(2) 訴訟物の同一性・単一性　訴訟物は訴訟における審判の対象であるから，訴状における請求の趣旨・原因（134 Ⅱ ②）により，訴訟手続の始めから特定されていなければならない。訴訟物の同一性をどのような基準で決定するかについては実定法規は存在せず，解釈に委ねられている。この点で，実体法上の権利または法律関係を基準とする旧訴訟物理論と，各訴訟類型の差異を強調して，実体法上の請求権から独立した訴訟物を観念する新訴訟物理論とが対立している。

訴訟物論争　実体法上の請求権ごとに訴訟物を観念する旧訴訟物理論が従来の通説であったが，昭和30年代以降，1回の訴訟で包括的な紛争解決を図るために請求権と訴訟物を切り離して，従来よりも広い訴訟物を観念する新訴訟物理論が登場した。両説

48 第2章 訴訟手続の開始

> の間での華々しい論争の後，学説においては新説が多数説の地位を占めたが，逆に実務では現在でも旧説が維持されたままである。他方で，新説と旧説の対立を止揚する形で提唱されたのが，新実体法説である。これは，実体法上の請求権概念を改め，従来，請求権競合と考えられてきた場合も，実体法上請求権を1個に統合する考え方である。ただ，その統合の方法については，いまだ明確な基準は示されていない。また，最近では，新実体法説の一環として，当事者の請求・抗弁・再抗弁という訴訟手続の流れをも請求権の内容に取り込む統一的請求権論も主張され，注目を集めている。なお，近時は，訴訟物概念の絶対性自体に疑問が呈され，実務への影響が乏しいこともあって，訴訟物論争も過去のものとなりつつあるが，訴訟法と実体法の関係や裁判所・当事者の役割分担など基本的な理論的問題点を考えるとき，それは現在でもなお避けて通れない論点といえる。

① 給付訴訟の訴訟物　給付訴訟の訴訟物は，原告が被告から一定の給付を求めることができる法的地位であると解する（新訴訟物理論）。実体法上の給付請求権ごとに訴訟物を考える旧訴訟物理論は，給付訴訟を提起する原告の目的があくまで特定の物ないし金銭の給付判決（債務名義）を得る点にあり，その法的根拠には無関心なのが通常であることを考えると，妥当ではない。よって，土地明渡請求訴訟では，明渡しを求める1個の法的地位が訴訟物であり，その根拠が所有権であるか，占有権であるか等により訴訟物が分断されるものではない。医療過誤等に基づく損害賠償の場合には，その事故により一定額の損害賠償金を受領できる法的地位が訴訟物であり，不法行為に基づくのと債務不履行に基づくのとで2個の訴訟物があるわけではない。登記関係訴訟の訴訟物も真正な登記名義を回復しうる法的地位であり，移転登記請求と抹消登記請求で訴訟物を異にするものではない（東京地判昭63・12・20判時1324・75〔*27*〕）。なお，新訴訟物理論の中でも，

手形債権については，その実体法上の無因性および手形訴訟という特別な制度の存在（317頁コラム参照）を重視して原因債権とは別個の訴訟物とする考え方もあるが，無因性も両債権が同一人に帰属している限り抽象的なものに止まり，手形訴訟も債務者の異議で簡単に通常訴訟に戻るので，原則どおり1個の訴訟物と考えてよい。

② 確認訴訟の訴訟物　確認訴訟の訴訟物は，原告が主張する一定の権利または法律関係の存否である（この点では訴訟物理論による対立はほとんどない）。その権利等の取得・消滅原因事実ごとに訴訟物を考える見解もあるが，確認訴訟の目的および当事者の関心が権利関係の存否を既判力によって確定し，後の紛争を予防する点にあり，その取得原因等は立証手段にすぎないので，妥当とはいいがたい。したがって，所有権確認訴訟では所有権の存否，親子関係不存在確認訴訟では親子関係の存否，遺言無効確認訴訟では遺言の効力の存否が訴訟物となる。なお，金銭債務の不存在確認訴訟は，実質的には給付訴訟の裏返しであるので，債務の発生原因と額によって特定すべきであるが（○月○日の売買契約に基づく100万円の債務の不存在確認など。最判昭40・9・17民集19・6・1533〔*28*〕），不法行為などの場合には，債権額の特定は債権者側の責任と考えられるので，あえて上限額を特定しなくとも訴訟物の特定性は認められる（たとえば，○月○日の交通事故による損害賠償債務の不存在確認など）。

③ 形成訴訟の訴訟物　形成訴訟の訴訟物は，特定の権利または法律関係の変動を求めることができる法的地位であると解する（新訴訟物理論）。実体法所定の形成要件ごとに訴訟物を認める旧訴訟物理論もあるが，このような訴訟の目的が権利関係の形成自体にあり，訴え提起時に存在するすべての形成要件の主張を求

めても原告に酷とはいえないので、妥当ではない。よって、**離婚の訴え**は、民法770条1項各号のいずれを根拠としても訴訟物としては1個であり、**株主総会決議に関する訴え**については、特定決議の効力不存在という形成結果の同一性に基づき、同一決議にかかる決議取消しの訴え、無効確認の訴え、不存在確認の訴えはすべて1個の訴訟物と解される（詐害行為取消訴訟の訴訟物につき、最判平22・10・19金判1355・16参照）。

④　**損害賠償請求訴訟の訴訟物**　　損害賠償請求訴訟については、その訴訟物の同一性は①の基準によって判断されるが、この場合にはさらに賠償を求められている各損害について、どの範囲で訴訟物を共通にするかが問題となりうる（訴訟物の単一性）。たとえば、原告が交通事故による逸失利益200万円、治療費50万円、慰謝料100万円で合計350万円の支払を請求したところ、裁判所が逸失利益150万円、治療費20万円、慰謝料150万円で合計320万円の給付を正当と考えるとき、そのような判決ができるかという問題である。各損害費目ごとに別個の訴訟物とすれば、そのような判決は慰謝料について246条違反となるが、このような訴訟でも原告の目的は総体的な被侵害利益の回復にあることを考えると、侵害行為または被侵害利益ごとに包括的な1個の訴訟物を構成すると解して、上記のような判決を認めるべきである（最判昭48・4・5民集27・3・419〔*29*〕。なお、最判昭61・5・30民集40・4・725〔*30*〕は被侵害利益ごとに訴訟物を区分しているように解される）。

(3)　申立事項と判決事項　　原告は、訴えによって自己の求める判決の内容を明らかにするが、裁判所はこの申立事項を超えて、または申立事項に含まれていない内容の判決をすることは許されない（246）（これに対し、申立事項を下回る判決は一部認容判決として

許される)。これは「訴えなければ裁判なし」の原則ないし処分権主義の一側面であるので，形式的形成訴訟（38頁コラム参照）や職権探知主義に基づく訴訟（人事訴訟等）など当事者の処分権が制限されている場合については，適用がないとされる（共有物分割訴訟につき，最判昭57・3・9判時1040・53〔*31*〕）。

　246条は，原告に審判の目標を特定・限定する権能が認められることを意味するが，他方では，被告に防御の目標を明示するという機能をも有する。すなわち，原告・被告双方にとって申立事項を基準として自らの攻撃防御の方法・程度を決定することが制度上保障されているわけであり，裁判所が申立事項を超えて判決することは，通常そのような当事者の信頼を裏切る不意打ち判決となり，許されない。ただ，判決と申立事項との不一致が当事者にとって不意打ちにならない程度のものであるときは，例外的に246条違反とはならない。

　具体的には，まず当事者の求める救済方法を変更する場合は，基本的に246条違反となる。確認の訴えについて給付判決をする場合などがこれに当たるが，現在給付の訴えについて期限未到来を理由に将来給付の判決をすることは一部認容として許される。原告が一時金による賠償を求めているのに，定期金による支払の判決をすることも246条に反するとされてきたが（最判昭62・2・6判時1232・100〔*32*〕），確定判決の変更を求める訴えに関する117条の規定（220頁参照）が設けられた後はそれを認める考え方もありうる（東京高判平15・7・29判時1838・69〔*33*〕）。また，原告が求める救済上限を上回る判決をすることもできない（100万円の支払請求に対して，150万円の給付判決など）。これに対して，質・量的に申立事項を下回る一部認容判決は246条に違反しない。何が一部認容かを決するについては，原告の意思とともに，被告

への不意打ちの有無の視点が重要になる。200万円の請求に対して100万円の給付判決をすることは当然認められるし，無条件の給付請求について条件付の給付判決や原告の債務履行との引換給付判決をすることも許される（最判昭33・3・13民集12・3・524〔*34*〕）。さらに，一定額の支払と引換えに家屋の明渡しを求めているときに，それ以上の額と引換えの明渡判決をすることも一部認容の範囲内とされる（最判昭46・11・25民集25・8・1343〔*35*〕）。

3── 訴訟の開始の効果

(1) 訴訟係属　訴え提起により，特定の訴訟物が特定の裁判所で審判されるべき状態，すなわち訴訟係属が発生する。訴訟係属の発生時期については，裁判所への訴状提出時とする説と訴状の被告への送達時とする説があり，後者が一般的理解であるが，個々の効果ごとに個別に論じれば足りるであろう。訴訟係属を前提として，多くの訴訟法上・実体法上の効果が生じる。訴訟法上の効果としては，訴訟参加や訴訟告知が可能になること（42・47・52・53），関連請求の裁判籍が生じること（145 I・146 I）などがあるが，最も重要なのは二重起訴の禁止である。

(2) 二重起訴（重複訴訟）の禁止　訴訟係属中の事件と同一の事件について別訴を許すことは，被告の応訴負担，訴訟経済，矛盾した判断のおそれなどを考えると，妥当ではない。よって，既に裁判所に係属している事件については，当事者はさらに訴えを提起することはできない（142）。この場合の事件の同一性については，当事者が同一でなければならないが，原告と被告の立場が逆転していてもよいし（給付訴訟と債務不存在確認訴訟など。最判平16・3・25民集58・3・753〔*36*〕），前訴の判決効の拡張を受けるべき者（口頭弁論終結後の承継人等）が後訴の当事者である場合も

これに含まれる。また，訴訟物が同一である場合はもちろん，訴訟物が異なっていても，両事件の主要な争点が共通である場合も，後訴（別訴）を認めるべきではない（たとえば，同一の土地についての所有権確認訴訟と所有権に基づく明渡請求訴訟など）。さらに，既に相殺の抗弁の自働債権とされている債権を別訴で訴求することも，114条2項の趣旨に鑑み，許されない（東京高判平8・4・8判タ937・262〔*37*〕）が，訴求債権を別訴の自働債権とすることは，相殺の担保的機能の尊重の観点から許される（反対，最判昭63・3・15民集42・3・170，最判平3・12・17民集45・9・1435〔*38*〕。なお，訴えが債権の総額から相殺に供した額を差し引いた一部請求の場合には，分割行使が権利の濫用に当たるなど特段の事情がない限り，相殺禁止が適用されないとするのは，最判平10・6・30民集52・4・1225〔*185*〕。また，本訴・反訴が係属中に，反訴請求債権を自働債権とする相殺の抗弁について，最判平18・4・14民集60・4・1497〔*39*〕，本訴請求債権を自働債権とする相殺の抗弁について，最判令2・9・11民集74・6・1693参照）。

　ただ，二重起訴が禁止されるのは，別訴によるからであり，前訴の手続内で訴えの変更や反訴などによることは認められる（債権者代位訴訟にかかる47条の当事者参加の場合につき，最判昭48・4・24民集27・3・596〔*221*〕）。二重起訴の禁止に反して提起された訴えは原則として却下される。ただし，争点のみが共通で訴訟上の請求が同一でない場合には，移送ないし併合審理がなされるべきである。二重起訴が見過ごされて本案判決がなされた場合には，上訴によって争うことができ，前訴と後訴の矛盾した判決がともに確定した場合には，後に確定した判決が再審で取り消されうる（338Ⅰ⑩）。なお，最近では日本の裁判所と外国の裁判所の間での国際的な二重起訴という問題も生じている。

(3) 実体法上の効果　訴訟係属について，民法その他の実体法が一定の効果を認めていることがある。たとえば，時効の完成猶予（民147Ⅰ①），除斥期間または出訴期間の遵守（民201・747Ⅱ・777～778の2，会社828・831Ⅰなど），善意占有者の悪意の擬制（民189Ⅱ），手形法上の償還請求権の消滅時効の進行（手70Ⅲ）などがある（ただ，時効の完成猶予については，訴訟における所有権の主張など訴訟上の請求に準じる場合にも広く認められていることには注意を要する〔最大判昭43・11・13民集22・12・2510（**40**）〕）。これらの場合には，その効果の発生・消滅も，それぞれの制度の趣旨によって決まる（たとえば，時効の完成猶予は訴えの取下げ・却下による訴訟終了後6か月に限られるが〔民147Ⅰ参照〕，手形法上の償還請求権の時効の進行は取下げ等により影響を受けないと解されている）。なお，裁判上の請求による時効の完成猶予および法定期間遵守の効果の発生時期は，裁判所への訴え提起の時とされている（147。なお，このことから時効の完成猶予を訴訟係属の効果ではなく，訴えの提起の効果であると位置付ける考え方もある）が，調停手続や認証ADR手続が先行している場合には，その手続の申立て等の時に遡及する（民147Ⅰ③，裁判外紛争解決25Ⅰ）。

Ⅱ 裁判所

1── 裁判所の概念

(1) 裁判所の意義・種類　司法権を行使する国家機関が裁判所である。現在，司法権はすべて，最高裁判所および法律の定めるところにより設置される下級裁判所に属せしめられている（憲76Ⅰ）。法律上，裁判所という言葉は，裁判官その他の職員を含

めた司法行政上の官庁または官署としての裁判所をさす場合（国法上の裁判所）と，訴訟につき実際に審理をし，判断を下す裁判機関としての裁判所をさす場合（訴訟法上の裁判所）とがある。

　国法上の裁判所には，最高裁判所の他，下級裁判所として，高等裁判所（札幌・仙台・東京・名古屋・大阪・高松・広島・福岡の8か所），地方裁判所（各都道府県庁所在地〔北海道は4か所〕，計50か所），家庭裁判所（地裁と同じ）および簡易裁判所（438か所）が設けられている。このうち，家庭裁判所は，従来，民事に関しては，家事事件の審判および調停を行う裁判所であり，原則として訴訟事件の管轄権はもたなかったが，司法制度改革の中で，人事訴訟とそれに伴う関連請求が家庭裁判所の職分管轄とされている。なお，高等裁判所および地方裁判所・家庭裁判所は支部を設けることができる（高裁6か所，地裁・家裁203か所。その他，知的財産事件を取り扱う特別の支部として，東京高裁に知的財産高等裁判所が設けられている）。

知的財産事件の特則
——「知財立国」と民事訴訟

知的財産権は21世紀において日本経済が生き残るカギとされ，今やその保護は日本の国策とされている。そして，その保護の一つの重要な側面として，知的財産が侵害された場合の訴訟における保護の問題がある。迅速な審理は知的財産権訴訟では，特に優先的に取り組まれ，知財関係民事訴訟第一審の平均審理期間は平成10年の25.7か月から令和4年の16.7か月に大幅に短縮している。これは，国家政策としての知財保護にとっては迅速な審理が不可欠であるとされ，司法制度改革等の下で様々な改善策が施された成果である。たとえば，管轄の集中（東京地裁・大阪地裁の専属管轄化〔6Ⅰ・6の2〕，東京高裁の控訴審専属管轄化〔6Ⅲ〕，控訴審における知的財産高等裁判所の設置），専門家の活用（専門委員の活用，知的財産事件における裁判所調査官の活用〔92の8参照〕），

秘密保持手続の充実（秘密保持命令制度の導入〔特許105の4等〕，証人尋問等の公開停止〔特許105の7等〕）などである（このように，特許法の中に，民事訴訟法の特則が多く定められているので，注意を要する）。また，判例の早期統一のため，知的財産高等裁判所には5人の裁判官で構成される大合議部（特別部）を設けることができ（310の2），そこでは各通常部の代表が参加して審判がされる。このような措置は以上のような政策的背景から認められた特則であるが，民事訴訟の一般理論にも及ぼす影響は大きい。

(2) 裁判所の構成　　訴訟法上の裁判所を構成する裁判官の員数については，一般に複数の裁判官による合議制と1人の裁判官による単独制とがある。両者にはそれぞれ長短があり，合議制は裁判官の恣意を抑制し，慎重公正な判断を可能にする一方，単独制は裁判官の責任感を強め，迅速柔軟な対応を可能にするとされる。現行法上，最高裁判所は合議制（15人の大法廷または5人の小法廷），高等裁判所も合議制（原則として3人，例外として5人）によるが，地方裁判所・家庭裁判所の第一審手続は単独制を原則とし，3人の合議制によるのは，その旨を特に決定した事件に限られる（裁26・31の4）。なお，当事者が著しく多数で，尋問すべき証人等が著しく多数であるような訴訟（大規模訴訟）や知的財産関係事件については，5人の裁判官による合議体を構成することも認められている（269・269の2・310の2）。簡易裁判所は常に単独制である。国法上の裁判所内に複数の裁判機関があるときに，事件を各機関に分配する事務分配は，公平な裁判を保障する必要から，各裁判所が毎年度あらかじめ定める一定の基準に従って行われる。

合議体では，構成裁判官のうちの1人が裁判長になる。裁判長は，口頭弁論を指揮し，証拠調べを主宰し，判決を言い渡す権限

などを有するが，評議の際の評決権は他の陪席裁判官と同等である（裁77）。合議体では，法定事項の処理をその構成員の一部の者（受命裁判官）に委任することができる（審尋〔88〕，和解勧試〔89Ⅰ〕，弁論準備手続〔171〕，裁判所外の証拠調べ〔185Ⅰ〕など）。また，事件を担当する裁判所（単独制の場合も含む）が他の裁判所の裁判官（受託裁判官）に特定の事項（和解勧試〔89Ⅰ〕，裁判所外の証拠調べ〔185Ⅰ〕など）を嘱託することも同様に可能である。

(3) 裁判官 ① 種類 裁判官には，最高裁判所長官，最高裁判所判事，高等裁判所長官，判事，判事補および簡易裁判所判事の6種類がある（裁5）。裁判官の任命方法については，一般に任命制と公選制があり，その供給源については，法曹キャリアの当初から裁判官として任用され，その経歴の中で養成・訓練がなされてゆく職業裁判官制と，弁護士など一定の法曹経歴を任命の前提条件とする法曹一元制とがあるが，日本では任命制の職業裁判官制度がとられている。ただ，最高裁判所判事は弁護士や学識経験者からも選ばれるし，最近は下級審裁判官を一部弁護士経験者から選任する動き（弁護士任官）もある。また，司法制度改革審議会意見書でも，裁判官の給源の多様化・多元化として，弁護士等からの任官の推進が提言されている（そのような任官を進める方策として，弁護士を調停主任とする調停官制度が導入されている。民調23の2，家事250）。

② 最高裁判所裁判官 最高裁判所の裁判官は，各方面から広く人材を集めるため，必ずしも職業裁判官としての経歴は要求されず，識見が高く，法律の素養のある40歳以上の者から任命される。ただ，15人中10名以上は10年以上の裁判官経験または20年以上の法律専門家としての経験が必要とされる（裁41）。最高裁判所の裁判官は，任命直後の衆議院議員の総選挙およびそ

裁判官定員数

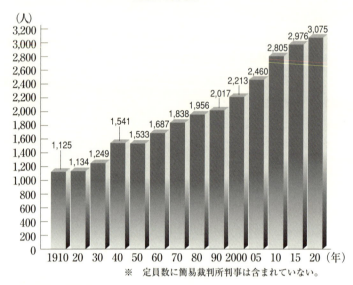

※ 定員数に簡易裁判所判事は含まれていない。

の後10年を経過するごとに、国民審査に付され、投票者の多数が罷免を可とするときには、罷免される（憲79Ⅱ〜Ⅳ）。

③ **下級裁判所裁判官** 下級裁判所の判事には10年の法曹経験が要求され（裁42）、任期は10年で再任できる（憲80Ⅰ、裁40Ⅲ）。任命は内閣が行うが、最高裁判所の指名した者の名簿による（憲80Ⅰ、裁40Ⅰ）。判事補は、司法修習生の修習を終えた者の中から任命されるが（裁43）、原則として単独では裁判はできず、また2人以上合議体に加わり、または裁判長になることもできない（裁27。大規模訴訟等では、5人の合議体に3人以上加わることができない〔269Ⅱ、269の2Ⅱ〕）。ただし、判事補のうち、一定の要件を満たす（原則として5年以上の経験）者はこのような職務の制限を受けない（特例判事補）。

> ◆ 左陪席は年配者か？
>
> ドラマで法廷が出てくる場面で，3人の裁判官（合議体）が映るときに，裁判長から見て左側に座っている裁判官（左陪席裁判官）が白髪交じりの年配の役者であることが，時々ある。しかし，地方裁判所の場合，左陪席裁判官は通常，裁判官に任官後5年以内の判事補（未特例判事補）であることが多く，普通はせいぜい30代の若さである。これに対して，右陪席裁判官は任官後10年～15年の中堅判事，裁判長は経験20年以上のベテラン裁判官であるのが，最も普通の裁判所の構成である。日本のようなキャリアシステムの裁判官任用制の下では，非常に若くして裁判官になることができ，現実に20代前半の裁判官もいる。ただ，ドラマでの「年配の左陪席」は，無意識のうちに，裁判官に一定の年齢・経験を要求する社会的な感覚を反映しているものと見ることもできよう。

(4) 裁判所書記官　国法上の裁判所の構成員としては，裁判官のほかにも，裁判所調査官，裁判所事務官，裁判所速記官，裁判所技官，廷吏，執行官などがあるが，民事訴訟法上最も重要なのは裁判所書記官である。裁判所書記官は，各裁判機関に付随し，その指揮命令により裁判に関する事務を担当する。その事務の中心は裁判記録等の作成・保管であるが（裁60Ⅱ），他にも送達や執行文の付与など裁判官も代行しえないような固有の権限をも有する。裁判官の負担軽減のため，裁判所書記官に訴訟手続の進行管理や争点整理案の作成など記録の作成・保管という従来の職務を超えた，より実質的な任務を与える実務の傾向があり，現行民事訴訟法においても，訴訟費用額の確定，公示送達，支払督促など重要な職務が新たに裁判所書記官の固有権限とされており，今後も裁判所書記官の職務は重要性を増していくと思われる。

裁判所書記官の職務の変化と権限の拡大

旧法下の実務改善運動は，裁判所書記官の執務態勢の見直しにも及び，訴訟の進行管理業務の面で裁判所書記官が積極的に関与し，裁判官と裁判所書記官とが緊密に連携しながら審理を進めていく実務が定着しつつあった。現行民事訴訟法は，この動きを受けて，裁判長による訴状審査の補助，第一回口頭弁論期日前の段階での参考事項（事前交渉の経緯・和解の意思の有無など）の当事者からの聴取（46 頁参照），口頭弁論期日外での釈明について，裁判官の命令により裁判所書記官がすることができるものと規定した（規 56・61 Ⅱ・63）。裁判所書記官は，電子調書の作成（160）などの公証官としての伝統的な任務を果たすだけでなく，コートマネージャーとして積極的に訴訟運営に関与することが求められている。現行民事訴訟法が，従来裁判官が行うものとしていた事務の一部を裁判所書記官に権限委譲したこと（訴訟費用額の確定につき 71 以下，支払督促の発令につき 382 以下）とあわせて，裁判のデジタル化が進められる中，裁判所書記官には裁判官とともに司法制度を支える重要な役割が期待されているといえよう。

2──民事裁判権

(1) 意 義　具体的な民事事件を裁判によって処理することのできる国家の権能を民事裁判権という。民事裁判権には，訴訟当事者に判決を下すことのほかにも，これに付随して訴訟関係文書の送達，口頭弁論期日の呼出し，証人・鑑定人の呼出し・尋問，証拠物提出の命令や違反の場合の制裁を行うことなどが含まれる。したがって，民事訴訟は，当事者および第三者に対する民事裁判権行使の連鎖としてとらえることができよう。

(2) 範 囲　民事裁判権は，国家の統治権の一作用として，原則として，日本にいるすべての人に及ぶ。天皇も民事裁判権に

は服する（反対，最判平元・11・20民集43・10・1160〔*41*〕）。ただ，国際法上，外国の元首には一切裁判権は及ばないし，外交官およびその随員・家族などにも，その私人としての活動に関する訴訟を除き，原則として日本の裁判権は及ばない（外交関係に関するウィーン条約31・37・38）。また，外国の国家自体についても，その主権行使に関連して生じた事件については，裁判権が免除される（裁判権免除）。ただ，外国が免除の特権を放棄した場合や事件が国家による商業的取引等私法上の行為から生じたものであるような場合には，免除はされない（制限免除主義）（最判平18・7・21民集60・6・2542〔*42*〕によって示され，その後，「外国等に対する我が国の民事裁判権に関する法律」で明定された。同法5条以下参照）。

(3) 効 果 　日本の裁判権の及ばない者は，当事者として裁判を受けず，また強制的に送達を受けることもない（裁判権免除の放棄の意思を確認するために，任意の受領を求める送達は許されよう）。証人・鑑定人となる義務も負わない。また，事件が日本の裁判権に服することは訴訟要件の一つである。裁判権の存否は職権探知事項であり，その欠缺を見過ごした判決に対しては上訴ができるし，仮に判決が確定しても，それは無効の判決にすぎない。

3——国際裁判管轄

(1) 意 義 　国際裁判管轄は，ある事件についてどの国の裁判所が裁判権を行使することができるか，日本の裁判所が裁判をすることができるか，についての問題である。これは，日本という国がある事件について裁判権を行使することができるか，という観点から見れば，前述の民事裁判権の問題の一種ということになるし，ある事件について国際的な平面での管轄権の配分という観点から見れば，後述の管轄の国際的場面での問題ということに

なる。

この点について，従来民事訴訟法に明文の規定がなかったところ，判例が一定のルールを形成してきた（最判昭56・10・16民集35・7・1224〔*13*〕，最判平9・11・11民集51・10・4055〔*14*〕など）。それによれば，民事訴訟法が定める裁判籍（66頁以下参照）が日本にある場合には，原則として日本の国際裁判管轄を肯定できるが，例外的に，日本に国際裁判管轄を認めることが裁判の適正・公平・迅速などの訴訟法の基本理念に反する特段の事情がある場合には，管轄を認めることができないとするものであった（「特段の事情」説）。

以上のように，判例準則は存在していたが，渉外的な事件の増加に従い，国際裁判管轄に関する明文のルールが欠如していることは相当でないと批判された。そこで，平成23年改正によって，3条の2以下の明文規定が設けられるに至った。なお，人事訴訟の国際裁判管轄についても，従来の判例（最大判昭39・3・25民集18・3・486〔*15*〕，最判平8・6・24民集50・7・1451〔*16*〕）を受けて，平成30年，明文規定が設けられている（人訴3の2～3の5）。

(2) 範 囲 国際裁判管轄の管轄原因は，国内管轄の場合と同様，すべての事件との関係で管轄原因となる普通裁判籍と特定の事件との関係でのみ管轄原因となる特別裁判籍に分かれる。普通裁判籍は被告の住所・居所・主たる事務所・営業所等である（3の2）。他方，特別裁判籍としては，不動産所在地・不法行為地等国内管轄と同様のものが認められているが（3の3。併合請求の裁判籍につき，3の6），事件の国際性に鑑み，若干の修正がされている。たとえば，財産権上の訴えについて財産所在地の管轄が認められるが，財産価額が著しく低いときは管轄原因から排除されるし（3の3③），義務履行地の管轄が認められる場合を契約上

の債務等に限定する（3の3①）など，適用範囲が制限されている（さらに，消費者契約・労働関係訴訟に関する特別の管轄につき3の4，専属管轄につき3の5）。

以上のような形で日本の国際裁判管轄が認められる場合であっても，裁判所は，特別の事情により訴えを却下することができる（3の9）。すなわち，事案の性質，応訴による被告の負担の程度，証拠の所在地その他の事情を考慮して，日本の裁判所が審判することが当事者間の衡平を害し，適正迅速な審理の実現を妨げることとなる特別の事情があるときは，裁判所は訴えを却下できる。これは，従来の「特段の事情」説による判例法理を明文化したものであり，個別具体的な事件において適正・迅速・公平な解決を図るための安全弁を設けたものということができる。

また，合意管轄についても原則としてその効力が認められるし（3の7Ⅰ。ただし，従来の判例〔最判昭50・11・28民集29・10・1554〕に従い，公序に反するような事情がある場合は管轄合意の効力は否定される），応訴管轄も認められる（3の8）。ただ，消費者契約及び労働契約については，合意が有効な場合が限定されている（3の7Ⅴ・Ⅵ）。すなわち，消費者契約の相手方が消費者を訴える場合には契約締結時の消費者の住所地を合意した場合にのみ，労働契約の相手方が労働者を訴える場合には労働契約終了時にされた合意で，かつ，その時の労務提供地を合意した場合にのみ，それぞれ有効性が認められる。

(3) 効 果　国際裁判管轄の存在は訴訟要件の一つである。したがって，国際裁判管轄が存在しないと認めるときは，裁判所は訴えを却下する（前述のように，管轄原因が認められても，特別の事情があるときはさらに却下の余地がある）。国際裁判管轄の存在は**職権調査事項**であり，それを基礎づける事実については**職権証拠**

調べをすることもできる（3の11）。判断の基準時は提訴時となる（3の12）。国際裁判管轄に関する判断を裁判所が誤った場合には，当該判決は違法となるが，絶対的上告理由となるのは専属管轄（3の5）に反した場合に限られる（312Ⅱ②の2）。

4——管　　轄

(1) 管轄の意義　　日本には複数の種類の国法上の裁判所が多数存在し，日本に国際裁判管轄が認められる事件についての民事裁判権はこれらの裁判所によって分担して行使される。したがって，具体的事件について，どの裁判所が現実に裁判権を行使できるかが問題となるが，このような各裁判所間の事件分担の定めを管轄といい，分担の定めにより各裁判所が行使できる裁判権の範囲を管轄権という。この点で，管轄は，一個の国法上の裁判所内部での各裁判機関に関する事務分配の問題（56頁参照）とは異なる。管轄は訴訟要件の一つであり，裁判所は職権で調査する（調査の程度につき，東京地八王子支判昭36・8・31下民集12・8・2144参照）。調査の結果，管轄が認められれば，そのまま審理を進めるが，必要と認めるときは，中間判決をすることもできる。受訴裁判所に管轄が存在しないときには，事件は管轄権を有する裁判所に移送される（16）。管轄を決定する標準時は，訴え提起の時点である（15）。

(2) 管轄の種類　　管轄の種類としては，分担基準の相違に基づく職分管轄・事物管轄・土地管轄，管轄の発生根拠の差異に基づく法定管轄・指定（裁定）管轄・合意管轄・応訴管轄，拘束力の強度に基づく専属管轄・任意管轄の区別がある。

① 職分管轄　　異なる種類の裁判権の作用をどの種類の裁判所に分担させるかに関する定めを職分管轄という。重要なものと

しては，判決手続を扱う受訴裁判所，民事執行手続を扱う執行裁判所（民執 3）および民事保全の執行手続を扱う保全執行裁判所（民保 2 Ⅲ）の職分管轄，どの裁判所が第一審として裁判をし，その裁判に対してどの裁判所に上訴できるかを定める審級管轄および簡易裁判所の特別な職分管轄（督促手続，起訴前の和解など）などがある。職分管轄は法定管轄かつ専属管轄である。

② 事物管轄　第一審訴訟手続は原則として，簡易裁判所と地方裁判所に職分管轄が認められるが，この両者の間での事件の分担に関する定めを事物管轄という。訴訟の目的の価額（訴額）が140万円以下の請求は簡易裁判所，140万円を超える請求，行政訴訟等は地方裁判所の事物管轄とされている（裁 33 Ⅰ ①・24 ①）（訴額140万円以下の不動産関係訴訟は両者の競合管轄とされる）。簡易裁判所の訴額上限は，簡易裁判所の機能の充実のため，平成15年に，90万円から140万円に引き上げられている。ただ，簡易裁判所の管轄に属する事件を地方裁判所が受理しても，地方裁判所が相当と認めれば自ら審判できるし（16 Ⅱ）（この場合の移送申立てを却下する旨の判断は地方裁判所の合理的な裁量に委ねられる。最決平20・7・18民集62・7・2013〔*43*〕），簡易裁判所が受理しても，相当と認めれば管轄地方裁判所に移送できる（18）。また，不動産事件につき被告の申立てがある場合は，簡易裁判所は自己の事物管轄に属する事件でも必ず管轄地方裁判所に移送しなければならない（19 Ⅱ）。

　事物管轄の基準となる訴額とは，原告が訴えによって保護を求めている利益を金銭的に評価して算定した額である（8 Ⅰ）。たとえば，登記請求の訴額は目的不動産の評価額に基づき，新聞紙上の謝罪広告請求の訴額は新聞の広告料に基づき算定される。別個の経済的利益を求める複数の請求が1個の訴えでされているとき

は，その価額を合算して訴額が定められる（9Ⅰ本文。38後段による共同訴訟の場合も価額合算の対象となるとするのは，最決平23・5・18民集65・4・1755）。ただ，各請求について利益が共通の場合（たとえば，複数の原告による同一の事項の差止めの場合など）には合算されないし（9Ⅰ但書。ただし，最決平12・10・13判時1731・3〔*44*〕参照），利息金や違約金が附帯請求とされるときも，その価額は訴額に算入されない（9Ⅱ）。訴訟物が非財産的な権利関係である場合は，訴額は算定できないが，地方裁判所の管轄とされる（8Ⅱ。算定が極めて困難な場合も同様）。なお，訴額は訴え提起の手数料の基準ともなる。手数料との関係では，非財産的請求の訴額は160万円とみなされる（民訴費4Ⅱ。なお，算定の困難な場合の算定方法につき，最判昭49・2・5民集28・1・27〔*45*〕）。

③　土地管轄　　(a)　意義　　所在地を異にする同種類の裁判所の間での事件の分担に関する定めを土地管轄という。各裁判所には，その職務遂行の地域的な範囲として管轄区域が定められており（「下級裁判所の設立及び管轄区域に関する法律」），事件がある裁判所の管轄区域内の特定の地点と一定の関係があるときは，それを基準に土地管轄が定められる。このような土地管轄の発生の原因となる関係を裁判籍という。すなわち，ある事件の土地管轄は，その事件の裁判籍の所在地を管轄区域内にもつ裁判所に生じる。裁判籍の種類としては，普通裁判籍と特別裁判籍とがある。

(b)　普通裁判籍　　普通裁判籍は，事件の種類に関係なく，ある当事者に関する訴訟において一般的に認められる裁判籍である。特別裁判籍（(c)参照）はすべての訴訟類型について網羅的に定められているものではないので，普通裁判籍はすべての事件について提訴を保障するという，裁判を受ける権利の観点からも重要なものである。普通裁判籍は原則として，自然人であれば住所また

は居所（4Ⅱ），法人その他の団体であれば主たる事務所または営業所（4Ⅳ）とされる。訴訟は一般に被告の普通裁判籍の所在地を管轄する裁判所の土地管轄に属する（4Ⅰ）。提訴の時点を選択できる原告が，不意打ちを受けながら応訴を強制される被告の本拠地に赴いて訴えを提起するのが，一般に両当事者の公平にかなうと考えられるからである。

(c) 特別裁判籍　以上のように，普通裁判籍が定められているが，具体的な事件の内容によっては，適正な裁判や当事者の公平の点から，それと並んで，またはそれよりも適切な裁判籍が存在することもありうる。そこで，個々の事件に特有の裁判籍を定めるのが特別裁判籍である（5）。重要なものとしては，不法行為に関する訴えにおける不法行為地の裁判籍（5⑨）や財産権上の訴えにおける義務履行地の裁判籍（5①）などがある（なお，不正競争防止法に基づく侵害差止訴訟が不法行為に関する訴えに該当するとした判決として，最決平16・4・8民集58・4・825〔**46**〕）。これにより，事故にあった被害者はその地で提訴できるし，取引上の債権者は履行地として自己の本拠地で訴えを起こすことができる（民484，商516参照）。この他，手形支払請求については手形の支払地（5②），法人の各事業所・営業所における業務に関する訴えについてはその事業所等（5⑤），不動産に関する訴えについては不動産の所在地（5⑫），登記に関する訴えについては登記をすべき地（5⑬）が特別裁判籍となる。その他，民事訴訟法以外の法律でも，個別の訴訟類型に特別裁判籍が定められている例は多い（人訴4，会社835など）。

また，特許権等の訴えについては，特殊な特別裁判籍として，東京地裁・大阪地裁の管轄が定められている。すなわち，東日本地域に関しては東京地方裁判所，西日本地域については大阪地方

裁判所が，特許権・実用新案権等に関する訴えでは専属管轄とされ (6)，著作権・商標権等に関する訴えでは選択的な管轄とされている (6の2)。知的財産事件について管轄を集中し，迅速かつ適正な裁判を可能にする趣旨である (55頁コラム参照)。

さらに，一つの訴えで複数の請求が併合される場合 (230頁以下参照)，そのうちの一つの請求について管轄権を有する裁判所に他の請求についても管轄が生じる (7本文)。原告の便宜をはかるものであり，請求の客観的な併合の場合のみならず，主観的な併合 (共同訴訟。240頁以下参照) の場合にも適用となる。ただ，主観的併合の場合には，関連性の薄い請求まで管轄が認められると，その被告の法廷地の利益を著しく害するおそれがあるので，現行民事訴訟法では，この規定による管轄が認められるのは，38条前段の場合，すなわち権利義務の共通性や事実上・法律上の原因の同一性が認められる場合に限られている (7但書)。また，原告による管轄裁判所の選択が権利の濫用とされる場合もあろう (札幌高決昭41・9・19高民集19・5・428〔*47*〕)。

④ 法定管轄・指定管轄　①から③までで解説したように，管轄は原則として法律の規定で詳細に定められている。法律の規定で定まる管轄を法定管轄という。しかし管轄区域や裁判籍の所在の不明確のため法定管轄が明らかでなかったり，明らかであっても管轄裁判所が裁判権を行使できない事態が生ずることが絶対にないとはいえない。この場合には，関係する裁判所またはそれらに共通する上級裁判所 (直近上級裁判所) が管轄裁判所を指定する (10)。これにより生ずる管轄を指定 (裁定) 管轄という。

⑤ 合意管轄・応訴管轄　具体的事件について，法律に専属管轄の定めがないときには，当事者は法定管轄と異なる管轄を合意することができ，これを合意管轄という (11Ⅰ)。任意管轄は

主として当事者の衡平・便宜を考慮して定められたもので，公益には関係しないので，当事者双方が合意するのであれば，かえってその合意地に管轄を認める方が衡平・便宜にかなうからである。この合意は，一定の法律関係に関して第一審についてのみ許され，書面でする必要がある（11Ⅱ。インターネット取引の便宜のため，平成16年改正により，電磁的記録による管轄合意も可能とされている。11Ⅲ）。法定管轄裁判所に加えて他の裁判所にも管轄を認める趣旨の合意を付加的合意，合意した裁判所のみに管轄を限定する趣旨の合意を専属的合意という。合意管轄は，保険契約・クレジット契約など約款で用いられることが実際上多く，消費者保護の観点から問題があったが（次頁コラム参照），現行民事訴訟法では，20条が，17条による移送を妨げる専属管轄（13）から専属的合意管轄を明示的に除き，当事者間の衡平に反する場合も含め移送を広く認める趣旨が明らかにされた（管轄合意がある場合にも17条による移送を認めた例として，東京地決平11・4・1判タ1019・296〔*48*〕など）。なお，国際的合意管轄についても同様の問題があるが，明文による対応がされている（3の7ⅤⅥ）。

また，専属管轄の定めがない場合，本来管轄権のない裁判所に訴えが提起されたときにも，被告がこれを争うことなく本案につき応訴すれば（本案につき応訴するとは，口頭弁論や弁論準備手続で弁論ないし陳述をすることを指す），それにより管轄が認められる。これを応訴管轄という（12）。このような場合は事後的に管轄の合意があったとみなしてよいからである。管轄の存在を争う場合はもちろん，弁論期日延期の申立て，忌避申立てなどは応訴に含まれない。

⑥　専属管轄・任意管轄　　公益性が強い事件について，法律が特に一定の裁判所の管轄のみを認め，他の裁判所の管轄を排除

している場合を専属管轄という。他方，法律に特段の定めがない限り，管轄はすべて任意管轄である。具体的には職分管轄はすべて専属管轄であり，事物管轄・土地管轄についても，人事訴訟（人訴4），破産関係訴訟（破6），会社関係訴訟（会社835Ⅰ・848など）などの管轄は専属管轄とされている。専属管轄の定めがあると，基本的には競合的な管轄は生じないし，合意管轄や応訴管轄も認められない（13。ただし，知財事件の例外につき，20の2）。また，遅滞を避ける等のための移送（17）なども専属管轄の場合には適用されない（20）。なお，管轄原因事実の審理は，専属管轄では職権探知によるが，任意管轄では弁論主義に委ねられる。ただ，任意管轄でも職権証拠調べが可能である（14）。また，管轄違反の裁判所による判決に対して，専属管轄違反は控訴・上告理由となる（299Ⅰ但書・312Ⅱ③。ただし，知財事件の例外につき，299Ⅱ）が，任意管轄違反は控訴でも主張できない（299Ⅰ本文）。

約款による合意管轄 合意管轄が約款や定型的な契約書式の中で消費者を相手に利用されるとき，その有効性が特に問題となる。消費者の住所地からはるかに離れた裁判所が合意されれば，その者の裁判を受ける権利が実質的に否定されるからである。諸外国でも，この点に関する規制が進んでおり，ドイツでは商人間でのみ管轄合意が有効とされ，フランスではさらに合意の明白な記載が要求される。日本でも，強迫に準じて合意の取消権を認める見解，公序良俗・信義則違反によって合意を無効とする見解，合意を有効としても，約款等の場合にはその意思解釈として，他の法定管轄を排斥しない付加的合意とする見解などがあった。民事訴訟法改正の議論の中では，管轄合意を商人間でのみ認める案も有力に提唱されたが，結局管轄合意は専属的合意であっても法定の専属管轄とは別物と解し，17条による移送を可能にすることで問題の解決が図られた（20参照）。ただ，将来的には，国際裁判管轄の規定（3の4・3の7Ⅵ）に倣っ

た明文規定を設けることも考えられよう。

(3) **移　送**　① **意義**　訴訟の移送とは，ある裁判所にいったん係属した事件をその裁判所の裁判によって提訴時に遡って他の裁判所に係属させることを指す。訴訟事件の側から見れば，手続の進行中における裁判所の変更である。第一審における移送には，以下のような種類がある（特殊なものとして，知的財産関係事件に関する移送の制度がある〔20の2〕）。

② **種類**　(a) **管轄違いに基づく移送**　原告が管轄違いの裁判所に訴えを提起したときには，裁判所は訴えを却下することなく，申立てによりまたは職権で，決定により事件を管轄裁判所に移送する（16 I）。訴えを却下してしまうと，原告には再訴のための費用・手間がかかり，また提訴による時効の完成猶予や期間遵守の利益を失ってしまうおそれもあるからである。また，家事審判事件を誤って地方裁判所などに提起した場合にも，この規定が類推されるべきである（反対，最判平5・2・18民集47・2・632〔***204***〕）。

(b) **遅滞を避ける等のための移送**　管轄裁判所が複数ある事件において，原告が選択した裁判所で審理すると，当事者や証人の住所，検証物の所在地などが遠方にあるため，当事者間の衡平に反したり，訴訟の解決を著しく遅滞させたりするおそれがある場合には，より適切な他の管轄裁判所に事件を移送できる（17）。裁量移送とも呼ばれる。現行法は，当事者間の衡平の考慮を明文で規定することにより，要件の緩和の趣旨を示した。たとえば，被告が遠隔地に住んでおり，応訴が実際上困難である一方，被告の住所地等に原告の支店があるような場合や，証拠の多くが他の裁判所の管轄区域にあり，取調べが実際上難しい場合などにこの

規定による移送が可能である（現行法下の移送決定の例として，東京高決平10・10・19判時1674・78〔*49*〕，東京高決平15・5・22判タ1136・259〔*50*〕など）。

(c) 当事者の申立ておよび相手方の同意による移送　訴訟係属後，被告が応訴する前に，一方当事者が移送を申し立て，相手方がそれに同意するときは，移送により著しく訴訟を遅滞させない限り，上記申立てどおり事件を移送しなければならない（19 I）。一種の提訴後の合意管轄を認めるものであるが，原則として本格的審理が始まる前に限定する趣旨である（ただし，簡裁から管轄地裁への移送にはこの限定はかからない）。

(d) 簡易裁判所から地方裁判所への移送（65頁参照）

③ 裁判　移送に関する裁判は決定による。移送申立ては原則として理由を付した書面により（規7），移送の申立てがあったときは，必ず相手方の意見を聴かなければならない（規8 I。これに対し，職権による移送の場合，当事者の意見聴取は任意的である。規8 II）。移送の決定または移送の申立てを却下する決定に対しては，即時抗告ができる（21）。現行法は，管轄違いに基づく移送についても申立権を明定したので，却下決定に対して即時抗告が可能とされた。移送決定が確定したときは，移送を受けた裁判所はそれに拘束される（22 I II）。事件の盥回しを防ぐ趣旨であるが，移送決定とは異なる事由または決定後に生じた事由に基づく再度の移送は妨げられない（東京地決昭61・1・14判時1182・103〔*51*〕）。移送決定により，訴訟は最初から受移送裁判所に提起されていたものとみなされ（22 III），訴訟記録の管理が引き継がれる（規9）。

5——裁判所職員の除斥・忌避・回避

(1) 意　義　　裁判の公正を保障するために，裁判官の独立な

ど制度的な配慮もなされているが，具体的事件との関係でも，その公正さを担保し，また国民の司法に対する信頼を得るためには公正さの外観をも保障する必要がある。そこで，担当裁判官および裁判所書記官（27，規13）について事件との関係で裁判の公正・中立を疑わせる事由があるときには，それらの職員をその事件に関する職務の執行から排除することとされている。これが，除斥・忌避・回避の制度である。なお，このような規律は，専門委員（92の6，規34の9）および知的財産事件の裁判所調査官（92の9，規34の11）にも準用されている。

(2) 除　斥　　裁判の公正を疑わせる事由のうち，そのような疑いを抱くのがもっともと考えられ，かつ定型的である場合が法定され（23Ⅰ），それに当たるときは法律上当然に職務の執行ができないこととされている。これらの事由を除斥原因といい，裁判官が当事者の一定範囲の親族であるなど当事者と密接な関係にある場合（23Ⅰ①〜③）や，その事件について証人になったなど事件自体と密接な関係にある場合（23Ⅰ④〜⑥）が規定されている。なお，23条1項6号の前審に関与した場合は，原審と同一の裁判官が上訴を審判することで審級制度が無意味となることを防止する趣旨も含む（最判昭39・10・13民集18・8・1619〔*52*〕）。除斥原因があるときは，申立てまたは職権で除斥の裁判がなされる（23Ⅱ）。また，除斥原因ある裁判官が判決に関与したときは，上告（312Ⅱ②）・再審（338Ⅰ②）の事由となる。

(3) 忌　避　　除斥原因は定型的な事由について法定されているにすぎないため，これらには該当しなくとも，なお裁判の公正を疑わせる事情が存在する場合もありうる。そこで，そのような場合に，当事者の申立てによって，裁判官を職務執行から排除する可能性を認めたのが，忌避の制度である（24Ⅰ）。

忌避事由は，当事者が裁判の公正さに疑念をもつことが客観的にも正当であると認められるような事由である。裁判官が当事者の親友や大株主であったり，事件に重大な経済的利益を有している場合などがこれに当たる（最判昭30・1・28民集9・1・83〔*53*〕は，裁判官が訴訟代理人の女婿であるときに忌避を認めないが，妥当でない）。しかし，同種の事件について過去に判決をしていたり，違法な訴訟指揮をしたりしたような場合にも，それだけでは忌避事由にならない（なお，最高裁判所規則をめぐる訴訟の上告事件において，同規則の制定に関する裁判官会議に参加した最高裁判所判事は忌避されないとするのは，最決平3・2・25民集45・2・117〔*54*〕）。なお，忌避事由の存在は，通常，当事者には明らかでないので，裁判官は自己に忌避事由に該当しうる事実があると考えるときは，これを積極的に開示する義務がある，と解するべきである（仲裁20Ⅲ Ⅳ参照）。

(4) 除斥・忌避の手続　① 申立てと本案手続の停止　除斥・忌避の申立ては，その理由を示して書面によりその裁判官が所属する裁判所に対して行う（規10ⅠⅡ）。申立てがあった場合には，急速を要する行為を除いて，申立てについての決定の確定まで訴訟手続が停止される（26）。審理を進めた後に申立てを認める裁判がなされると，それまでの審理がすべて無駄になってしまうからである。

② 裁判　地方裁判所以上の裁判官の除斥・忌避についてはその所属裁判所の合議体が，簡易裁判所の裁判官については管轄地方裁判所の合議体が，決定により裁判する（25ⅠⅡ）。対象とされた裁判官自身はこの裁判に関与できず（25Ⅲ），意見を述べることができるに止まる（規11）。ただ，忌避申立ては，訴訟手続を停止する効力をもつので，手続の引延しをはかる当事者により

濫用されることも多い。そこで，訴訟遅延のみを目的としたことが明らかな忌避申立ては，忌避権の濫用として，その裁判官自身が申立却下の裁判（簡易却下）をできるものと解される（刑訴24・非訟13ⅤⅥ参照）（札幌高決昭51・11・12判タ347・198〔**55**〕）。除斥・忌避の申立てを認める決定に対しては不服申立てはできないが（25Ⅳ），申立てを却下する決定に対しては即時抗告ができる（25Ⅴ）。

(5) 回 避 裁判官等が自己に除斥原因または忌避事由があると認めて，自発的に職務執行を避けることを回避といい，その場合には監督権ある裁判所の許可を得なければならない（規12）。ただ，実際には，正式の手続を経ずに，事実上当該事件の担当が避けられるように事務分配上配慮することもあるといわれているが（事実上の回避），事務分配の厳格性（56頁参照）との関係で問題があろう。

Ⅲ 当事者

1——当事者の意義

(1) 当事者の概念 訴訟の当事者とは，自己の名において訴えを提起し，または相手方として訴えが提起され，判決の名宛人となる者である（形式的当事者概念）。他人に対する判決の効力を受けるにすぎない者（115参照）は，当事者ではないし，自己固有の請求を定立しない補助参加人なども当事者とはいえない。ただ，当事者が常に訴訟物たる権利関係の帰属主体であるとは限らず，他人の権利関係について訴えを提起する場合もありうる（第三者の訴訟担当〔86頁以下〕や他人間の権利関係の確認訴訟など）。当

事者は,一般に原告・被告といわれるが,控訴審では控訴人・被控訴人,上告審では上告人・被上告人と呼ばれる。

民事訴訟が成立するためには,必ず対立する二当事者が存在しなければならない(二当事者対立の原則)。したがって,いったん訴訟が係属した後でも,相続や合併の結果,一方当事者が相手方の承継人になった場合や,当事者の死亡・解散などにより,一方当事者の地位につくべき者がいなくなった場合は,訴訟は当然に終了する(争いがある場合は,訴訟終了宣言の判決がなされる)。一つの手続に3人以上の当事者がいる場合も,それぞれ原告・被告どちらかの地位につくのが原則であるが(共同訴訟〔240頁以下参照〕),例外的に三当事者(ないしそれ以上の者)が相互に対立する関係に立つことも認められる(三面訴訟〔255頁参照〕)。

(2) 当事者権 人が当事者の地位につくことによって,手続上認められる諸権利を指して,当事者権という。当事者は訴訟主体として,自己の法的利益について審判を受け,確定されるのであるから,手続の全般にわたり,その主体性が尊重され,積極的に自己の利益を守る活動が保障されなければならない。具体的には,移送の申立権(16・17),裁判官等の除斥・忌避申立権(23Ⅱ・24),訴状・判決の送達を受ける権利(138Ⅰ・255Ⅰ),期日指定・変更の申立権(93),期日の呼出しを受ける権利(94),求問権(149Ⅲ),訴訟記録閲覧・謄写複写権(91・91の2),責問権(90),証拠調べの立会権,裁判資料を限定する権利(弁論主義の内容),裁判の対象範囲を限定したり,訴訟について処分したりする権利(処分権主義の内容),上訴権などが認められている。中でも最も重要なのは,事件に関する法律問題・事実問題について主張を行い,証拠を提出する権利(弁論権)である。当事者に十分な主張・立証を行う機会が与えられないまま,その者に不利益な

判決が下されるのでは，憲法上保障されている裁判を受ける権利（憲32）が真に全うされたとはいえないからである。したがって，最低限の弁論権は，憲法上もその保障が要求されていると解される（審問請求権）。

このような当事者権の趣旨・内容から考えて，十分な当事者権の保障がないときには，当事者に判決の拘束力が及ばない場合もありえよう。そして，第三者に判決効を及ぼす場合にも，それに値する当事者権の保障が（間接的にであれ）その者に与えられていたか否かを検討すべきである。また，非訟事件などでも，審問請求権を中心とした最低限の当事者権の保障に配慮する必要があり，このような考え方は，平成23年の非訟事件手続法の改正および家事事件手続法の制定に際しても，配慮がされている（17頁参照）。最近では，当事者権の保障自体を民事訴訟の目的とする見解も現れており，その重要性には争いがないが，今後は当事者権の内容を実際の手続の場で充実させていく工夫，特に，当事者権行使の前提となる情報の裁判所による開示や，当事者権行使に関する事実上の障害の除去など実質的手続保障の充実が課題となろう。

(3) **当事者の確定** ① 意義　訴訟のあらゆる段階において当事者が誰であるかを決定しておく必要があるが，これを当事者の確定という。それによってはじめて，判決の名宛人および訴訟書類の送達名宛人が定まり，また裁判籍，除斥原因，当事者能力・訴訟能力・当事者適格，手続の中断事由，証人能力などが具体的に判断できるようになるからである。したがって，裁判所は職権によっても当事者を確定しなければならない。ただ，訴状には当事者の記載が必要であり（134Ⅱ①），通常は当事者が誰であるかは明白であるが，その記載によってもなお誰が当事者である

かを判定しがたいような例外的な場合には，その確定が重要な問題となる。

② 基準　当事者の確定が問題となる場合には，確定の基準が必要になる。訴え提起の段階では，当事者は訴状の表示によって確定されるが，この場合，訴状の当事者欄の記載のみならず，請求の趣旨・原因の記載などをも斟酌して，総合的に判断される（実質的表示説。訴状の記載等から，被告を中国国家であると認定した例として，最判平19・3・27民集61・2・711〔光華寮事件〕〔*56*〕）。訴訟追行中に本来当事者となるべき者（当事者適格者）が，確定された当事者と異なっていたことが判明した場合には，両当事者の帰責性や新たに当事者となるべき者の手続への関与の度合いなどに基づき，当事者の表示の訂正を許すか任意的当事者変更によるべきかが決せられる（大阪地判昭29・6・26下民集5・6・949〔*57*〕）。

具体的に当事者の確定が問題になる場合としてまず，AがBと称して訴えを提起するような氏名冒用訴訟では（大判昭10・10・28民集14・1785〔*58*〕），当事者はやはりBであるが，審理途中で冒用に気付いたときは，Bが審理の続行を求めない限り，無権代理人による提訴と同視して訴えを却下すべきであり，冒用に気付かないまま判決が確定した場合も，例外的に判決の効力はBには及ばないと考えられる。また，死者を被告と表示して訴えたときは被告はやはり死者であるが，その相続人が応訴した場合には（大判昭11・3・11民集15・977〔*59*〕），訴訟承継の規定の趣旨を類推して黙示の受継とみなし，判決効も相続人に及ぶ（最判昭41・7・14民集20・6・1173〔*60*〕参照）。さらに，法人格の形骸化や会社制度の濫用など法人格否認の法理が問題となるような場合には（最判昭48・10・26民集27・9・1240〔*61*〕），表示の訂正ないし判決効拡張が認められることが多いであろう。

Ⅲ 当事者　79

> **当事者の確定理論**　当事者の確定基準については，従来，訴状の表示による表示説，当事者の意思による意思説，当事者の行動による行動説が対立していた。しかし，表示説は死者を被告とする訴訟の場合に現実に相続人が訴訟を追行した場合にも判決効を及ぼせない点で問題があり，意思説・行動説は基準の明確性に疑問があった。そこで，最近では，当事者適格を有する者を当事者とする適格説，訴訟追行段階と終了後とで区別して，前者（行為規範）としては表示説を，後者（評価規範）としては適格説を基本に当事者の手続保障を考える規範分類説，個々の事案で原告・被告に紛争主体を特定する責任を分配し，両者がどの程度その責任を果たしているかを問題とする紛争主体特定責任説などが提唱されている。いずれも，既存の訴訟をできるだけ維持すべきであるとの要請と当事者の手続保障の要請とを，具体的事案の中で調和させようとするものである。さらに，近時は，当事者の確定理論の役割自体を見直し，それを提訴時（第一回口頭弁論まで）に限定して，その後は当事者変更や判決効理論の問題と解する見解も有力である。

2──当事者能力

(1) 当事者能力の意義　当事者能力とは，民事訴訟の当事者となることのできる一般的な資格をいう。実体法における権利能力に対応する概念であるが，いかなる基準で当事者能力を認めるかは，権利能力の基準とは切り離され，訴訟法独自の判断で決定される事柄である。なお，当事者能力は，その不存在の場合には訴訟追行資格のみならず当事者たる地位全体が否定される点で訴訟能力とは異なり，また具体的な訴訟とは無関係に一般的・抽象的にその存否が判断される点で当事者適格とも異なる。ただ，その者を当事者として判決しても，有効適切な私益保護という民事訴訟の制度目的が達成されないために，訴訟手続を打ち切る点で

は，当事者能力も当事者適格と同一の機能を有するといえる（仙台高判昭46・3・24行集22・3・297〔*62*〕参照）。しかし，一般的には，訴訟物とは独立に判断する当事者能力の方が，容易にその存否を判定できるので，これを当事者適格とは切り離して，独立の訴訟要件としたものと考えられる。

(2) 当事者能力を有する者　① 権利能力者　まず，実体法上権利能力を有する者には，すべて当事者能力が認められる(28)。自然人はすべて生存中は当事者能力を有する（民3Ⅰ参照。胎児に当事者能力が認められる場合につき，民721・886Ⅰなど参照）。法人は，解散または破産になっても，清算・破産の目的の範囲内で存続するものとみなされるので（一般法人207，会社476・645，破35），それらの手続中はなお当事者能力を有する。

② 法人格のない団体　法人以外の権利能力を有しない社団または財団であっても，代表者または管理人の定めのあるものは，当事者能力を有する(29)。現実の取引社会では，法人格をもたない団体が自己の名で活動し，取引主体となって，そのため他の主体と紛争を生じることが避けがたい。その場合に，これらの団体に当事者能力を認めないと，取引の相手方は，誰を被告として訴えを起こすべきかをいちいち調査しなければならず，場合によっては救済が否定されるおそれもある。そこで，一般的には実体法上の法人格と当事者能力の一致が望ましいとしても，法は，法人格のない団体であっても，対外的に一個の法主体として認識できるようなものには，当事者能力を認めることにしたものである。

ここにいう「代表者の定めのある社団」とは，複数人の独立した結合体で，構成員の変動に関係なく同一性が維持され，内部組織が明確に定められているものを指す。町内会，同窓会，学会，登記のない労働組合，設立中の会社などが含まれうる。住民団体

や消費者団体にも，当事者能力が認められる場合があろう。しかし，政党や労働組合の下部組織などのように上部団体との関係で独立性を欠くものや，法人組織の構成部分にすぎない団体はこれに含まれない（最判昭60・7・19民集39・5・1266〔*63*〕）。民法上の組合に当事者能力が認められるかについては争いもあるが，上記のような要件をみたす限り認めてよい（最判昭37・12・18民集16・12・2422〔*64*〕）。また，財団とは，個人から独立して一定の目的のために管理・運用される財産の集合体を指す（設立中の法人につき法人格のない財団として当事者能力を認めた例として，最判昭44・6・26民集23・7・1175）。

これらの団体が当事者能力を有する場合は，法人と同様の取扱いを受け，判決の名宛人となる。ただ，実体法上はこれらの団体の名義で不動産の登記などはすることができないとされているので，団体の代表者等の名義の登記請求をする必要があるし（最判昭47・6・2民集26・5・957〔*65*〕，最判平26・2・27民集68・2・192），団体に対する判決により団体構成員名義の財産に対して強制執行をするときは，当該財産が団体構成員の総有に属することを判決等によって証明する必要がある（最判平22・6・29民集64・4・1235）。さらに，所有権確認においては，団体構成員の総有に属することを団体が訴訟担当者として確認することになる（最判平6・5・31民集48・4・1065）。

法人格なき社団の当事者能力 　当事者能力が認められる法人格なき社団の基準として，従来は結合の目的の同一性や独立した財産の存在などが挙げられてきた。また，判例も，実体法上の権利能力なき社団に関する基準をそのまま取り入れ，①団体としての組織性，②財産的独立性，③対内的独立性（構成員の変動に影響されない団体の存続），④対外的独立性をメルクマー

ルとしてきた。しかし，最近では，学説上，通説・判例の要件をより緩和して，金銭給付訴訟以外では財産の独立性は不要であるとか，構成員の明確性・代表者の存在・団体としての意思決定方法についての明確な規則の存在が認められれば，当事者能力を肯定してよいとか主張する見解も生じている。また，判例でも，②について，必ずしも固定資産・基本的財産を有することは不可欠の要件ではないとして，預託金会員制ゴルフクラブについて29条の適用を認めるものが生じている（最判平14・6・7民集56・5・899〔*66*〕）。

このような当事者能力の要件の緩和の背景には，消費者訴訟・環境訴訟等で住民団体や消費者団体を当事者として認めるべきだとする実際的な要請（公害訴訟の原告団につき当事者能力を認めた例として，東京高判平17・5・25判時1908・136）と，当事者能力と当事者適格を同列の問題としてとらえ，判断の容易な事項のみを当事者能力の問題として扱うべきだとする理論的な要請があるものと思われる。ただ，いわゆるNPO法（特定非営利活動促進法）の成立や一般法人法制の整備など法人格取得を容易化する動向の中で，なお緩やかに法人格なき社団の当事者能力を認めるべきかについては異論もありえ，今後の議論の展開が注目されるところである。

(3) 当事者能力の調査・効果　　当事者能力の存在は訴訟要件の一つであり，裁判所は職権でその存否を調査し，その欠缺を認めたときは訴えを却下しなくてはならない（当事者能力を判断するために必要な資料の提出につき，規14参照）。当事者能力の欠缺を見過ごして本案判決がなされたときは，上訴の対象となる。判決確定後は，再審事由に当たらないため，その者は当事者能力があったものとして取り扱われるが，その当事者が社会的実体としても不存在の場合には（死産した胎児など），判決は無効とならざるをえない。なお，訴訟係属中に当事者が当事者能力を失ったときに，承継すべき者がいる場合は訴訟を承継する（266頁以下参照）。

3——訴訟能力

(1) 訴訟能力の意義　訴訟能力とは，自ら単独で有効に訴訟行為をなし，または相手方・裁判所の訴訟行為を受けるために必要とされる能力をいう。当事者能力があれば当事者の地位につくことは認められるが，訴訟の追行は私法上の取引行為以上に複雑であり，そこで被る不利益の程度も大きいので，十分な能力のない者を保護する必要性は大きい。そこで，実体法が取引上の能力が不十分な者を制限行為能力者として保護するのと同様に，訴訟法においても，自己の利益を十分に防御できない当事者を保護するため，訴訟能力という一定の水準が設けられ，それに達しない者は単独では訴訟行為ができないこととしたものである。したがって，当事者能力と訴訟能力の関係は，実体法上の権利能力と行為能力の関係に相当する。

　訴訟能力は，当事者として訴訟を追行するのに必要な能力であるから，他人の訴訟代理人として訴訟行為をする場合には問題とならない。また，証人尋問など証拠調べの対象になるだけの場合も，訴訟能力は必要でない。訴訟能力が要求される訴訟行為としては，訴え提起などの申立行為や攻撃防御方法の提出行為はもちろん，管轄合意や訴訟代理権の授与など訴訟外の行為でも，訴訟上の効果を生じ，法的安定性が要求されるものには訴訟能力が必要である。なお，訴訟無能力者ではなくても，意思能力（民3の2）を欠く場合には，訴訟行為は当然に無効となる（最判昭29・6・11民集8・6・1055〔*67*〕，浦和地判平4・5・29判タ813・283）。

(2) 訴訟無能力者・制限訴訟能力者　訴訟能力に関しては，別段の定めがない限り，民法その他の法令により決定される(28)。したがって，原則としては，行為能力を基準に訴訟能力が

決せられるが，訴訟無能力の範囲およびその効果は，必ずしも民法上の制限行為能力のそれとは一致しない（なお，外国人の訴訟能力の特則につき，33 参照）。

① 未成年者および成年被後見人　未成年者および成年被後見人は，原則として完全な訴訟無能力者であり，訴訟行為は必ず法定代理人によることが必要である（31 本文）。民法では，未成年者でもあらかじめ法定代理人の同意や許可があれば，自ら有効に法律行為ができるが（民 5），訴訟追行は取引行為以上に高度な予測判断能力および法的安定性を要するため，常に法定代理人の代理を要求したものである。ただ，営業許可や賃金請求など一定事項につき未成年者に一般的な行為能力が認められている場合には（民 6 Ⅰ，会社 584，労基 58・59 など），その範囲で完全な訴訟能力が認められる（31 但書）。

② 被保佐人および被補助人　被保佐人は保佐人の同意がある場合に訴訟行為をできるし（民 13 Ⅰ ④），被補助人の訴訟行為にも補助人の同意を必要とすることができる（民 17 Ⅰ）。このように，被保佐人等には完全な訴訟能力が認められず，制限訴訟能力者と呼ばれる。保佐人等の同意は書面か電磁的記録で（規 15）包括的に与えられなければならない。また，それらの者が相手方の提起した訴えや上訴について訴訟行為をするには，保佐人等の同意を要しない（32 Ⅰ）。同意がないと相手方の訴訟行為を受けられないとすると，保佐人等に常に代理権があるわけではないので，相手方の保護が閉ざされるおそれがあるからである。なお，被保佐人等が訴訟を終了させるような行為（訴え取下げ，和解など）をするには，その行為の重大性に鑑み，特別授権を要する（32 Ⅱ）。

③ 人事訴訟における訴訟能力　人事訴訟では，その性質上

なるべく本人の意思を尊重する必要があるので，民事訴訟法の規定の適用は排除され（人訴13Ⅰ），未成年者や被保佐人・被補助人も，意思能力の存する限り完全な訴訟能力が認められるが，必要に応じて弁護士を訴訟代理人に選任できる（人訴13ⅡⅢ）。ただ，成年被後見人については意思能力を有しないことが一般的であるため，法定代理人が職務上の当事者となる（人訴14。87頁以下参照）。

(3) **訴訟能力欠缺の効果**　訴訟能力は個々の訴訟行為の有効要件であり，訴訟能力を欠く者による訴訟行為またはこれに対する訴訟行為は当然に無効となる。民法上の制限行為能力者の法律行為が取り消されるまでは有効であるのとは異なる。仮に訴訟行為が取り消されるまでは一応有効だとすると，その行為を前提に手続を進行せざるをえないが，後になってそれが取り消されると，それまでの手続がすべて無駄になり，手続を著しく不安定にするからである。ただ，訴訟能力を欠く者の訴訟行為も，法定代理人または能力を回復・取得した本人が追認すれば，行為時に遡って有効となる（34Ⅱ）。この場合は，行われた訴訟行為のうち一部のみを追認することは許されず，追認する以上は全部の行為を追認しなければならない（最判昭55・9・26判時985・76〔**68**〕）。そして，裁判所は常に訴訟能力の有無を職権で調査しなければならないが，訴訟能力を欠く者の訴訟行為でも，上記のような追認の余地があるので，ただちにこれを排斥せず，相当の期間を定めて補正を命じなければならない（34Ⅰ）。

　訴訟能力を欠く者が訴えを提起し，または訴状の送達を受けたときは，訴訟係属自体が適法ではなくなるため，裁判所は本案判決ができず（99頁参照），訴訟能力の欠缺が補正されない限り，訴えは却下され，または訴状の送達が再施される。ただ，この却

下判決に対しては，訴訟能力を欠く者本人も適法に上訴できる。この上訴を訴訟能力の欠缺を理由に却下してしまうと，訴訟能力について本人が争う機会が否定されてしまうからである。このような提訴過程以外の訴訟行為について訴訟能力が欠ける場合は，訴えはなお適法であり，個個の訴訟行為が無効になるだけである。

なお，訴訟係属中に訴訟能力の変動（喪失・取得・回復）があったときは，原則として訴訟手続は中断する（124 I ③。151頁以下参照）。

(4) 弁論能力　弁論能力とは，期日において現実に弁論をするために必要な能力をいう。訴訟能力が当事者保護の制度であるのに対して，弁論能力は，主として訴訟手続の円滑迅速な進行をはかり，司法制度の能率的な運用を期すための制度である。弁護士強制主義は，弁論能力を弁護士に限定する主義といえるが，日本では本人訴訟が許されるので，訴訟能力者は原則として弁論能力を有する。ただ，訴訟関係を明瞭にするために必要な陳述をすることができない当事者は弁論能力を欠くとされ，裁判所は当事者に陳述禁止を命じて新たな期日を指定し（155 I），さらに必要があるときは弁護士の付添いを命じることもできる（155 II。付添命令の本人に対する通知につき，規65参照）。なお，訴訟代理人の選任によっても当事者本人の弁論能力が失われるわけではなく，当事者は事実に関する代理人の陳述をただちに取り消し，更正することができる（更正権。57）。

4――第三者による訴訟追行（訴訟担当と代理）

(1) 第三者による訴訟追行とは　民事訴訟においては，訴訟物についての実質的な利益帰属主体が，当事者として自ら訴訟を追行することが原則であるが，法は，一定の場合に，利益帰属主

体以外の第三者による訴訟の追行を認めている。このような第三者による訴訟追行として，第三者自らが当事者となる訴訟担当の場合と，当事者とは別に第三者が代理人として訴訟追行をする訴訟上の代理の場合とがある（前者は，理論上は当事者適格の問題〔108頁以下〕となる）。訴訟担当は法定訴訟担当と任意的訴訟担当に，訴訟上の代理も法定代理と訴訟代理（任意代理）に分かれる。なお，第三者による訴訟追行ではないが，当事者とともに期日に出頭し，陳述を補足する補佐人の制度もあり（60），専門的な陳述の補足のため特許訴訟の弁理士などで活用されている（なお，弁理士および税理士については，一定の訴訟について，裁判所の許可なしに補佐人となりうる出廷陳述権が認められている〔弁理士5，税理士2の2〕）。

(2) **法定訴訟担当**　本来の利益帰属主体の意思に基づかず，法律上当然に訴訟担当が行われる場合で，2種類に分かれる。

① **財産の管理処分権が第三者に帰属する場合**　破産財団に関する訴訟の破産管財人（破80），差し押さえた債権を取り立てるために訴訟（取立訴訟）を提起する差押債権者（民執155Ⅰ・157），債権者代位権に基づき債務者の権利を代位行使する債権者（民423），代表訴訟（責任追及訴訟）の株主（会社847）などがある（ただし，債権者代位等は債権者の固有の当事者適格に基づくものであり，訴訟担当には該当しないとの考え方もある）。これらの訴訟担当の場合，第三者に管理処分権の与えられる理由やその範囲などは実体法の規定に従い様々なので，実質的な利益帰属主体（被担当者）の利益保護が問題となる（被担当者に対する判決効の拡張に関しては，221頁以下参照）。

② **職務上の当事者**　利益帰属主体による訴訟追行が困難または不適切である場合に，法律上一般的にその主体の利益を保護

すべき職務にある者が訴訟担当者として法定されていることがある。人事訴訟の検察官（人訴12Ⅲ），成年後見人・後見監督人（人訴14），海難救助料請求の船長（商803）などである。また，遺言執行者も，受遺者が遺贈義務の履行を求めて提訴するときなどは相続人の訴訟担当者とされる（最判昭51・7・19民集30・7・706〔*69*〕，最判平10・2・27民集52・1・299〔*70*〕，最判平11・12・16民集53・9・1989参照）。

(3) **任意的訴訟担当**　利益帰属主体の意思に基づき訴訟担当が行われる場合である。共同の利益を有する多数者が選任する選定当事者（30。241頁以下参照）や手形の取立委任被裏書人（手18），サービサー（債権管理回収業に関する特別措置法11Ⅰ）などがこれに当たる。これら法定の場合以外に，任意的訴訟担当をどのような要件で認めるかについては争いがある。判例は，任意的訴訟担当について，弁護士代理の原則（54）および訴訟信託の禁止（信託10）を潜脱するものではなく，かつ，これを認める合理的必要がある場合には許されるとする（最大判昭45・11・11民集24・12・1854〔*71*〕）。また，学説上も，担当者の訴訟物との関連性など実質的な関係を重視して，広く任意的訴訟担当を認める見解が有力となっている。被担当者自身に訴訟追行権を付与する意思と訴訟進行を委ねる合理的理由があれば，司法の円滑な運営に重大な支障を来す場合以外は，その意思を原則として尊重するのが，特に弁護士の絶対数が少なくその偏在が顕著な日本の現状の下では，妥当であろう（最近の肯定例として，最判平28・6・2民集70・5・1157〔外国国家が発行した債券について，債券管理会社の任意的訴訟担当を認めた例〕，東京高判平8・11・27判時1617・94〔*72*〕，否定例として，東京高判平8・3・25判タ936・249〔*73*〕参照）。

(4) **法定代理**　法定代理とは，訴訟上の代理人の代理権が

当事者の意思に基づかない場合をいう。訴訟上の法定代理人には，実体法上の法定代理人と訴訟法上の特別代理人とがある。また，法人等の代表者も法定代理人に準じて取り扱われる。

① **実体法上の法定代理人** 実体法上の法定代理人は，当然に訴訟法上も法定代理人となる (28)。親権者（民824），後見人（民859），民法上の特別代理人（民775Ⅱ・826・860），不在者の財産管理人（民25），相続財産清算人（民952）などがある。保佐人および補助人についても，家庭裁判所の審判に基づき，法定代理権が付与されることがある（民876の4・876の9）。これらの代理人と**職務上の当事者**（87頁以下参照）との実際上の差異は小さく，どちらの形式によってもよい場合がありえよう。

② **訴訟法上の特別代理人** 民事訴訟法は特定の訴訟のために，特に裁判所が代理人を選任する場合を定めている。その主たるものは，訴訟無能力者のための特別代理人である（35。他に，証拠保全手続のための特別代理人〔236〕などがある）。これは，訴訟無能力者に法定代理人がないか，代理権を行使できないときにも，相手方の権利行使の道を閉ざさないために設けられた制度である。したがって，相手方のみが申立権を有するのが原則であるが，訴訟無能力者からの申立ても認められる場合がある。ただ，比較的簡易に決定が得られるため，相続財産管理人の未選任の場合などにも拡張されているが（大決昭5・6・28民集9・640），身分訴訟など人の一生に重大な影響を与える場合には，成年後見開始審判による法定代理人の選任等によるべきであり，特別代理人によることは許されないと解される（最判昭33・7・25民集12・12・1823〔**74**〕）。特別代理人の選任は受訴裁判所の裁判長の命令により，申立人は訴訟行為の遅滞のために損害を受けるおそれのあることを疎明しなければならない（35Ⅰ）。

③ 法人などの代表者　　法人または法人格なき団体は，その代表者によって訴訟を追行する。これら法人等と代表者の関係は法定代理に準じるので，訴訟法も法定代理に関する規定を準用している（37，規18）。ただ，登記簿上の記録が真の代表者を反映していない場合に，登記簿上の代表者を代表者として提訴したとき，その効力が問題となる。判例は民法109条や会社法354条の準用を否定する（最判昭45・12・15民集24・13・2072〔*75*〕）。しかし，誤った登記の責任は法人にあり，それを信頼した原告は保護に値することや，代理権の消滅につき相手方への通知を要求する民事訴訟法36条の趣旨が相手方の保護にあることを考慮すれば，表見法理を類推して善意無過失の原告を保護すべきであろう。

④ 法定代理権　　実体法上の法定代理権の範囲は，原則として民法などの規定による（法定代理権の証明は書面または電磁的記録による。規15）。ただ，後見人は，相手方の訴えあるいは上訴に対して訴訟行為をするには，後見監督人の同意は要しないが（32Ⅰ），和解や訴え・上訴の取下げなどにより訴訟を終了させるには，後見監督人の特別の授権が必要である（32Ⅱ）。訴訟法上の特別代理人の権限は，後見人に準じる（35Ⅲ）。法定代理権の消滅も実体法の規定によるが，消滅の効果は，本人または代理人がその消滅を相手方に通知するまでは生じない（36）。手続の安定をはかるためであるが，代理人の死亡の場合など通知が期待できないような場合には通知がなくても効果は生じる。また，その消滅が公知の事実である場合にも，通知があったものと同視され，代理権消滅はただちに効力を生ずる（代表権の場合につき，最判平19・3・27民集61・2・711〔*56*〕）。

法定代理人は当事者ではなく，判決の名宛人とはならないが，手続上は本人に準じて取り扱われる。すなわち，法定代理人の死

亡・代理権消滅により手続は中断し（124 I ③），送達も法定代理人宛になされるし（99 I），その尋問も当事者尋問の手続による（211）。なお，法定代理人である保佐人・補助人と訴訟能力を有する本人の訴訟行為の関係については，訴訟代理の場合に準じる。

(5) 訴訟代理　訴訟代理とは，訴訟追行のために包括的な代理権が付与される任意代理である。包括的である点で，個々の訴訟行為のための任意代理（送達受取人など）とは異なる。訴訟代理人は，訴訟追行の委任を受けて代理権を授与される訴訟委任による訴訟代理人と，当事者の意思によって一定の法的地位についた者に法令が訴訟上の代理権をも付与している法令上の訴訟代理人とに分かれる。

① 弁護士代理の原則　訴訟委任による訴訟代理人は，原則として弁護士でなければならない（54 I 本文）。これを弁護士代理の原則という。弁護士強制主義はとられず，本人訴訟は許されるが，代理により訴訟を追行する以上は，代理人を法律の専門家である弁護士に限り，当事者の保護および手続の円滑化をはかったものである。ただ，日本は諸外国に比べて弁護士数が著しく少なく，本人訴訟が相当数を占める現状の下では（次頁のグラフ参照），弁護士代理の制度趣旨が達成されず，むしろ当事者の権利保護が損なわれるおそれも生じている。なお，簡易裁判所では，事件ごとに裁判所の許可があれば，弁護士でない者も訴訟代理人になることができる（許可代理。54 I 但書）。また，所定の研修を受けた司法書士は，訴額140万円以下の簡易裁判所訴訟事件で訴訟代理人となることができるし（司法書士3Ⅵ。近時はこの効果もあり，簡裁の本人訴訟の比率は相当に減少している），弁理士は審決取消訴訟等の代理権（弁理士6）のほか，所定の試験に合格したときは，特許侵害訴訟について弁護士と共同代理権が認められる（同6の

92　第2章　訴訟手続の開始

弁護士数

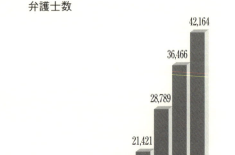

本人訴訟と弁護士訴訟（第一審通常訴訟事件）〔2022年〕

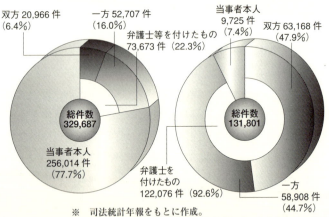

※　司法統計年報をもとに作成。
※　簡裁については，「司法書士を付けたもの」を含んでいる。

2)。なお，資力のない者にも法的救済を保障すべく，代理人報酬等の資金を立て替える制度として法律扶助制度がある（23頁以下参照）。

54条に違反した訴訟行為の効力が問題となる場合として，弁護士が業務停止の懲戒処分を受けていた場合（最大判昭42・9・27民集21・7・1955〔*76*〕），弁護士が資格を喪失していた場合（最判昭43・6・21民集22・6・1297〔*77*〕），始めから弁護士資格のない者による代理があった場合などが考えられる。いずれの場合もそのような代理人に依頼してしまった本人を保護すると同時に，その代理人の行為を信頼して対応してきた相手方の利益も尊重する必要があるので，依頼した本人がそのような瑕疵について悪意または重過失の場合は訴訟行為を有効とし，また無効の場合にも本人の追認を認めるべきであろう。また，これと関連して，弁護士法で職務の遂行を禁止されている場合（弁護25）にも，その訴訟行為の効力が問題とされる（最大判昭38・10・30民集17・9・1266〔*78*〕，最決平29・10・5民集71・8・1441参照）。

◆ 弁護士バッジは金ピカか？

弁護士の登場するドラマを見ていると，事務所のボスである弁護士が，その胸に燦然と金色に輝く弁護士バッジを付けているのをよく見掛ける。しかし，実際には，金ピカのバッジを付けているのは，せいぜい弁護士経験数年の若手のイソ弁（勤務弁護士）であり，長老のボス弁護士のバッジは鈍い銀色をしていることが多い。これは，当初金メッキがされていたバッジも時を経るにつれメッキがはがれ，銀の地肌が剥き出しになってくるからだという。弁護士はむしろこのような「銀のバッジ」を自らの経験を表すものとして誇りにしているようである。なお，弁護士バッジの模様は，ひまわりの花びらの中に小さなはかりをあしらったものである。ひまわりは太陽に向かって明るく咲く花と

して，自由と正義の象徴とされ，はかりは公正と平等の象徴とされる。

② **訴訟代理権**　(a) **発生**　訴訟委任による訴訟代理には，当事者の訴訟行為としての授権行為が必要であり，これを訴訟委任と呼ぶ。代理人は，訴訟行為をする際には，その代理権の存在・範囲を書面または電磁的記録で証明しなければならない（規23Ⅰ）。代理権を書面等で証明させるのは，代理権の存否等に関する将来の紛争を予防するためである。

(b) **範囲**　訴訟委任による代理権は，手続安定の要請と代理人である弁護士への信頼から，その範囲は包括的なものとして法定され，これを個別的に制限することは禁じられている（55Ⅲ。ただし，弁護士でない許可代理人はこの限りでない）。訴訟代理権の法定の範囲には，受任事件につき訴訟追行をする権限のほか，反訴や参加に対する応訴，強制執行，民事保全など事件に付随する手続の追行，また弁済受領・形成権行使など事件に関する実体法上の行為も含まれる（55Ⅰ。最判昭38・2・21民集17・1・182〔**79**〕）。これに対し，反訴・上訴の提起や訴訟を終了させる行為（訴えの取下げ，和解，上訴の取下げ等）などは，特に重要な行為なので，本人の特別の委任を要する（55Ⅱ。訴訟上の和解に関する代理権の範囲につき，最判昭38・2・21民集17・1・182，最判平12・3・24民集54・3・1126〔**80**〕参照）。また，同一当事者につき複数の訴訟代理人がいるときは，各自単独に当事者を代理する権限を有し，たとえ本人が共同代理の定めをしても，裁判所や相手方には対抗できない（56）。なお，訴訟代理人のこのような強大な権限を考えれば，期日の呼出しや判決等の送達も原則として代理人に対して行うべきである（ただ，本人への送達も適法とするのは，最判昭25・6・23民集4・6・240〔**81**〕）。

(c) 消滅　　代理権の消滅は民法の原則によるが，やはり手続の安定・弁護士への信頼から，当事者本人の死亡や合併による消滅，訴訟能力や訴訟担当資格の喪失などによっては，訴訟代理権は消滅せず（58），訴訟代理人がいる限り手続は中断しない（124Ⅱ。151頁参照）。訴訟代理権の消滅は，委任事件の終了，代理人の死亡・成年後見開始・破産，本人の破産，委任契約の解除の場合に限られ，消滅の効果を生じるには，相手方への通知を要する（59・36Ⅰ）。

③　法令上の訴訟代理人（54）　　本人の意思に基づき一定の法的地位につく者に法令が訴訟代理権を認めているため，一定範囲の業務につき当然に訴訟代理権が授与されたことになる者をいう。代理権の発生は法令の定めによるが，そのもととなる地位の得喪自体は本人の意思に基づくので，やはり訴訟（任意）代理人である。支配人（商21，会社11），船舶管理人（商698），船長（商708）などがある。その権限の範囲は関係法令の規定によるが，55条1項から3項までによる限定は適用がなく（55Ⅳ），裁判上の一切の行為ができるとされていることが多い（支配人につき，仙台高判昭59・1・20下民集35・1～4・7〔**82**〕）。

第3章

訴訟の審理

➡ラウンドテーブル法廷
　最高裁判所提供

本章では，まず，審理の対象（目標）について本案の問題と訴訟要件の問題との区別を明らかにし，訴訟要件の意義・調査方法・内容等について一般的に解説するとともに，特に訴えの利益および当事者適格の問題を取り扱う（Ⅰ）。

次に，審理の過程において，当事者と裁判所とがそれぞれどのように役割を分担するか，手続の中核である口頭弁論はどのような原則に基づいて実施されるか，という問題を検討する（Ⅱ）。

さらに，裁判所がどのような方法で争いある事実を認定して紛争を解決するかという観点から，証明の問題を取り上げる（Ⅲ）。

I 審理の対象

1——本案と訴訟要件

(1) **本　案**　　訴訟の審理の最終目的は，原告が訴えによって提出した権利主張（訴訟上の請求）の当否である。これを訴訟の本案の問題という。①申立て，②主張，③挙証の三つのレベルの問題がある。①申立ての段階では，原告が訴訟物についての裁判を求める陳述と，被告が原告の訴えの却下または請求の棄却を求める陳述とが問題となる。②主張の段階では，原告が自己の訴えを理由付ける請求原因事実の主張，これに対する被告の認否および抗弁事実の主張，さらにこれに対する原告の認否および再抗弁事実の主張（場合によってはさらにこれに対する被告の認否および再々抗弁事実の主張），と続く攻防が問題となる。③挙証の段階では，争いのある事実について各当事者がそれぞれ証拠を提出し裁判所に取調べを求める行為が問題となる。本章で審理に関して述べることは，基本的にはこれらの本案の問題についての審理を対象としている。裁判所が審理の結果，原告の請求を認容または棄却する判決をするとき，これらを本案判決と呼ぶ。

(2) **訴訟要件**　　① 訴訟要件の意義　　提起された訴えについて常に本案判決がなされるわけではない。被告の利益，訴訟手続を利用する国民全体の利益，訴訟制度を設営している国家の利益などを考慮して，本案判決をすることが紛争の解決にとってふさわしい場合に限って本案判決をするようにするための前提要件が設定されている（前提という言葉の厳密な意味については(3)参照）。これが訴訟要件と呼ばれる要件であり，この訴訟要件の存否およ

びこれをめぐる当事者の主張・挙証も，裁判所の審理の対象になるのである。裁判所が審理の結果，訴訟要件がないと判断して訴えを却下する判決をするとき，これを訴訟判決という。

② **訴訟要件の具体例**　どのような事項が訴訟要件となるか，民事訴訟法にはまとまった規定はないが，個々の規定から，あるいは理論的な分析の結果として，おおよそ次の事項が訴訟要件と考えられている。

(a) **裁判所について**　請求および当事者に対してわが国の裁判権（60頁参照）が及ぶこと。事件につき裁判所が管轄（64頁以下参照）を有すること。

(b) **当事者について**　当事者が実在し当事者能力（79頁以下参照）を有すること。訴えの提起および訴状の送達が有効に行われたこと（その前提として，当事者が訴訟能力を有するか所定の法定代理人が代理権を有すること。83頁以下参照）。当事者が当事者適格（108頁以下参照）を有すること。訴訟費用の担保が要求される場合（75）に原告がそれを提供したこと。

(c) **請求について**　同一事件につき他に訴訟が係属していないこと（142）。再訴の禁止（262Ⅱ），別訴の禁止（人訴25）に触れないこと。併合の訴えまたは訴訟中の訴えにつきその要件（38・47・136・143・145・146など）が備わっていること。訴えの利益があること。仲裁合意（仲裁16）や，不起訴の合意が存在しないこと。

(3) 両者の関係　(2)①で述べた訴訟要件の意義からすれば，訴訟要件の存在を本案の審理の要件とし，訴訟要件の存在が確定されてはじめて本案の審理に入る，というのが論理的であろう。しかし，現在の審理手続は，まず訴訟要件の審理を済ませてから本案の問題に入るというような段階的構造をとっておらず，両者

の問題が同時並行的に審理されることが多い（例外は，訴訟費用の担保に関する75Ⅳ。また裁判所が152Ⅰの弁論の制限を活用して段階的に審理を進めることは可能である）。そこで現在では，訴訟要件は本案判決の要件ではあるが本案の審理の要件ではない，と位置付けられている。つまり，審理の結果，裁判所が訴訟要件がないと判断した場合には，訴訟判決をしなければならず，訴訟要件を具備していると判断した場合に限って原告の請求を認容するか棄却するかの本案判決をすることができるのである。

2── 訴訟要件の調査

(1) 職権調査の原則　① 職権調査事項と抗弁事項　訴訟要件が本案とは別に設定されるのは，多くの場合，訴訟制度を設営している国家（それを支えている国民全体）の利益が考慮された結果である。このため，訴訟要件については，その存在につき当事者間で争いがないからといって，不問に付することはできない。裁判所としては，職権でその調査を開始しなければならないのである。しかし，訴訟要件の中には，被告の利益保護を理由に設けられているものもある。訴訟費用の担保，仲裁合意，不起訴の合意などである。このような訴訟要件の場合には，職権で調査する必要はなく，被告が訴訟要件がないとの主張を積極的にしている場合にはじめて裁判所が調査すれば足りる（75，仲裁16）。これが抗弁事項と呼ばれる訴訟要件である。

② 判断資料の収集　職権で調査を開始することが必要か被告の抗弁をまてばよいか，という問題の他に，訴訟要件の存否を判断する資料をどのように集めるか，という問題もある。つまり，裁判所が職権で証拠調べまで行うのか（これを職権探知という），それとも当事者が提出した証拠を調べるだけで足りる（弁論主義）

のか，である（110 頁以下参照）。これは，個々の訴訟要件ごとに，要求されている公益性の強さによって，変わってくる。裁判権，専属管轄（14），当事者能力，訴訟能力などは職権探知をすべきであるが，任意管轄や二重起訴の有無は当事者の提出した資料のみに基づいて判断すれば足りる。また，当事者適格および訴えの利益については，公益性がそれほど強くないだけでなく，弁論主義が妥当する本案の問題と内容的に密接に関連するので，やはり当事者の提出した資料に限るのが妥当である。

③　調査の時期　　訴訟要件につき裁判所が調査をする時期については，抗弁事項であれば被告の主張がなされたときであるが，職権調査事項の場合には特に定まっておらず，裁判所が訴訟要件の存在に疑問を抱いた場合に随時調査することになる。

④　判断の基準時　　原則として，本案の問題と同様，事実審の口頭弁論終結の時である。訴訟要件が訴訟開始時には備わっていなくてもその後具備するに至れば本案判決をすべきであるし，たとえ当初は存在してもその後消滅してしまえば訴訟判決をしなければならない。しかし管轄については，訴え提起の時点が基準となる（15。64 頁参照）。さらに，口頭弁論終結後に訴訟要件の存否につき変動が生じた場合に，上告審がそのことを考慮すべきかどうか問題がある（大判昭 16・5・3 全集 8・18・617〔*83*〕は，弁論終結後に訴訟要件が具備したことを理由として，訴訟要件の欠缺を見過ごしていた原判決を維持した。また，最判昭 55・2・22 判時 962・50〔*84*〕は，口頭弁論終結後に訴訟要件がなくなったことを理由に，原判決を破棄して訴え却下の自判をした。これらに対して，最判昭 42・6・30 判時 493・36〔*85*〕および最判昭 46・6・22 判時 639・77〔*86*〕は，訴訟要件の欠缺を理由とする訴え却下判決に対する上告事件で，弁論終結後の訴訟要件の具備の主張を考慮しなかった）。

(2) 本案判決との関係　　1(3)で述べたように，訴訟要件と本案とは平行して審理されるのが普通であるから，場合によっては，訴訟要件の審理が終わらないうちに本案の審理が終了し，裁判所が請求認容または棄却の結論を出すことができる状態になることがある。訴えの利益や当事者適格など，本案の問題と密接にかかわっており，しかもその存否の判断に時間のかかることが多い訴訟要件について，このような状態となる可能性がある。この場合に裁判所は，訴訟要件の審理を打ち切って本案判決をすることができるであろうか。

　訴訟要件が本案判決の要件であるという理論的位置付けと，前述のように訴訟要件の多くが訴訟制度を設営している国家の利益にかかわる事項であることを強調すれば，本案判決をすることは許されないことになる。しかし，訴訟要件の中には，被告を無用な応訴の負担から解放することを重要な機能としているものもある。抗弁事項とされているものはそうであるし，職権調査事項でも，訴えの利益や当事者適格などは，多くの場合にそのようにいえる。訴訟要件につき被告の利益が重視される場面では，本案につき理由がないことが明らかになった段階で，訴訟要件についての審理を打ち切って，請求棄却の本案判決をすることは，許されると考えてよい。もっとも訴えの利益につき司法権の限界が問われる場合や，第三者に判決効が及ぶ訴訟での当事者適格の問題は別である。

　個々の訴訟要件の内容については，それぞれの該当個所で説明されている。以下では，訴えの利益および当事者適格につき概説することとする。

3── 訴えの利益

(1) 意 義　訴えの利益とは，原告が提起した訴えが本案判決を受ける要件として備えていることを要求される，正当な利益ないし必要性をいう。当事者適格の問題が特定の当事者との関係で本案判決をする必要性を考えるのに対して，訴えの利益は，訴えの内容である訴訟上の請求（訴訟物）につき本案判決の必要性を問題とするものである（もっとも二つの概念は重なりあう場合もある）。

訴えの利益が要求されるのは，有限の人的・物的な資源によって運営されている訴訟制度の内在的要請である。裁判所にとって，提起された訴えのすべてにつき本案判決をする余裕はなく，本案判決をするのにふさわしい事件に絞りこむ必要があり，そのために要求されるのが，訴えの利益の要件である。同時に訴えの利益には，時間・費用をかけて応訴しても紛争解決にとって意味のないような訴訟から被告を解放する機能もある。

(2) 訴えの利益の一般原則　各種の訴えに共通の要件として，裁判所が法律の適用によって解決することが可能な具体的な紛争の存在を主張してその解決を求めている訴えであることが必要である。司法権の限界の問題は，基本的には訴えの利益の問題として扱われる（12頁以下参照）。なお，二重起訴の禁止（142），再訴の禁止（262Ⅱ），不起訴の合意や仲裁合意などの訴え提起を不適法とする事情のないことも訴えの利益の要件に含める考え方もあるが，これらは訴えの利益とは別個の独立した訴訟要件と考えれば足りるであろう。

(3) 各訴訟類型ごとの訴えの利益　① 給付訴訟　原告が既に期限の到来した給付請求権の存在を主張している限り，つま

り現在の給付の訴えについては、それだけで特別の事情のない限り、訴えの利益が認められる。現実には強制執行の可能性がない給付請求権であっても、給付判決をすれば被告が自発的に履行する可能性が高まるので、訴えの利益は否定されない（最判昭41・3・18民集20・3・464〔*87*〕）。

原告が期限の到来していない給付請求権または将来発生する給付請求権を主張する訴え、つまり将来の給付の訴えは、あらかじめ現時点において訴えを提起して判決を得ておく必要性がある場合にのみ、訴えの利益が肯定される。民事訴訟法135条はこのことを定めた規定である。具体的には、既に被告が給付義務の存在や内容を争っていて履行期が到来しても履行しない可能性が大きい場合、毎月支払うというように反復的給付が約定されているが既に履行期が到来した分につき債務不履行がある場合、給付請求権の性質上履行期に履行されないと履行として意味がない場合（定期行為）などに将来の給付の訴えの利益が認められる。

将来の不法行為を理由とする損害賠償請求については、土地の不法占有の場合に明渡しに至るまでの将来の賃料相当額を請求することは、上述の基準に基づき異論なく認められてきた。しかし、最大判昭56・12・16民集35・10・1369〔*88*〕は、空港の騒音を理由とする将来の損害賠償請求につき、将来における損害賠償請求権の成否及びその額をあらかじめ一義的に明確に認定できず、請求権の成立時点ではじめてこれを認定でき、その場合の権利の成立要件の具備は当然に債権者が立証すべく、事情の変動を新たな権利成立阻却事由の発生として専ら債務者に立証の負担を課するのは不当である場合は、将来の給付の訴えにおける請求権の適格がないと判示し、以後、同旨の判決が続く（最判平5・2・25民集47・2・643、最判平19・5・29判時1978・7、最判平28・12・8判時

2325・37など)。これに対し，学説上は，請求の終期を区切り，被害の発生が確実に継続する期間に限定すれば，将来の給付の訴えが許容されるとの反対説も有力である。なお，最判平24・12・21判時2175・20は，共有者の1人が共有物を第三者に賃貸して得る将来の収益の返還を，他の共有者が不当利得を理由に請求する訴えにつき，上述の請求権の適格を欠くものと判示した。

なお，特定物の引渡しを求め同時にその執行不能に備えて損害賠償を請求する，いわゆる代償請求は，特定物についての現在の給付の訴えに損害賠償を求める将来の給付の訴えを併合したものであるが，その合理的必要性を考慮して訴えの利益を肯定してよい（大判昭15・3・13民集19・530）。

② 確認訴訟（確認の利益）　確認訴訟においては，訴えの利益（これを特別に確認の利益という）が重要な役割を果たす。確認の対象は理論的には無限定であり，訴えの利益の有無によって本案判決の対象を限定する必要性が大きいからである。訴えの利益の考え方は，確認訴訟を中心に発展してきたといえる。

確認訴訟の訴えの利益が肯定されるのは，一般的には，原告が自己の権利または法律的地位につき危険・不安があり，原告・被告間で確認判決をすることがその危険・不安を除去するために有効適切である場合である（最判昭30・12・26民集9・14・2082〔**89**〕）。この基準を具体化するにあたり，かつては，確認の対象は現在の法律関係に限られ，過去の法律関係や単なる事実の確認は訴えの利益を欠くと考えられていた。現在の紛争を解決することが訴訟の目的であるから，原則的にはそのようにいえよう。しかし，既に法律の明文の規定によって例外が認められている。証書真否確認の訴え（134の2。事実の確認），株主総会決議不存在確認の訴えおよび無効確認の訴え（会社830。過去の法律関係の確認。

なお，当該会社の破産手続との関係につき，最判平21・4・17判時2044・74参照）がその例である。規定がない場合でも，遺言無効確認の訴え，学校法人の理事会決議無効確認の訴え，父母の両者または子のいずれか一方の死亡後の親子関係確認の訴えなど，過去の法律関係の確認が紛争を抜本的に解決することができる点で現在の法律関係の確認よりもむしろ優れている場合には，訴えの利益を肯定すべきである（最大判昭32・7・20民集11・7・1314〔*90*〕，最判昭47・11・9民集26・9・1513〔*91*〕，最判昭47・2・15民集26・1・30〔*92*〕，最大判昭45・7・15民集24・7・861〔*93*〕。最判令4・6・24判タ1504・39は，親子関係の存否により自己の法定相続分に差異が生ずる法定相続人は，親子関係不存在確認の訴えにつき法律上の利益を有するとする）。

なお将来の権利や法律関係についても同様に考えるべきである（最判平11・1・21民集53・1・1〔*94*〕，最判平11・6・11判時1685・36〔*95*〕）。

また，原則的には，積極的確認の訴えが可能な場合には消極的確認の訴えは訴えの利益がない，と考えられる。たとえば，XY間で土地の所有権の帰属をめぐって争いがある場合に，各自は土地が自己の所有に属することの確認を求めるべきであり，相手方に所有権が帰属しないことの確認を求めることは訴えの利益を欠く。また，債務不存在確認の訴えに対して，被告が反訴として給付の訴えを提起したときは，債務不存在確認の訴えは訴えの利益を失うと解される（前掲最判平16・3・25〔*36*〕）。しかし，消極的確認の訴えの方が紛争解決のためにより有効適切である場合は，訴えの利益を認めてよい。たとえば，一番抵当権者が二番抵当権の実行を阻止するために提起する二番抵当権の不存在確認の訴えは，この場合一番抵当権の存在を確認しても目的を達することが

できないから，訴えの利益を肯定すべきである（反対，大判昭8・11・7民集12・2691）。

相続財産をめぐる紛争において，何を対象に確認の訴えが許されるか，議論がある。最判昭61・3・13民集40・2・389〔**96**〕は，特定の財産が被相続人の遺産に属する旨の確認の訴え（遺産確認の訴え）を許す。最判平22・10・8民集64・7・1719は，共同相続人間において，定額郵便貯金債権が現に被相続人の遺産に属することの確認を求める訴えについては，その帰属に争いがある限り，確認の利益があるとする。最判平7・3・7民集49・3・893〔**97**〕は，特定の財産が民法903条1項にいう特別受益財産に該当することの確認を求める訴えを不適法とする。最判平12・2・24民集54・2・523〔**98**〕は，具体的相続分の価額または割合の確認を求める訴えを不適法とする。最判平21・12・18民集63・10・2900は，遺留分権利者から遺留分減殺請求を受けた受遺者等が，判決によってこれが確定されたときは速やかに支払う意思がある旨を表明して提起した，弁償すべき額の確定を求める訴えを許容した。

給付訴訟または形成訴訟が許される場合は，これらの訴えを提起すれば，当然に給付請求権または形成権の存否につき審判されることになるから，これらの権利の存在の確認を求める訴えは，訴えの利益がないと考えられる。しかし，この場合に相手方がこれらの権利の不存在の確認を求める訴えは，訴えの利益がある。ただし，既に給付訴訟または形成訴訟が係属しているときに，その被告がこれらの権利の不存在確認の訴えを提起することは，二重起訴の禁止に反し，許されない（142。52頁参照）。

③　形成訴訟　　形成訴訟は，他の訴訟類型と異なり，訴えを提起できる場合が法律により個別的に定められている。そこでそ

の要件を満たしていれば，特別の事情のない限り訴えの利益も肯定される。事情の変化により例外的に形成の必要性がなくなった場合には，訴えの利益が消滅する。たとえば，株主総会決議取消しの訴え（会社831）につき，その決議によって選任された取締役が任期満了により退任した場合は，訴えの利益を欠くことになる（最判昭45・4・2民集24・4・223〔*99*〕。なお，最判平11・3・25民集53・3・580〔*100*〕，最判令2・9・3民集74・6・1557参照）。

4——当事者適格

(1) **意 義**　当事者適格とは，特定の紛争を訴訟により解決するためには，誰が当事者（原告・被告）として訴訟を追行し本案判決の名宛人となることが有効適切か，ということを問題とする概念である。形式的当事者概念（75頁参照）の下では，誰でも訴えを提起すれば原告となり，またその訴えによって相手方と指定されたものが被告となるのであるが，当事者適格によって本案判決をするのにふさわしい場合が選別されるのである。当事者適格は，当事者能力や訴訟能力（79頁以下参照）が個々の事件を離れて一般的な基準で決定されるのと異なり，個々の事件において特定の訴訟物との関係で決定される問題である。

なお，当事者適格を「訴訟追行権」と呼び，また当事者適格を有する者を「正当な当事者」と呼ぶことがある。

(2) **原 則**　一般には，原告としては，請求認容判決によって保護される法的利益が自らに帰属すると主張する者が，被告としては，この原告の主張する法的利益を争っている者が，それぞれ当事者適格をもつ。この法的利益とは，通常は訴訟物となっている実体法上の権利または法律関係をいう（最判平23・2・15判時2110・40参照）。しかし，他人の権利関係の確認訴訟や訴訟上の形

成の訴えでは，当事者適格の要件としての法的利益は，訴訟物とは一致しない。

なお，確認訴訟においては，原則として当事者適格は訴えの利益の問題に吸収される。また，形成訴訟では当事者となりうる者が法定されていることが多く，法定された者が当事者になる限りでは，当事者適格の問題を特に考える必要は原則としてない。形成訴訟では，判決の効力が当事者以外の第三者に及ぶことも多く，その場合に，判決効を受ける第三者の利益をも十分に主張し真の法律関係を反映した判決をもたらすことができるか，という観点（十分な訴訟追行の期待）から，当事者適格が判定される。多くの場合は正当な当事者が法定されているが，規定がない場合にはこの観点から個別的に判断しなければならない。

(3) **第三者の訴訟担当**　(2)で述べた原則と異なり，実体法上の権利や法律関係の帰属主体（と主張する者）以外の者が当事者適格をもつ場合がある。これを第三者の訴訟担当と呼ぶ。第三者の訴訟担当は，第三者が他人の実体法上の権利や法律関係につき管理権・処分権を有し，それを基礎として訴訟の追行を許される場合である。第三者の訴訟追行権が法律の規定に根拠をもつ場合（法定訴訟担当。破産管財人，代位債権者，取立訴訟を提起する差押債権者など）と帰属主体からの授権に基づく場合（任意的訴訟担当。取立委任裏書の被裏書人，サービサー，選定当事者，講の講元・世話人など）とがある（87頁以下参照）。

II 審理の過程

1——当事者・裁判所の役割分担

(1) 当事者主義と職権主義　訴訟の開始および終了に関して当事者の意思が尊重されること（処分権主義）は，既に述べた（8頁以下参照）。訴訟の審理にあたっては，当事者と裁判所のどちらが中心的な役割を果たすのであろうか。ここでは，当事者と裁判所との役割の分担が見られる。すなわち，審理のための資料の収集に関しては当事者が支配権をもち（弁論主義），口頭弁論を中心とする審理の場の設定およびその運営の面では裁判所が積極的役割を果たす（職権進行主義）のである。しかし裁判所も，資料の収集の場面で全くの受け身の立場に立つわけではなく，当事者の資料提出が十分に行われ充実した資料に基づいて判決をすることができるように，当事者に働きかける権限および義務が認められる。これが釈明の問題である。また，当事者には，裁判所が職権で進める訴訟手続に対して，それが法律の規定に従って行われるよう，監視する地位が与えられる。これが責問権の問題である。

(2) 弁 論 主 義　① 意義　弁論主義とは訴訟の審理のための資料の提出を当事者の権限とする原則であり，それは具体的には三つの法理として現れる。第1に，裁判所は当事者が主張した事実に限って判決の基礎とすることができ，当事者が主張していない事実は，たとえ証拠調べの結果その事実の存在につき裁判所が確信を抱いたとしても，事実として認定することはできない。この意味で，訴訟資料と証拠資料（154頁参照）とは明確に区別される。第2に，裁判所は当事者間に争いのない事実は証拠調べを

することなく判決の基礎としなければならない(自白の拘束力。157頁以下参照)。第3に，裁判所が当事者間で争いがある事実を認定するためには，原則として当事者の申し出た証拠方法を取り調べてその結果得られた心証に基づく必要があり，当事者の申出のない証拠方法を職権で取り調べることはできない。

なお，弁論主義は当事者と裁判所との間で資料の提出につき当事者の支配権を認めるものであり，対立当事者相互の間での権限分配の問題ではない。上に述べた第1の法理につき，事実を主張したのが当事者のどちらであるか，また第3の法理につき，証拠の申出をしたのが当事者のどちらであるかは，問わない（最判昭46・6・29判時636・50〔*101*〕。なお，最判昭27・11・27民集6・10・1062〔*102*〕対照)。一般に当事者はそれぞれ自己に有利な事実を主張し，また自己に有利な証拠の取調べを求めるのが通常ではあるが，現実の訴訟では，当事者が自己に不利益な事実を主張したり，一方の当事者が申し出た証拠方法を取り調べた結果むしろ相手方の主張事実の存在が明らかになることもある。これらの場合，裁判所は相手方当事者に有利な判決をすることができ，そのためには相手方当事者が（自己に有利に）主張や証拠を援用することは必要ではない（最判昭41・9・8民集20・7・1314〔*103*〕)。このことは，第1の法理については主張共通の原則（なお，240頁参照)，第3の法理については証拠共通の原則と呼ばれる。

② 妥当範囲および根拠　弁論主義は，民事訴訟法にはこれを直接定めた規定はないが，民事訴訟の重要な基本原理として認められている。もっとも，私人が自由に処分することができない身分関係をめぐる訴訟（人事訴訟）では，弁論主義は排除され職権探知主義がとられている（人訴20)。また，民事訴訟一般においても弁論主義が適用されるのは本案の問題についてであって，

訴訟要件の審理については弁論主義は排除ないし制限されていることは既に述べた（100頁参照）。

民事訴訟で弁論主義がとられている根拠については，民事訴訟の対象は私的自治の原則の妥当する実体私法上の権利義務をめぐる紛争であるので，訴訟の審理にあたってもできる限り当事者の意思を尊重すべきであるという要請（処分権主義にも共通の要請）に基づくとする見解（本質説）と，訴訟の結果（判決）に最も強い利害関係をもつ当事者に資料の提出をまかせることが裁判の内容をできる限り真実に近付けるための最良の手段であるとする見解（手段説）とが対立している。さらには，この両説のように弁論主義の根拠を単一の要請から説明することはできず，両説のあげる根拠に加えて，（敗訴）当事者に対する不意打ちの防止や公正な裁判への信頼の確保なども同時に弁論主義の根拠となっているとする見解（多元説）もある。

③ 弁論主義が適用される事実　弁論主義の第1の法理について争いがあるのは（同様の争いは第2の法理をめぐってもあるが，それについては159頁参照），この法理が適用される事実の範囲である。民事訴訟が実体法の適用によって紛争を解決する手続であることから（10頁参照），訴訟で問題となる事実はいずれも何らかの意味で法律的意味をもつものではあるが，ⓐ実体法の定める要件に直接該当する事実である主要事実（直接事実と呼ぶこともある），ⓑその事実が存在すれば一般に特定の主要事実も存在する場合が多い，という法則（経験則。168頁参照）を基礎として，主要事実の存在を推認するのに役立つ間接事実，ⓒ証拠の信用性に関する補助事実，に分類することができる。

たとえば貸金請求の訴えにおいて，消費貸借契約の成立の有無が争われている場合，被告が返還の約束をして原告から金銭の交

付を受けたという事実が主要事実に，当時被告は事業の資金繰りに窮していたが原告が金銭を貸し付けたと主張する時点以後急速に経営状態が良くなったという事実が間接事実に，この間接事実を証明するために原告が申請した証人が原告の親しい友人であったという事実が補助事実に，それぞれ該当するということができる。弁論主義がⓐ主要事実に適用されることは異論がないが，ⓑ間接事実やⓒ補助事実にまで適用されるか，つまり，裁判所が当事者の主張していない間接事実や補助事実を証拠調べの結果から認定して主要事実の存否についての判断の資料とすることができるか，争われている。従来は，間接事実や補助事実については弁論主義は適用されないとするのが通説・判例であった。

　しかし，実際の訴訟では主要事実の存否が直接証明されることは稀であり，間接事実や補助事実が主要事実の認定のために重要な役割を果たし，勝敗の鍵となることが多い。このような間接事実・補助事実の重要性を考えると，当事者の主張がないのに裁判所が判決の基礎に採用することを許すと，その結果敗訴させられる当事者に対して不意打ちとなるおそれが強い。そこで，これらの事実についても弁論主義の適用を肯定する見解が主張されている。また，従来の通説・判例の問題点がとくに強く現れるのは，いわゆる規範的要件（一般条項ないし総合判断型要件。賃貸借契約の更新を拒絶する正当事由，不法行為における過失，信義則違反など）に関し，法律の規定する抽象的一般的文言それ自体を主要事実とし，これを基礎付ける具体的事実をすべて間接事実にすぎないとする考え方である（証明責任をめぐる議論とも関連する。170頁参照）。そこで，より具体的・類型的な事実を主要事実ないしそれに準ずるもの（準主要事実）と位置付けて弁論主義の適用を肯定する見解も，実務を中心に有力となっている。

なお，何が主要事実で何が間接事実に当たるかの区別も，場合によっては明確ではなく，議論が残されている（所有権の移転経過について最判昭55・2・7民集34・2・123〔*104*〕および最判昭57・4・27判時1046・41〔*105*〕，代理人による契約の締結につき最判昭33・7・8民集12・11・1740〔*106*〕，過失相殺につき最判昭43・12・24民集22・13・3454〔*107*〕）。

(3) 釈　明　① **意義**　釈明とは，裁判所が，訴訟関係（事件の内容である事実関係や法律関係）を明らかにするために，事実上または法律上の事項に関して，当事者に対して質問したり証拠の提出を促したりすることをいう（149Ⅰ）。裁判所が当事者にその申立て，主張，立証の不十分な点を知らせ，補充する機会を与えることを目的とする手続である。しかし釈明は当事者に資料の提出を促すにすぎない。裁判所としては，当事者が釈明に応じない場合に職権で資料を補充することはできず，あくまで従前の資料に基づいて判断を下さなければならないのであり，その意味で裁判所の釈明は弁論主義と対立するものではない。もっとも，当事者の申立て，主張または証拠の提出の趣旨が不明であるにもかかわらず釈明に応じない場合には，裁判所はこれらを却下することができる（157Ⅱ）。

② **行使**　釈明は事件を審理している裁判所の権限であり（これを釈明権という），合議体で審理がなされる場合には裁判長がその代表者としてこの権限を行使するが（149Ⅰ），陪席裁判官も裁判長に告げた上で権限を行使できる（149Ⅱ）。当事者は，相手方当事者に対して直接発問することはできないが，裁判長に相手方当事者に対して釈明権を行使するよう求めることができる（149Ⅲ）。これを当事者の求問権という。釈明権の行使は，口頭弁論または弁論準備手続の期日（170Ⅴ）においてなされるほか，

期日外（149Ⅰ）でも，電話やファックスなどを活用して，なされる。攻撃または防御の方法に重要な変更を生じうる事項について期日外で釈明権を行使した場合には，その内容を相手方当事者に通知しなければならない（149Ⅳ）。双方審尋主義（130頁）を実質的に保障するためである。また，期日外で釈明権を行使する場合には，裁判長または陪席裁判官は，裁判所書記官に命じて行わせることができる。ただし，それが攻撃または防御の方法に重要な変更を生じうる事項に及ぶ場合は，裁判所書記官はその内容を訴訟記録上明らかにしなければならない（規63）。

③　釈明処分　　釈明権の行使の一環として，裁判所は，発問や立証を促すだけでなく，当事者本人または法定代理人の出頭，訴訟書類・文書等の提出，検証または鑑定，必要な調査の嘱託などを命じ，さらに，たとえば企業の業務担当者など，当事者のため事務を処理しまたは補助する者（いわゆる準当事者）に口頭弁論期日において陳述させることができる（151Ⅰ）。裁判所が発するこれらの命令を釈明処分という。釈明処分の結果，裁判所が行う当事者からの事情聴取，提出された文書の閲読，検証，鑑定，調査の嘱託などは，手続としては証拠調べの手続に準ずるが（151Ⅳ参照），その目的はあくまで訴訟関係を明瞭にすることにあり，証拠資料を得ることではない。したがって釈明処分は裁判所の職権で行われる。もっとも釈明処分の結果が口頭弁論の全趣旨（247）として事実認定の資料となる可能性はある（156頁参照）。

④　範囲　　釈明には，当事者の申立て，主張などの不明瞭な点や矛盾する点を指摘すること（消極的釈明）だけでなく，当事者に勝訴のために必要な新たな申立て，主張，立証を示唆すること（積極的釈明）も含まれる（訴えの変更を示唆する積極的釈明を許した例として，最判昭45・6・11民集24・6・516〔*108*〕）。積極的釈

明は，もしそれが行われ当事者がそれに応じた場合には，従前の資料だけでは敗訴を免れなかった当事者が逆転勝訴する結果になるので，当事者の平等を損ない，相手方当事者に偏頗な裁判を受けたとの印象を与えるおそれもある。したがって一般論としては，裁判所は積極的釈明を行うことには慎重でなければならない，ということはできよう。しかし，いかなる場合に裁判所は積極的釈明を行うことができるか，抽象的に基準を示すことはきわめて困難であり，当事者の法律知識，代理人の力量，事案の態様，訴訟の具体的展開などを考慮して個々の事件ごとに判断するしかない。もっとも，事件ごとに釈明権の範囲が決定されるとしても，裁判所が現実にその範囲を逸脱して釈明を行った場合に，これを是正する直接的な手段は存在しない。たとえゆきすぎた釈明を違法と考えるとしても，釈明を受けた当事者がそれに応じて新たな申立てや資料を提出することまで違法とすることはできず，釈明の結果，当該当事者を逆転勝訴させた判決も適法と考えるほかないからである（釈明のゆきすぎを理由に上訴審が原判決を取り消して原審に差し戻しても，同じ申立てや主張が繰り返されるにすぎず，意味はない。もっとも，一方の当事者に対する釈明のゆきすぎが，相手方当事者との関係で次に述べる釈明義務違反となる場合は別である）。

⑤　釈明義務　　釈明は，法律の規定上は裁判所の権限とされているが (149)，一定の場合に釈明権を行使することは裁判所の義務でもある，と一般に認められている。これを釈明義務という。弁論主義の下では資料の提出は当事者の権限および責任に属するが，裁判所としても，当事者双方の充実した攻防を基礎として十分な資料に基づいて有効適切な紛争解決（判決）を実現できるよう配慮しなければならない。適用法規（およびその解釈），争点の把握，間接事実も含めた重要な事実の範囲などにつき，裁判所と

当事者（代理人）とで見解が食い違う場合に，それを放置したまま判決したのでは，いくら弁論主義の帰結であるといっても紛争の妥当な解決という要請を満たすものとはいいがたい。特に，法律に疎い本人が自ら訴訟を追行する場合には，裁判所が釈明を通じて当事者の訴訟活動に助力する必要が大きい。釈明義務は，裁判所のこのような後見的な活動の中心をなすものとして認められるのである。

　釈明義務があるにもかかわらず裁判所が釈明しなかった場合には，その裁判所の判決は上級審により是正される。事件が控訴審に係属している場合はそこで新たに釈明をすることになるが，上告審に係属している場合は，上告審は法律審であり当事者に資料の補充を許すことはできないので，原判決を破棄した上で釈明による資料補充の機会を与えるために原審に差し戻すことになる（もっとも，最高裁判所に対しては，釈明義務違反〔法令違反〕を理由に上告を提起することはできず，上告受理の申立てができるにすぎない。312・318。なお，293頁参照）。

　問題は，釈明権の不行使が上級審で違法とされるような釈明義務がいかなる場合に認められるか，である。一般論としては，釈明義務の範囲は釈明権の範囲より狭いといえよう。一般的に前述の消極的釈明（115頁参照）が裁判所の義務であることはほぼ争いがないであろう。積極的釈明については，釈明権の範囲につき述べたところと同様に，当事者の法律知識，代理人の力量，事案の態様，訴訟の具体的展開などの要素から，個々の事件ごとに判断する必要がある。この判断は，大局的には，弁論主義に基づく当事者の自己責任の原則と適切な紛争解決や当事者の実質的平等の保障に向けた裁判所の後見的・積極的活動の要請との調和点を求めることでなされる必要がある。判例は戦前から戦後にかけて変

化しているが，最近では釈明義務の範囲を広げる方向にあるといえよう（最判昭39・6・26民集18・5・954〔*109*〕，最判昭44・6・24民集23・7・1156〔*110*〕，最判昭51・6・17民集30・6・592〔*111*〕，最判平8・2・22判時1559・46〔*112*〕，最判平9・7・17判時1614・72，最判平12・4・7判時1713・50，最判平22・10・14判タ1337・105，最判令4・4・12判タ4・4・12判タ1499・71など）。

(4) 専門委員の関与　科学技術が高度に発展し，社会生活が複雑化している現代において，紛争の内容や争点を十分に理解し，さらには適切かつ妥当な紛争解決基準を見出すのに，法律以外の専門的知見が必要不可欠な訴訟が，多くなっている。知的財産権，医療過誤，建築関係の紛争などがその代表例である。このような訴訟の審理にあたっては，専門家を関与させ，その専門的知見を活用することが，審理の充実・促進のために必要となる。そこで，平成15年の法改正により，専門委員の制度を設け，裁判所は，必要があるときは，専門委員を関与させ専門的知見に基づく説明を聴くことができることとした。

専門委員の関与は，訴訟の各段階（①争点・証拠の整理または訴訟の進行協議，②証拠調べ，③和解の試み）で可能である。裁判所がこの決定をするには，①および②では当事者の意見を聴く必要があり（証人等に対して専門委員が直接に発問することを許す場合には当事者の同意が必要），③では，当事者の同意を得なければならない（92の2）。また，当事者の双方が申し立てた場合は，裁判所は専門委員を関与させる決定を取り消さなければならない（92の4）。

専門的知見の活用のためには，従来から裁判所調査官の制度があったが（裁57），裁判官の補助者という性格から，当事者はその意見を直接に知ることができず，専門的知見がどのような形で裁判に反映されているのかもわからないため，裁判の過程を不透

明にするとの批判もあった。専門委員の制度はこの批判に応え，手続を透明化し，また当事者の意見を尊重している。

他方で，知的財産に関する訴訟においては，裁判所調査官の位置付けを明確にして，常勤の裁判所職員として，専門委員とは異なる立場から日常的に提供される専門的知見を一層活用するための法改正がなされた。裁判所調査官は，口頭弁論，審尋，争点・証拠の整理手続，文書提出義務や検証物の提示義務の有無を判断する手続，進行協議の手続等において，当事者に対して釈明を行ったり，証拠調べの期日に証人，当事者本人または鑑定人に対し直接に発問したり，和解期日で当事者に専門的な知見に基づく説明をしたり，裁判官に事件につき意見を述べる権限が与えられた（92の8）。反面，このような権限を与えられている裁判所調査官については，除斥・忌避の制度が設けられ（92の9），その中立性が担保されることとなった。

(5) 職権進行主義　① 期日　職権進行主義とは，訴訟手続の進行につき主導権を当事者ではなく裁判所に認めることである。手続の進行にとって最も重要なのは，審理のための期日をいつ開くかである。期日とは，裁判所，当事者その他の訴訟関係人（代理人，証人，鑑定人など）が集まって訴訟に関する行為をするために設定される時間であり，その目的に応じて，口頭弁論期日（さらにそれは準備的口頭弁論期日，狭義の弁論期日，証拠調期日，判決言渡期日に分類される），弁論準備手続期日，和解期日，進行協議期日などがある。これらの期日が裁判所（正確には裁判長）の**職権**によって指定され，当事者の都合で変更することには**厳格な制限**が加えられる，というのが**職権進行主義**の意義である。

(a) 期日の指定　期日は，あらかじめ日時・場所を明示した裁判長（受命裁判官または受託裁判官の行う審問の期日については当該

裁判官。規35)の命令によって指定される（93Ⅰ）。期日は，原則として，日曜日その他の一般の休日を避けて指定しなければならない（93Ⅱ）。

(b) 呼出し　期日が指定された場合は，当事者その他の訴訟関係人に知らせて，期日への出頭を要請する。これが呼出しといわれる手続である。呼出しはファイルに記録された電子呼出状を当事者等に送達する方法によって行うのが原則であるが，その事件につき裁判所に出頭した者に対しては任意の方法で期日を告知することで足りる（94）。通常，第一回口頭弁論期日の呼出しは電子呼出状の送達によりなされるが，その後の口頭弁論期日の呼出しは，裁判長が法廷で出頭した当事者または代理人に次回期日を口頭で告知する方法でなされることが多い。なお，口頭弁論期日において弁論を終結し判決言渡期日を指定した場合には，不出頭の当事者に対して呼出状を送達する必要はない（最判昭23・5・18民集2・5・115，最判昭56・3・20民集35・2・219〔*113*〕）が，欠席当事者には判決言渡期日を通知しなければならない（規156）。

(c) 期日の実施　期日は事件の呼上げによって開始され（規62），予定された訴訟行為が終了したとき，または裁判長による弁論の終結，延期，続行などの宣言によって，終了する。

(d) 期日の変更　期日の変更とは，期日の開始前に指定を取り消して新たな期日を指定することをいう。いったん指定した期日をむやみに変更することは裁判所がそのために用意した法廷および裁判官・裁判所書記官などの人員を無駄にするものであるし，裁判所の都合で勝手に変更すれば当事者その他の訴訟関係人の生活の予定に支障を来すし，当事者の都合で変更することは審理の引延しに悪用されるおそれが強い。そこで変更の要件は厳格であるが，訴訟の進行の程度に応じて規律は異なっている。

弁論準備手続（142頁参照）を経ていない口頭弁論の最初の期日および弁論準備手続の最初の期日の変更は，最も緩やかであり，顕著な事由がなくても当事者の合意があれば許される（93Ⅲ但書）。これらの期日は当事者の都合を尋ねることなく一方的に指定されるのが通常であるからである。これに対してその後の期日の変更は，顕著な事由がない限り許されない（93Ⅲ本文，規37）。当事者の合意があっただけではこの要件を満たすものではないし（最判昭50・7・21判時791・76〔*114*〕），代理人が準備が不十分であると述べただけの場合もこの要件を満たさない（最判昭57・9・7判時1062・85〔*115*〕）。争点および証拠の整理手続（141頁以下）を経た事件では，事実および証拠の調査が不十分という理由では，期日の変更は許されない（規64）。最も厳格なのは弁論準備手続を経た場合であり，期日の変更にはやむをえない事由が必要である（93Ⅳ）。当事者本人が病気で出席できない旨の診断書を提出しただけで，訴訟代理人を選任できない等のその他の事情を明らかにする資料の提出がない場合には，この要件を満たさない（最判昭28・5・29民集7・5・623）。

　なお，期日を開始したが予定されていた訴訟行為を全く行わずに新たな期日を指定して終了することを期日の延期という。当初の期日が無駄になるという意味では変更と同じであるから，それを許す要件については，変更の場合と同様に考えるべきである。さらに，期日を開始し予定されていた訴訟行為を行ったが弁論の終結に至らなかった場合に，新たな期日を指定することを，期日の続行という。新たな期日が指定されるという意味では変更および延期と共通点をもつが，その期日が予定どおり実施された点で異なっており，したがってその要件は特に定められていない。

　② 期間　　期間とは一定の継続的な時間をいう。裁判所が行

う訴訟行為につき設定されている期間は、それを徒過しても違法の問題が生じない場合が多いが、そのような期間は訓示規定に基づくものであり、以下で論ずる期間の概念には含まれない（たとえば、251 I、規 159 I。これを職務期間または不真正期間ということがある）。これに対して当事者その他の訴訟関係人に対して設定されている期間は、それを遵守しなければこれらの者の訴訟行為は違法となり、期日と並んで、訴訟の進行を規律する概念となっている（この場合を固有期間または真正期間という）。

(a) 期間の種類　期間は一定の行為をその間に行うことを義務付けるのが通常であるが、これを行為期間という。たとえば、代理権の欠缺や訴状の欠陥の補正（34 I・59・137 I）、準備書面の提出（162・170 V）、上訴・再審の提起などの期間（285・313・332・342 I）がこれに当たる。これに対して期間経過後に一定の行為を許したり効力を発生させたりする場合もあり、これを中間期間（猶予期間）という（たとえば、112、非訟 103、民執 155 I）。

期間の長さは、法律で規定されている場合（たとえば、上訴・再審の期間）と裁判所が個々の事件で決定する場合（たとえば、補正期間、準備書面提出期間）とがある。前者を法定期間、後者を裁定期間という。法定期間は、裁判所がこれを伸縮することができない不変期間（96 I 但書。たとえば、上訴期間）と、それ以外の通常期間とに分けられる。法定期間のうちの通常期間と裁定期間とについては、裁判所がこれを伸縮することが許されている（96 I）。もっとも、これらの期間であっても特別の規定によって伸縮が禁じられる場合がある（97 II・112 III）。不変期間については伸縮はできず、住所または居所が裁判所から遠隔の地にある者のために、裁判所が前もって付加期間を定めることができるにすぎない（96 II）。この付加期間は本来の期間と一体となって一つの不変期間

となる。

(b) 期間の不遵守と追完　当事者その他の訴訟関係人が期間を遵守しなかった場合は，それが行為期間であればその行為ができなくなるという不利益が生ずる。しかし期間の不遵守につき当事者などに責任がない場合には，この結果は酷であり救済の必要がある。期間が裁判所により伸縮可能な場合（通常期間または裁定期間）は，それにより対処できる。不変期間については，期間経過後の訴訟行為を一定の要件が備わっている場合に特別に許容することによって救済がはかられる。これを訴訟行為の追完という。追完が許されるのは，不変期間の不遵守が，裁判所の使用に係る電子計算機の故障その他当事者の責めに帰することのできない事由に基づく場合であり，当事者はその事由がやんだ時から1週間（外国にいる当事者の場合は2か月）以内に当該訴訟行為をすることが許される（97 I）。

当事者の責めに帰することのできない事由とは，勝訴をめざして訴訟を追行する当事者として通常期待される注意を尽くしても避けることができなかったといえる事由と解される。判例で認められた例としては，洪水・積雪による汽車不通のために上告状の郵送が延着した場合（大判明43・10・19民録16・713，大判大7・7・11民録24・1197），関東大震災による通信途絶のために当事者本人が訴訟代理人から裁判の結果を知らせてもらうことができずに上訴の決断ができなかった場合（大判大13・6・13法律新聞2335・15），年末の郵便の混雑のため控訴状の書留速達による郵送が遅延した場合（最判昭55・10・28判時984・68〔*116*〕）などがあるが，天災地変に限定されるわけではない。

訴訟代理人またはその補助者（法律事務所の事務員など）の過失によって期間を遵守できなかった場合は，これらの者の過失は当

事者本人の過失と同視されるから、本人自身には責任がなくても追完は許されないというのが通説・判例である（最判昭24・4・12民集3・4・97，最判昭27・8・22民集6・8・707〔*117*〕）。もっとも、本人が指示監督権限をもたない補助者の過失についてまで本人の責任と同視するのは酷であり、追完を許すべきであるとする見解もある。

判決が公示送達の方法（45頁参照）によって送達された場合に、それを知らずに上訴期間を遵守できなかった当事者に上訴の追完を許すことができるか、問題となる。もともと公示送達は、当事者の住所等が不明の場合に送達を可能として、相手方当事者の利益を保護するための制度であり、その名宛人が送達を知らない場合があることを当然のこととして予定している。送達を知らなかったというだけで追完を許したのでは、公示送達の制度が機能しなくなるおそれがあるので、追完を許す場合を限定する必要がある。たとえば、原告が被告の住所を知りながら、住所不明と偽って公示送達により訴えを提起し判決正本も公示送達をさせたような場合には、被告に控訴の追完を許してよい（最判昭42・2・24民集21・1・209〔*118*〕）が、被告が同一原告からの別件訴訟および訴訟代理人同士の関係から当該訴訟でも不利な内容の判決が下され公示送達がなされることを十分に予想できた場合には、控訴の追完は許されない（最判昭54・7・31判時944・53〔*119*〕）。

③　裁判所の訴訟指揮　　裁判所は訴訟の審理を進めるために、期日を指定することをはじめ、期日の実施その他にあたって種々の行為を行う。このような裁判所の訴訟行為を訴訟指揮と総称し、その権限を訴訟指揮権という。訴訟指揮に属する行為としては、ⓐ訴訟の進行につき、期日の指定・変更（93）、期間の伸縮（96）、訴訟手続の中止（131）、中断した手続の続行（129。151頁以下参

照), ⓑ期日における訴訟行為の整理につき, 口頭弁論の指揮 (148), ⓒ審理の整理・促進につき, 弁論の制限・分離・併合 (152Ⅰ。148頁参照), 弁論の再開 (153。最判昭56・9・24民集35・6・1088〔*120*〕参照), 裁量移送 (17・18), 時機に後れたり趣旨が不明の攻撃防御方法の却下 (157。134頁参照), ⓓ訴訟関係を明瞭にする措置としての釈明・釈明処分 (149・151) などがあげられる。

訴訟指揮権は原則として裁判所に帰属し, 裁判長がその代表者として行使するが, 裁判長の固有の権限とされている場合もある (93・137 など)。さらに受命裁判官または受託裁判官が授権された事項に関して訴訟指揮権をもつ場合がある (185・206, 規35 など)。

訴訟指揮は, 口頭弁論の指揮のように事実行為として行われる場合もあるが, 多くは裁判の形式をとる。裁判所がする場合は決定であり, 裁判長, 受命裁判官または受託裁判官が行う場合は, 命令である。しかし, この訴訟指揮の裁判は自縛力 (自己拘束力。209頁参照) がなく, 裁判をした機関はこれをいつでも取消し・変更することができる (120)。訴訟指揮は訴訟の進行に応じて臨機応変に行う必要があるからである。

④ 当事者の申立権および責問権　職権進行主義の下で訴訟指揮は裁判所の権能であるから, 当事者が裁判所に特定の行為を求めても, それは裁判所の職権の発動を促す意味しかなく, 裁判所が当事者の要求を容れない場合でもいちいちそれに応答する必要はない。しかし, 法律は一定の場合に当事者に申立権を認めている (17・18・126・157)。その場合には, 裁判所は申立てがあれば必ず判断を示さなければならない。

裁判所が職権で訴訟の審理を進めてゆくに際しては, 法律に定められた要件・方式を遵守しなければならないことは当然であるが, 裁判所が自ら犯した法律違反に気付かない場合もありうる。

そこで当事者には、裁判所の訴訟行為が適法に行われるよう監視し、異議により法律に違反する訴訟行為の無効を主張し、是正を求める権限が与えられる。これが責問権である。しかし、責問権の行使をいつまでも許すことは妥当ではない。訴訟は単一の行為によって構成されるのではなく、ある訴訟行為に続いてそれが適法有効であるとの前提で別の訴訟行為が積み重ねられていくものなので、特定の訴訟行為が違法で無効であるとの主張をいつまでも許すことは、その後の一連の行為の効力を覆し、手続の安定を害することになり、訴訟経済にも反する結果となるからである。

そこで、法は、当事者に責問権を遅滞なく行使することを要求し、当事者が訴訟行為の違法を知りまたは知ることができるにもかかわらず遅滞なく異議を述べなかった場合には、責問権を失うものとした（90本文）。これが責問権の喪失と呼ばれる効果である。しかしこの効果が認められるのは、当事者がその意思により責問権を放棄できる場合に限られる（90但書）。責問権を放棄できる場合とは、当事者の訴訟追行上の私的利益を保護することを主な目的とする訴訟法規の違背の場合である。たとえば、訴状の受理能力のない者に訴状を送達した場合（最判昭28・12・24裁判集民11・595）、訴えの変更の方式（143ⅡⅢ）が遵守されず書面の提出や被告への送達がなかった場合（最判昭31・6・19民集10・6・665〔*121*〕）、宣誓が必要なのに宣誓をさせずに証人を尋問した場合（最判昭29・2・11民集8・2・429〔*122*〕）などである。これに対して、裁判所の構成、裁判官の除斥、専属管轄、公開主義、判決の言渡し、上訴の要件など、裁判の適正・訴訟の迅速など訴訟手続に対する一般的信頼や訴訟手続の効率を維持することを目的とする規定の違背の場合は、責問権の放棄・喪失は認められず、そのような違反行為の無効はいつでも主張できる。

2——口頭弁論

(1) 口頭弁論の概念　① 意義　口頭弁論の語は次の二つの意味で用いられる。

(a) 当事者の訴訟行為としての口頭弁論　当事者が口頭で申立てをなしそれを基礎付けるため法律上・事実上の陳述をなし，証拠の申出をする行為をいう。民事訴訟法87条1項本文，161条1項にいう口頭弁論とはこの意味である。

(b) 審理方式ないし手続としての口頭弁論　より広い意味では，上述の当事者の行為の他に，裁判所の行う証拠調べ，訴訟指揮および判決の言渡しを含めた，審理方式ないし手続の意味で用いられる（148・152Ⅰ・160ⅠⅣ，規70）。

② 口頭弁論の必要性　87条1項は，当事者が裁判所において口頭弁論を行うことを要求する。裁判所から見れば，訴訟の審理のためには必ず口頭弁論を開かなければならないことになる。これが必要的口頭弁論の原則である。公開主義，双方審尋主義，口頭主義，直接主義などの近代の裁判制度の要請を満たすためには，口頭弁論という審理方式が最もふさわしいものと考えられているのである。必要的口頭弁論の原則は，また，口頭弁論で陳述されたものだけが訴訟資料（110頁参照）となることを意味する。

この原則が妥当するのは，判決をもって手続を終了させる場合，すなわち訴訟の本案についての裁判をする場合である。本案ではなく訴訟手続上生じた問題についての付随的裁判は決定の形式で行われるので，この原則は適用されない（87Ⅰ但書）。この場合には口頭弁論を開くか否かは裁判所の裁量である。これを任意的口頭弁論という。裁量により決定手続で口頭弁論が開かれた場合でも，口頭主義（130頁参照）が適用されるわけではないから，既に

提出された書面は資料の提出行為としてなお有効である。

判決で訴訟を終了させる場合であっても、訴えまたは控訴が不適法でその欠缺を補正する可能性がない場合は（140・290）、例外的に口頭弁論を開かずに、訴え、または控訴を却下する判決をすることができる。また、上告に理由がないことが上告状、上告理由書、答弁書などの書面から明らかな場合には、口頭弁論を開かずに上告を棄却する判決をすることができる（319。297頁参照）。これらの場合に口頭弁論を開いても無駄であるからである。

③　口頭弁論の一体性　口頭弁論は1回の期日で終結するのが理想であるが、実際には数回の期日を重ねることが多い。この場合、口頭弁論は全体として一体と扱われ、訴訟行為がどの期日に行われたかは問題とならない。これを口頭弁論の一体性という。

(2) 口頭弁論の諸原則　①　公開主義　訴訟の審理・裁判を誰もが自由に傍聴することを許すことを公開主義という。公開主義は、衆人監視の下で審理を進めることにより裁判の公正を保障し、裁判に対する国民の信頼を確保することを目的としている。憲法82条1項は、「裁判の対審及び判決」を「公開法廷で」行うことを定めているが、このことは民事訴訟に関しては、口頭弁論（証拠調べおよび判決の言渡しを含む）を公開して行うことを意味する（非訟事件の審理が非公開で行われることにつき14頁参照）。口頭弁論に備えて争点および証拠を整理するための弁論準備手続（168以下。142頁参照）は非公開であるが、裁判所は相当と認める者の傍聴を許すことができ、また、当事者が申し出た者については手続を行うのに支障を生ずるおそれがあるときを除き、傍聴を許さなければならない（169Ⅱ）。合議体で審理をする場合に行われる評議（合議）は公開されない（裁75）。

口頭弁論の公開が公序良俗に反すると裁判所（合議体の場合は裁

判官全員）が判断した場合には，非公開とすることができる（憲82Ⅱ）。しかしこの場合でも判決の言渡しは公開しなければならない（裁70）。人事訴訟では，当事者・法定代理人または証人の尋問を非公開とできる場合がある（人訴22）。それは，これらの者が身分関係の形成または存否の確認の基礎となる事項で自己の私生活上の重大な秘密にかかるものについて尋問を受ける場合に，公開の法廷での陳述により社会生活を営むのに著しい支障を生ずることが明らかであるため十分な陳述をすることができず，かつ，その陳述がないと他の証拠だけでは適正な裁判をすることができないとき，である。また，特許権または専用実施権の侵害にかかる訴訟，不正競争による営業上の利益の侵害にかかる訴訟などにおいても，営業秘密の保護のために，類似の要件の下で，当事者本人尋問および当事者の使用人などの証人尋問の公開を停止することが認められている（特許105の7, 不正競争13など）。

なお，訴訟記録の閲覧が原則的に自由とされていること（91Ⅰ）も公開主義と密接に関連する。したがって非公開とされた（憲82Ⅱ）口頭弁論に関する訴訟記録は，当事者および利害関係を疎明した第三者に限り閲覧できる（91Ⅱ）。また，口頭弁論が公開された場合であっても，訴訟記録中に当事者の私生活についての重大な秘密が記載されていて第三者が閲覧等をすることによって当事者の社会生活に著しい支障を生ずるおそれがあるとき，および訴訟記録中に当事者の保有する営業秘密（不正競争2Ⅳ）が記載または記録されている部分があるときは，裁判所は，当該当事者の申立てに基づいて，決定により，当該部分の閲覧等を請求できる者を当事者に限ることができる（92, 規34）。

口頭弁論の公開の有無は手続上重要な事項であるので，口頭弁論に係る電子調書（149頁参照）に記録しなければならない（規66

Ⅰ⑥)。公開すべきであるのに公開しなかった場合には，そのことだけで上告が許される (絶対的上告理由。312Ⅱ⑤。292頁参照)。

②　双方審尋主義　　口頭弁論は，当事者双方の出席 (これを対席という) の下で裁判所が双方の言い分を十分に聴くことにより行われる。これが双方審尋主義である。このことを実質的に保障するため，当事者が口頭弁論に出席して訴訟活動をすることが期待できない場合には，審理は停止される (訴訟手続の中断・中止。150頁以下参照)。しかし常に双方が出席しなければ口頭弁論を実施できないというわけではなく，当事者双方に出席の機会が与えられていれば，たとえ当事者の一方が欠席しても，口頭弁論を実施することができる (158参照。証拠調べおよび判決言渡しは双方欠席でも行うことができる。183・251Ⅱ)。

なお，当事者公開という用語が公開主義との関係で使われることがある。それは，当事者がそれぞれ別個に裁判官から事情聴取を受けるのではなく，双方が対席して証拠調べを含む口頭弁論に参加する機会が保障されることであり，双方審尋主義と同義である。弁論準備手続は非公開であるが，当事者双方が立ち会うことのできる期日で行われる (169Ⅰ)。

③　口頭主義　　処分権主義および弁論主義の下では，裁判所は，当事者が申し立てた事項だけを，しかも当事者の提出した資料のみに基づいて，判断することになる。さらに，当事者の申立ておよび資料の提出は，口頭弁論の場において口頭で陳述した場合に限り意味をもち，判決の基礎となる。これが口頭主義である。口頭による陳述は，書面によるのに比べて，裁判官に生き生きとした印象を与え，その場でただちに不明瞭な点を釈明 (114頁参照) できる利点があり，公開主義を実効あるものとするのにも役立つ，というのが口頭主義の根拠である。また，口頭主義は後述

する直接主義と結び付くことにより，両者の長所が生かされることになる。

(a) 補完手段としての書面　しかし，口頭による陳述は，重要な事項が脱落したり，陳述内容が複雑であると相手方当事者や裁判所に即座に十分に理解してもらえなかったり，陳述内容が時の経過とともに忘却されてしまう欠点がある。そこで法は，手続の基本となる重要な訴訟行為については，あらかじめ書面を作成し，それに基づいて口頭の陳述を行うことを要求している。訴え・上訴・再審の提起，訴えの変更，訴え・上訴の取下げがその例である（133Ⅰ・143Ⅱ・145Ⅳ・146Ⅳ・261Ⅲ・286・292Ⅱ・314Ⅰ・327Ⅱ）。口頭弁論につき準備書面（161。139頁以下参照）が要求されるのも同様の趣旨である。しかしこれらの場合でも，書面を提出すればそれで足りるわけではなく，口頭の陳述があってはじめて訴訟行為として効果が生ずる。

(b) 口頭主義の例外　口頭主義は必要的口頭弁論の原則と結び付いており，この原則が妥当しない場合（127頁参照）には，口頭主義も妥当せず，書面による審理が可能である。また，欠席した当事者の提出した準備書面が口頭での陳述に代用される場合がある（158。141頁参照）。

④　直接主義　判決は，基本となる口頭弁論に関与した裁判官が行わなければならない（249Ⅰ）。これを直接主義という。基本となる口頭弁論には証拠調べの期日も含まれる。口頭主義と結び付いて，裁判官が自ら当事者や証拠方法と直接接触して得た心証を重視する考え方である。この原則に違反して別の裁判官が判決をした場合は，法律に従って裁判所を構成しなかったことになり，この理由だけで上告および再審が許される（312Ⅱ①・338Ⅰ①）。

この原則を徹底すれば、裁判官が訴訟の途中で交代した場合（裁判官の更迭の場合）には、始めから審理をやり直さなければならないことになるが、それではあまりに不経済である。そこで、当事者が新たな裁判官に対してそれまでの口頭弁論の結果を陳述することによって、直接主義の要請を満たすものと擬制される（249Ⅱ。この規定に違反した場合も、絶対的上告理由となる。最判昭33・11・4民集12・15・3247〔*123*〕）。この手続は弁論の更新と呼ばれる。ただし、証人尋問については、直接尋問に立ち会うのと後から尋問に係る電子調書を読むのでは印象が相当異なるので、特に直接主義の要請が強く、当事者が求めるときは尋問をやり直さなければならない（249Ⅲ）。

受訴裁判所ではなく受命裁判官または受託裁判官が証人尋問を行う場合があるが（195）、この場合には直接主義は始めから放棄されている。

⑤ 集中審理・計画審理　集中（継続）審理とは、一つの事件の審理を開始から終結に至るまでできるだけ短期間に集中して実施し、口頭弁論期日が数回にわたる場合には期日と期日との間隔をできるだけ短くする審理方式である。伝統的には、わが国の実務では、同じ裁判官が複数の事件の審理を同時に進め、それに伴って各事件の口頭弁論期日はかなり長い間隔を置いて指定し、個々の期日は比較的短い時間とする方式（併行審理）が一般であり、集中審理方式はとられていなかった。その原因には、法曹人口や法曹の意識など複雑な要因があったと思われる。しかし、並行審理方式が、口頭弁論期日をきわめて形式的で内容の乏しいものにし（口頭主義の形骸化）、当事者も裁判所も緊張感を欠いた訴訟運営を招き、訴訟の紛争解決機能を低下させて、国民の裁判所離れを引き起こす一因となってきたことも事実である。また、口

頭主義・直接主義の長所を生かすには，裁判官の印象が鮮明なうちに判決をすることが望ましいし，審理期間の長期化は，各期日のたびに当事者および裁判所がそれまでの記録を読み返して準備をすることが必要となるので無駄である。

そこで，集中審理およびその前提としての口頭弁論の準備のための方策について，従来から立法および実務での運用改善の努力が繰り返されてきた。現行民事訴訟法が争点および証拠の整理手続を充実させ（141頁以下参照），その整理が終了した後に人証（証人および当事者本人）の取調べを集中して行うことを原則としていること（182，規100・101）も，集中審理主義を理想としていることの現れである。

この流れを受けて平成15年の法改正では，訴訟手続の計画的な進行をはかることが，裁判所および当事者の義務とされた（147の2）。また裁判所は，事件が複雑であることその他の事情により適正かつ迅速な審理を行うため必要があると認められるときは，当事者双方との協議を踏まえて，審理の計画（具体的には，争点および証拠の整理を行う期間，証人および当事者本人の尋問を行う期間ならびに口頭弁論の終結および判決の言渡しの予定時期）を定めなければならないものとされた（147の3。場合により，特定の事項について攻撃または防御方法の提出時期を定めることもできる。135頁参照）。

⑥　適時提出主義　(a) 意義　口頭弁論期日は数回にわたって開かれる場合もあるが，主張や証拠の申出（攻撃防御方法）について，特定のものを先にするという序列は定められていない。序列を設けると（法定序列主義），当事者が失権（後の期日には提出できなくなること）をおそれて無用な仮定的主張や証拠申出をして，かえって訴訟が複雑になり審理に手間取る危険が大きいからである。しかし，当事者が，口頭弁論の終結に至るまで，どの時点で

攻撃防御方法を提出するか，全く自由である（純粋な意味での随時提出主義。旧137参照）というわけではない。提出の時期を当事者の恣意に委ねることは，訴訟が不利に展開している当事者に訴訟の引延ばしのための恰好の手段を与え，その結果，相手方当事者の不利益だけでなく，裁判所の負担を増大し訴訟制度全体の効率を損ねるおそれがある。そこで，156条は，訴訟の進行に応じ適切な時期に攻撃防御方法を提出すべきものと規定する（適時提出主義）。このことは，当事者が訴訟追行にあたって遵守すべき信義誠実の原則 (2) からも引き出される規律である。また，裁判長が答弁書若しくは特定の主張を記載した準備書面の提出または特定の事項に関する証拠の申出をすべき期間を定めた場合に，その期間の経過後に準備書面の提出または証拠の申出をする当事者が，裁判所に対して，期間を遵守できなかった理由を説明することを義務付けられること（162Ⅱ）や，争点および証拠の整理手続の終了後に攻撃防御方法を提出する場合に，相手方当事者の求めがあるときは，整理手続の終了前に提出できなかった理由の説明が必要とされること（167・174・178）も，適時提出主義を具体化する規律といえる。

(b) 時機に後れた攻撃防御方法の却下　2条および156条という一般規定に加えて，より具体的な規律として，157条は，当事者がその故意または重大な過失により時機に後れて提出した攻撃防御方法を，それを審理すると訴訟の終結が遅延する場合には，却下する権限を裁判所に与えた。時機に後れたとは，実際に提出した時点より前に提出することが可能であり，またその機会があった，ということである。控訴審においては，第一審以来の口頭弁論全体を通じて判断され，控訴審の第1回期日に提出したとしても時機に後れたと判断される可能性がある（大判昭8・2・7民集

12・159)。当事者の故意または重大な過失の有無は，当事者の法律知識，訴訟の経過，問題となった攻撃防御方法の内容・性質（最判昭46・4・23判時631・55〔*124*〕）などを考慮して，判断しなければならない。

さらに，審理の計画（133頁）に基づいて，特定の事項についての攻撃または防御の方法を提出すべき期間が定められている場合には，規律はより厳格である（157の2）。裁判所は，期間の経過後の提出により審理の計画に従った訴訟手続の進行に著しい支障を生ずるおそれがあるときは，攻撃または防御の方法を却下することができ，当事者が却下を免れるためには，期間内に提出できなかったことについて相当の理由があることを疎明しなければならない。

(c) 一時的な提出制限　準備書面に記載していない攻撃防御方法は，相手方当事者が欠席した場合には提出することができないが（161Ⅲ），この制限は一時的なものにとどまり，次の期日には提出する機会が与えられる。裁判所の訴訟指揮により口頭弁論の対象が特定の争点や訴訟上の請求に限定されることがあるが（弁論の制限。152Ⅰ），この場合も限定された点に関係のない攻撃防御方法は，この措置がとられている限り提出できない。さらに，中間判決（245）がなされた場合は，その対象とされた攻撃防御方法は，以後その審級においては解決済みとされ新たな提出はできなくなるが，上訴審においてはこのような制約はなくなる。

訴訟審理の充実・促進をめざして

① 口頭弁論の準備の重要性
訴訟手続（特に終局判決）による紛争の解決の質および実効性を，内容の面でも費やした時間・労力等の点でも高めるには，充実した審理が迅速になされることが不可欠であり，審理の中心である口頭弁論の手続が能率良く行われること

が重要である。それには、当事者および裁判所が口頭弁論期日に行われる訴訟行為の内容（事実の主張、証拠の申出、証拠調べの実施など）を事前に知り、対応を考えて期日に臨み、期日において裁判所の適切な訴訟指揮の下に当事者の攻防がきちんと嚙み合うこと、さらには、訴訟の結果を左右する争点がどこにあり、それをどのような証拠によって確定するのか、について当事者・裁判所が共通の認識をもち、目標を明確にして手続を進めてゆくことが必要である。

② 旧法下の訴訟運営の問題点と実務改善運動　口頭弁論の準備ないし争点および証拠の整理の重要性は、古くから認識され、この点に関連して旧民事訴訟法はいくたびか改正されてきたが、十分な成果があがらなかった。当事者も裁判所も準備が不十分のまま、内容が乏しく緊張感を欠く口頭弁論期日が、かなりの間隔を置いて繰り返され、焦点の絞られない証拠調べ（特に証人尋問）が行われて（五月雨型審理、漂流型審理）、審理が長期化し、事案の解明度も必ずしも高くない、と批判された。しかし、昭和の末期ごろから、このような状況を改善しようとする動きが、裁判所を中心に組織的に行われるようになり、成果をあげつつあった。「弁論兼和解」という審理方式の工夫（裁判所内で法廷以外の小部屋を利用して、当事者および裁判官が実質的な討論をしながら本来の口頭弁論に向けた準備段階として争点の整理をし、同時に和解による解決も試みる方式）、新様式判決書（判決書の事実欄について、従来のように証明責任の分配に従って要件事実を網羅的に記載することをやめ、事件の争点を中心に記載することによって、当事者にとってわかりやすく、また裁判官の判決書作成の負担を軽減して各期日の準備と実施とに執務のウエイトを移せるように工夫をした判決書）、ラウンドテーブル法廷（裁判官が一段高いところに座り、原告・被告も距離を置いて対座する従来の法廷に代えて、裁判官と当事者とが一つのテーブルを囲んで着席する方式）、集中証拠調べ（同一期日に複数の証人の尋問を実施する方式）などであった。

③ 現行民事訴訟法の制定　旧法の欠点を克服し、また旧法下での実務改善運動の成果を踏まえて、争点中心審理および集中審理の実

現のための制度を整備し，訴訟審理の充実・促進をはかることは，平成8年の民事訴訟法全面改正の最重要課題の一つであった。準備書面については，基本的には旧法を引き継いでいるが（161Ⅰ），その記載の充実および早期の提出・交換を狙って，具体的かつ詳細な規律が民事訴訟規則でなされている（規79～83の2）。また，争点整理のための手続については，従来の準備手続の欠点を克服し，弁論兼和解方式の長所を取り入れ，かつその問題点（公開や当事者双方の対席が保障されていないことなど）が解消され，メニューが多様化された。準備的口頭弁論（164～167, 規86・87），弁論準備手続（168～174, 規88～90），書面による準備手続（175～178, 規91～94）の3種類が用意され，裁判官が個々の事件にふさわしい手続を選択できるようになっている。また，当事者と裁判所とが口頭弁論期日外で訴訟の進行等につき協議をするための進行協議期日という制度も設けられた（規95～98）。そして，当事者が口頭弁論の準備を十分にするには，早期に必要な情報・資料を収集できる手段が必要との見地から，新たな手続として，当事者照会制度（163, 規84）が導入された。

　④　平成15年の法改正　　平成15年の民事訴訟法改正は，上述の方向をさらに進め，訴えの提起前の当事者照会および証拠収集の処分の制度を新設し（39頁以下，145頁），また計画審理を当事者および裁判所に義務付けた（133頁）。他方で，すべての訴訟の第一審の手続を原則として2年以内のできるだけ短い期間で終了させることを目標に掲げ，充実した手続の実施，これを支える制度および体制の整備を国の責務として明記するなどの内容をもった，「裁判の迅速化に関する法律」も制定され，訴訟審理の充実・促進に向けてわが国が本格的に取り組む姿勢が明確にされた。そして，この法律の下で，最高裁判所は，「裁判の迅速化に係る検証に関する検討会」を設置し，総合的，客観的，多角的に検証作業を行って，2年ごとにその結果を公表している。地方裁判所の民事第一審通常訴訟事件の平均審理期間は，現行法施行後しばらくの間は短縮傾向にあったが，近時はふたたび長期化する傾向にある。平成9年が10か月，令和4年が10.5か月とい

う数字は，かつてに比べて複雑で解決困難な事案が増えていることを考慮しても，審理期間の短縮がなかなか難しいことを物語っている。口頭弁論期日の回数は減っているものの，弁論準備手続期日が相当期間にわたって繰り返されるなどの問題が指摘されている。

⑤　令和4年の法改正　令和4年の法改正は，急速に進歩を遂げているIT技術を利用して，当事者の利便性を高め，訴訟審理の充実・促進を図るものである。口頭弁論期日については，裁判所および当事者双方が映像と音声の送受信により相手の状態を相互に確認しながら通話できる方法（以下，「ウェブ会議」という）による方法で，裁判所に出頭することなく，手続を行うことが可能となった（87の2）。また，弁論準備手続の期日において，当事者双方につき電話会議（後述142頁）の利用が可能となった（170Ⅲ。改正前の「当事者が遠隔の地に居住しているとき」という例示規定は削除された）。参考人等の審尋期日においても，電話会議の利用が認められる（187Ⅲ）。専門委員についても，電話会議による手続関与が広く許される（92の2Ⅱおよび92の3。改正前の「専門委員が遠隔の地に居住しているとき」という例示規定が削除された）。証人尋問または当事者尋問の手続について，ウェブ会議の利用を認める要件が緩和され，証人・当事者本人の出頭が困難な場合，証人・当事者本人が圧迫を受け精神の平穏を著しく害されるおそれがある場合のほか，当事者に異議がない場合にも，利用できる（204③）。ウェブ会議の利用は，検証（232の2），裁判所外での証拠調べ（185Ⅲ）においても，可能となった。鑑定人の意見陳述の方法として，書面の提出に代えて，オンラインでの提出または電磁的記録を記録した記録媒体を提出する方法が認められる（215Ⅱ）ほか，ウェブ会議の利用の要件が緩和された（215の3。「鑑定人が遠隔の地に居住しているとき」という例示規定が削除された）。さらに，和解による解決の促進のための方策として，当事者が裁判所に出頭せずに，電話会議を利用して手続を進めることが可能とされ（89Ⅱ～Ⅴ），また，和解条項案の書面による受諾の手続を当事者双方が裁判所に出頭することなく（198頁参照）行うことも可能となった

(264)。なお，IT化とは無関係であるが，準備書面の提出または証拠の申出をすべき期間が裁判長により定められた場合に，その期間の経過後に提出または申出をする当事者は，定められた期間を遵守できなかった理由を説明しなければならないこととされた（162Ⅱ）。また，当事者の申出に基づいて，手続が開始してから6か月以内に口頭弁論を終結し，終結から1か月以内に判決を言い渡す手続（法定審理期間訴訟手続。381の2～381の8）が新たに設けられたことが注目される（318頁）。

(3) 口頭弁論の準備　口頭弁論を能率良く実施し，集中審理を実現するためには，当事者双方および裁判所が次の期日に行われる訴訟行為の内容を事前に知って，対応を考えておく必要がある。口頭弁論の準備と呼ばれる作業がそれである。民事訴訟法は，そのために事前に準備書面の提出・交換を要求している（161Ⅰ）。また，必要があれば，準備のための特別の手続を実施することとしている（164～178）。さらには，口頭弁論における審理を充実させる目的で，期日外で裁判所と当事者とが訴訟の進行につき必要な事項を協議するための特別な期日（進行協議期日）も用意されている（規95～98）。この他，当事者の準備活動を助けるために当事者照会制度（163）が用意されている。

① 準備書面　(a) 記載事項　準備書面には，次の口頭弁論の期日に行う訴訟行為の内容，すなわち攻撃または防御の方法（主張および証拠の申出）ならびに相手方の請求および攻撃または防御の方法に対する陳述を記載する（161Ⅱ）。訴状の送達を受けた被告が最初に提出する準備書面を答弁書といい，請求の趣旨に対する答弁，訴状に記載された事実に対する抗弁事実，立証を要する事実に関連する事実（間接事実）で重要なものおよび証拠が記載される（規80）。準備書面に事実についての主張を記載する

場合は，できる限り，請求を理由付ける事実，抗弁事実または再抗弁事実（主要事実）の主張とこれらに関連する事実（間接事実。112頁参照）の主張とを区別して記載しなければならず（規79Ⅱ），かつ，立証を要する事由ごとに，証拠を記載しなければならない（規79Ⅳ）。また，相手方の主張する事実を否認する場合には，その理由を記載しなければならない（規79Ⅲ）。なお，訴状に必要的記載事項（133Ⅱ）の他に攻撃または防御の方法が記載されている場合は，準備書面を兼ねるものと扱われる（規53Ⅲ）。

　(b)　提出および直送　　当事者は，前もって相手方がそれに対応する時間的余裕を与えて準備書面を裁判所に提出し（規79Ⅰ），並行して，相手方当事者に直送しなければならない（規83）。準備書面に記載すべき事項を，電子情報処理組織を使用して，裁判所のサーバーのファイルに記録する方法でも提出は可能である（132の10）。裁判長は準備書面提出の期間を定めることができる（162Ⅰ）。提出期間が定められた場合，裁判長の命を受けた裁判所書記官により，提出が促される（規83の2）ほか，提出期間の経過後に準備書面を提出する当事者は，裁判所に対して，期間を遵守できなかった理由を説明しなければならない（162Ⅱ）。直送の具体的方法としては，ファクシミリ送信が多用されているが，郵便，宅配便，直接の手渡しなど，書類の写しの交付のための様々な方法が許される（規47）。裁判所のサーバーのファイルに記録する方法で準備書面を提出する場合は，直送は，その電磁的記録に記録されている事項を出力して作成した書面またはその電磁的記録を記録した記録媒体を，相手方当事者に交付して行う（規47の2Ⅰ・47Ⅲ①②）。もっとも，相手方当事者が電子情報処理組織により送達を受ける旨の届出をしている場合は，準備書面に記載すべき事項を裁判所のサーバーのファイルに記録すれば，自

動的に相手方当事者の閲覧等が可能な状態になり，そのことが相手方当事者に通知されることになるので，これにより直送がなされたことになる（規47の2Ⅰ・47Ⅲ③）。なお，直送の費用は訴訟費用にはあたらず，勝訴した場合でも相手方当事者に費用の償還を請求することはできない（最決平26・11・27民集68・9・1486）。

(c) 不記載・不提出の効果　準備書面に記載しなかった事実は，相手方当事者が在廷しない（欠席した）場合には主張することができない（161Ⅲ）。主張を許すと相手方に対して不意打ちになるおそれがあるからである。この事実には証拠の申出も含まれると解される。単に相手方当事者の主張を争うにすぎない主張（否認または不知）はこれに含まれないと考えられる。自己の主張を相手方当事者が争うことは当然に予想できるからである。逆に，準備書面を提出しておくと，第一回口頭弁論期日においては，欠席しても，その内容を陳述したものと扱われる（158。口頭主義の例外）。簡易裁判所の訴訟手続では，続行された口頭弁論期日にもこの取扱いが適用され（277），書面審理が可能となっている（310頁参照）。

② 争点および証拠の整理手続　(a) 意義　争点の整理とは，各当事者の主張につき相手方の認否を明らかにするだけでなく，勝敗に関係のない枝葉末節的な主張については撤回したり自白することで，証拠調べで判断すべき争点を限定することを重要な使命とする。証拠の整理とは，各当事者が口頭弁論で申出を予定する証拠方法を明らかにするだけでなく，証拠価値の少ないものについては適宜撤回するなどして，証拠調べの対象を限定することも含まれる。手続としては，準備的口頭弁論（164～167），弁論準備手続（168～174），書面による準備手続（175～178）の三つが用意され，裁判所が事件に応じて，場合によっては当事者の意

見を聴いた上で (168・175)，裁量により適切な手続を選択することとなる。なお，争点および証拠の整理のためには，一部の証拠方法特に文書についての証拠調べを先行的に行うことが妥当な場合もあり，書面による準備手続を除き，そのような証拠調べ自体の実施も許されている。

(b) 準備的口頭弁論　　口頭弁論を 2 段階に区切り，争点および証拠の整理をまず行う方法である。口頭弁論の一種であるから，争点および証拠の整理に必要な限りでは，証拠調べや中間的裁判を行いつつ整理を行うことも可能である。この手続を終了する場合は，後述のように証拠調べによって証明すべき事実を裁判所と当事者との間で確認し (165)，集中的な証拠調べを目的とする口頭弁論に移行することになる。

(c) 弁論準備手続　　争点および証拠の整理を目的とする特別な手続であり，当事者の意見を聴いて，この手続に付する裁判をした上で実施される。この期日は，口頭弁論ではないので公開の必要はないが，当事者双方の立会い(対席) が保障され，裁判所が相当と認める者および当事者が申し出た者の傍聴が許される (169)。なお，当事者が申し出た者については，手続を行うのに支障を生じるおそれがあると認める場合を除き，必ず傍聴を許さなければならない (169 II 但書)。裁判所の訴訟指揮，釈明，攻撃防御方法の提出時期，最初の期日に当事者の一方が欠席した場合の陳述の擬制，擬制自白，弁論準備手続に係る電子調書などについての規律は，口頭弁論と同様である (170 V，規 88)。裁判所が，当事者の意見を聴いたうえで相当と認めるときは，裁判所および当事者双方が音声の送受信により同時に通話することができる方法 (電話会議〔トリオフォン〕)を利用して手続を進めることもできる (170 III，規 88 II)。弁論準備手続においては，裁判所は，証拠

の申出に関する裁判その他の口頭弁論の期日外ですることができる裁判をしたり，文書の証拠調べや電磁的記録に記録された情報の内容に係る証拠調べなどをすることもできる（170Ⅱ）。当事者が，訴訟手続を終了させる行為（訴えの取下げ，和解，請求の放棄・認諾）をすることもできる。合議事件の場合には合議体の一員である裁判官（受命裁判官）に手続を実施させることができる（171Ⅰ）。当事者双方の申立てがあるときは，裁判所は弁論準備手続を打ち切らなければならない（172但書）。

(d) 書面による準備手続　前二者とは異なり，当事者の出頭なしに準備書面の提出等によって整理を行う方式であり，裁判所が相当と認めるときに，当事者の意見を聴いて，この手続に付する裁判をした上で実施される（175）。手続の実施は裁判長のほか，受命裁判官に行わせることもできる（176の2。令和4年改正前は，裁判長および高等裁判所の受命裁判官に限定されていた）。この手続も電話会議で実施することが可能である（176Ⅱ，規91）。書面による準備手続を行う場合には，裁判長は，準備書面等の提出期間（162）を定めなければならない（176Ⅰ）。

(e) 整理手続の終結および口頭弁論との関係　準備的口頭弁論の終了，弁論準備手続の終結に際しては，その後の証拠調べによって証明すべき事実を裁判所と当事者との間で確認しなければならない（165Ⅰ・170Ⅴ）。確認は口頭でも足りるが，裁判所が相当と認めるときは電子調書に記録させなければならない（規86Ⅰ・90）。当事者に当該手続における争点および証拠の整理の結果を要約した書面を提出させる方法によることもできる（165Ⅱ・170Ⅴ，規86Ⅱ・90）。書面による準備手続の場合は，この点の確認はこの手続終結後の口頭弁論の期日においてなされ（177），証明すべき事実が口頭弁論に係る電子調書に記録される（規93）。

もっとも，書面による準備手続の中で，当事者に争点および証拠の整理の結果を要約した書面を提出させる方法によることもできる（176Ⅲ・165Ⅱ，規86Ⅱ・92）。弁論準備手続によった場合は，当事者は，その結果を口頭弁論において陳述しなければならず（173），特にその後の証拠調べによって証明すべき事実を明らかにしなければならない（規89）。

準備的口頭弁論の終了または弁論準備手続の終結後に新たに攻撃防御方法を提出した当事者は，相手方当事者の求めがあるときは，終結前にこれを提出できなかった理由を説明しなければならない（167・174）。説明は，期日において口頭でする場合を除き，書面または電磁的方法でしなければならない（規87）。書面による準備手続の後に口頭弁論で証明すべき事実が確認され，または当事者の提出した整理結果の要約書面が陳述された後の攻撃防御方法の提出についても，同様に規律されている（178，規94）。理由の説明がなされないときや，合理的でないときは，多くの場合，裁判所は157条によって攻撃防御方法を却下できることになろう。

③　進行協議期日　　口頭弁論における審理を充実させる目的で，口頭弁論の期日外で裁判所と当事者とが，口頭弁論における証拠調べと争点との関係の確認その他訴訟の進行につき必要な事項を協議するための特別な期日である（規95）。事件の内容について審理ないしその準備をする期日ではないから，この期日において，和解をすることはできないが，訴えの取下げ，請求の放棄・認諾は可能である（規95Ⅱ）。当事者が現実に出頭することなく，電話会議でこの期日を実施することも可能である（規96）。期日は裁判所外でも行うことができる（規97）。受命裁判官にこの手続を行わせることもできる（規98）。

④　当事者照会　　当事者は，訴訟の係属中，相手方当事者に

対して，主張または立証を準備するために必要な事項について，照会書を送付し，相当の期間内に書面（回答書）で回答するよう，求めることができる（163, 規84）。回答の方法として，相手方当事者に書面または電磁的方法の選択を許す照会もできる（163Ⅰ，規84Ⅱ⑨）。相手方当事者の承諾を得て，照会書に代えて，電磁的方法により照会をすることも可能である（163Ⅱ）。ただし，具体的または個別的でない照会（規84Ⅳ参照），相手方を侮辱しまたは困惑させる照会，既にした照会と重複する照会，意見を求める照会，回答に不相当な費用または時間を要する照会，相手方が証言拒絶権を有する事項と同様の事項についての照会は，許されない。照会には相手方当事者に対する強制力はない。もっとも，正当な理由もないのに回答しなかったり，虚偽の回答をしたりした場合は，そのことによって増加した訴訟費用の負担を命ぜられたり（63参照），事実認定に当たってそのことが弁論の全趣旨（247）として考慮されたり，弁護士である訴訟代理人がこのような態度をとった場合には弁護士倫理違反が問われる可能性はある。間接的な措置を通じて，任意の回答を促す制度ではあるが，運用次第では，口頭弁論の充実に大いに役立つものと期待されている。

⑤　訴えの提起前の照会および証拠収集の処分　　以上で述べてきたように，民事訴訟法は，訴訟審理の充実・促進のために，口頭弁論の準備段階を重視し，また当事者の証拠収集手段の拡充をはかっている。しかし，それだけでは不十分であり，訴えを提起しようとする者に，訴えの提起前にも，相手方または第三者から，証拠を収集することを制度的に可能にする必要がある。平成15年の法改正が，訴えの提起前の照会および証拠収集の処分の手続を設けたのは，この点に応えるものである（132の2以下。39頁以下参照。なお，この手続が，訴訟前に当事者間で紛争解決に向けて

の交渉をするきっかけを提供することにもなる，という副次的効果も期待できよう）。

(4) 口頭弁論の実施 ① 実施の方法　口頭弁論の期日における手続は，当事者が裁判所に出頭して行うほか，裁判所が相当と認めるときは，当事者の意見を聴いたうえで，ウェブ会議で行うことが可能である（87の2，規30の2）。

② 当事者の訴訟行為　(a) 攻撃防御方法　口頭弁論の中心となるのは，当事者が本案について行う，申立て，主張，挙証という3段階の訴訟行為である（その具体的内容については，98頁参照）。これらを攻撃防御方法と総称するが，(b)に述べる行為と対比して取効的訴訟行為ともいう。これらの行為は，裁判所に対して判決を求め，またはその資料を提供するものであり，判決を得てはじめて本来の効力を発揮するものである。

訴訟において相殺，意思表示の取消し，契約の解除，建物の買取請求など実体私法上の形成権が問題となることがある。これらの形成権はもちろん訴訟外で行使することも可能であり，その場合はその結果生じた法律関係の変動が訴訟で主張されることになる。問題は当事者が直接，訴訟の中で形成権を行使した場合である。この行為をめぐっては，訴訟外で行われた場合と同様の私法上の行為であるのかそれとは全く別の訴訟行為であるのか，その規律は実体私法によるのか訴訟法によるのか，さらに，訴えの取下げ，訴えの却下，攻撃防御方法の却下などにより形成権の行使が裁判所による判断を受けずに終わった場合に私法上は行使の効果が残るのか否か，など議論が多い。

(b) 訴訟法律行為（与効的訴訟行為）　これに対して，裁判を介することなく直接に訴訟法上の法律効果を生ずる行為がある。訴訟法律行為または与効的訴訟行為と呼ばれるが，これはさらに

単独行為と訴訟上の合意（訴訟契約）とに分けられる。単独行為としては，主張や証拠申出の撤回，訴えや上訴の取下げ（261・292・313），請求の放棄・認諾（266，規67 I ①），訴えの取下げに対する同意（261 II），責問権の放棄（90），上訴権の放棄（284・313）などがある。訴訟上の合意としては，管轄の合意（11），担保提供方法に関する合意（76但書），訴訟上の和解（267），飛越上告の合意（281 I 但書），仲裁合意（仲裁2・15～17），などが法律で認められている。さらに法律に規定されていない場合に，当事者が訴訟法上の法律効果を発生する意図で合意をすることが許されるか，また許されるとして合意にどのような法律効果を認めるか，議論がある。問題とされる例としては不起訴の合意，不控訴の合意，訴え取下げ契約（最判昭44・10・17民集23・10・1825〔*125*〕），証拠制限契約（東京地判昭42・3・28判タ208・127〔*126*〕），不執行の合意（最判平5・11・11民集47・9・5255〔*127*〕，最決平18・9・11民集60・7・2622）などがある。

(c) 訴訟行為の法的規律　　(a)の攻撃防御方法（取効的訴訟行為）には，訴訟法独自の規律が働く。民法の意思表示の瑕疵に関する規定は適用されず，その反面で撤回が自由である（もっとも，訴えの取下げや自白の撤回のように相手方当事者の利益を保護する必要がある場合は制限される）。また，貸金請求訴訟の被告が，借りた覚えはない（消費貸借契約の成立の否認）といいながら借りたとしても返した（弁済）と主張するように，ある事実の主張が裁判所に認められない場合に備えてそれとは両立しない別の事実を主張すること（仮定的主張）が許される。裁判所は，本来の主張より先に仮定的主張について審理判断してもよい。どちらの主張が認められても請求棄却判決を得られる点で，被告にとっては同じであるからである。しかし，被告が弁済を主張しそれが認められな

い場合に備えて相殺を主張する場合には，相殺は反対債権を犠牲にするので被告にとって弁済よりも不利であるから，裁判所はまず弁済の事実があるか否かを審理判断しなければならない。区別のため，この場合を予備的主張と呼ぶ見解もある。

(b)の与効的訴訟行為についても，意思表示の瑕疵に関する民法の規定の適用を否定するのが従来の通説であった。しかし，詐欺・脅迫など刑事上罰すべき他人の行為によってなされた訴訟行為については，再審の規定（338 I ⑤）を類推して，訴訟行為の無効を主張できるとする見解が有力である（最判昭46・6・25民集25・4・640〔*128*〕）。さらに，訴訟外で行われる行為については，それが私法上の契約に付随してなされる場合も多いので（たとえば，管轄の合意），民法の規定を類推適用すべきであるとする説も主張されている。

③　裁判所の訴訟指揮　　口頭弁論は，裁判所（合議体の場合には裁判長）の指揮の下で実施される。裁判所は，原告の訴状，被告の答弁書，それに続く当事者の準備書面を陳述させ，争いがある点については，当事者の申し出た証拠のうち必要と判断するものにつき証拠調べを行い，判決をするに熟する（243 I）と判断した時点で口頭弁論を終結する。いったん終結しても審理が不十分であることに気が付いた場合には，口頭弁論を再開することができる（153）。審理の整序のためには中間判決（245。なお210頁参照）によって特定の争点についての判断を先に示すこともできる。ある口頭弁論期日の審理を複数の争点のうち特定の争点に限定すること（弁論の制限），複数の事件を同一の口頭弁論によって審理すること（弁論の併合），および複数の事件が同時に審理されている状態を解消し別個に審理すること（弁論の分離）の措置も可能である（152 I）。

口頭弁論の内容は，裁判所書記官により，口頭弁論に係る電子調書に記録される（160）。公開，証人の宣誓など口頭弁論の方式に関する規定が遵守されたか否かについては，口頭弁論に係る電子調書の記録のみが絶対的な証拠方法として認められる（160Ⅳ）。証人，当事者本人または鑑定人の陳述については，裁判長の許可を得て，陳述の録音または録画により作成された電磁的記録をファイルに記録して，電子調書の記録に代えることも許されている（規68）。

⑸　**当事者の欠席の場合の措置**　①　一方の欠席　当事者の一方が欠席した場合（出席したが弁論をしないで退廷した場合も同じ）には，出席した当事者に訴訟行為を許し（ただし161Ⅲによる制限あり），欠席した当事者についてはそれまでに提出した資料に基づいて審理を進めることとなる。欠席したことだけで不利な扱い（欠席判決）がなされることはない。これを対席判決主義という。もっとも，欠席により相手方当事者の主張事実を自白したものとみなされる（擬制自白）可能性はある（159Ⅲ）。また，審理の現状および当事者の訴訟追行の状況によっては，出席当事者の申出によって，終局判決がなされることもある（244）。なお，最初の口頭弁論期日においては，欠席した当事者が提出していた準備書面に記載された事項は陳述したものと擬制される（158。141頁参照）。同様の効果は弁論準備手続においても認められる（170Ⅴ）。

　②　双方の欠席　当事者の双方が欠席した場合（出席したが弁論をしないで退廷した場合も同じ）は，審理を行うことができない。ただし，証拠調べおよび判決の言渡しは双方欠席の場合でも行うことができる（183・251Ⅱ）。欠席した当事者のどちらもその期日から1か月以内に期日指定を申し立ててこない場合，または当事者双方が連続して2回，期日に欠席をした場合には，訴えを

取り下げたものとみなされる (263)。当事者双方に訴訟追行の意欲がないと考えられるからである。もっとも裁判所は、審理の現状および当事者の訴訟追行の状況を考慮して、双方欠席の期日に口頭弁論を終結し、それまでに提出された資料に基づいて判決をすることができる (244。旧法下での最判昭41・11・22民集20・9・1914参照)。なお、裁判所は、欠席した当事者から期日指定の申立てがあったときは必ず新期日を指定しなければならないが、当事者の申立てをまたずに職権で新期日を指定することもできる。

③　争点および証拠の整理手続における欠席　　準備的口頭弁論または弁論準備手続の期日に当事者が出頭せず、または準備書面の提出もしくは証拠の申出をしないときは、裁判所はこれらの手続を打ち切ることができる (166・170Ⅴ)。

3——訴訟手続の停止

(1) **停止の制度**　① 種類　訴訟手続の停止とは、訴訟係属中に法律上訴訟手続を進行できない状態になることをいう。停止は主に、訴訟の追行ができなくなった当事者を保護するために設けられた制度であり、双方審尋主義を実質的に保障する趣旨に基づく。停止は、中断、中止およびその他の停止の3種に分けることができる。

② 効果　訴訟手続の停止中は、当事者も裁判所も訴訟行為をすることができない。ただし、口頭弁論終結後に停止した場合には裁判所は判決を言い渡すことはできる (132Ⅰ)。この段階ではもはや当事者の訴訟行為は必要ではなく、早く判決をすることが望ましいからである。しかしこの場合でも判決を送達することはできず、判決の確定は阻止される。停止中になされた訴訟行為は無効であり、その後停止が解消されても、当然には有効になら

ない。もっとも停止中に裁判所がした訴訟行為が当事者の責問権の放棄または喪失によって有効となる余地はある。裁判所が停止中にした裁判は，当事者が適法に代理されずに裁判を受けた場合に相当するので，そのことを理由に上告または再審によって取り消される（312Ⅱ④・338Ⅰ③）。停止中は期間の進行が止まり，停止の解消により改めて全期間が進行する。

(2) 中 断 ① 中断事由　　法定の事由の発生により訴訟手続が当然に停止する場合である。中断事由とされているのは，当事者の消滅すなわち自然人の死亡または法人の合併（124Ⅰ①②），当事者の訴訟能力喪失・法定代理権の消滅（124Ⅰ③），当事者の訴訟追行資格の喪失すなわち信託の任務終了または第三者の訴訟担当（109頁参照）の場合の訴訟担当資格の喪失（124Ⅰ④⑤），選定当事者の全員の死亡その他の事由による資格の喪失（124Ⅰ⑥），所有者不明土地管理命令の発令または同命令の取消し（125），当事者の破産（破44Ⅰ）または破産手続の終了（破44Ⅳ）である。しかし，中断は法律上訴訟追行ができない状態になった当事者を保護するための制度であるから，当事者が委任した訴訟代理人がいる場合には，上記の破産および破産の終了の場合を除き，中断しない（124Ⅱ）。

② 中断の解消　　中断は，当事者の受継申立てまたは裁判所の続行命令（129）によって解消する。受継申立ては，新たな当事者・訴訟追行権者，たとえば相続人，遺言執行者，合併により新たに設立された法人，法定代理人（124），破産管財人（破44ⅡⅤⅥ）などがするほか，相手方当事者もすることができる（126）。

受継申立てがなされたときは，裁判所は相手方に通知し（127），職権で調査した上で受継を許すか否かを判断する（128）。受継を許さない場合は決定をもって申立てを却下するが（128Ⅰ），許す

場合には申立人との関係で訴訟手続を再開すれば足り，必ずしも明示の決定は必要ではない。

③　中止　　天災その他の事故で裁判所が職務を行うことができない場合には，訴訟手続は当然に中止する (130)。当事者が伝染病で隔離されたとか裁判所への交通手段が途絶したとかの理由で訴訟追行が不可能になり，いつ回復するかわからない場合（不定期間の故障）には，裁判所は訴訟手続を中止できる (131)。この他，特別法には他の手続の進行をまつのが妥当であると裁判所が判断して民事訴訟の手続を中止できる旨の規定がある（民調規5，家事 275，裁判外紛争解決 26，特許 54 Ⅱ・168 Ⅱ）。なお，明文の規定がない場合にも，裁判所は裁量により先決関係にある他の訴訟が決着するまで訴訟手続を中止できる，という考え方が有力である。

④　その他の停止　　裁判官の除斥・忌避の申立てがあると，本案の訴訟手続は停止される（26。74 頁参照）。

Ⅲ　証　　明

1 ── 概　　念

(1) 証明　①　証明の必要性　　民事訴訟の裁判は，実体法規の適用により，権利義務の存否を判断して行う。実体法規を適用するには，その構成要件に該当する事実の存否を明らかにする必要がある。これが裁判所の事実認定と呼ばれる作業であり，事実認定のため必要な裁判官の心証の状態を証明という。証明の語は，裁判官にこのような心証を形成させるために行われる当事者の活動，つまり挙証・立証と同じ意味で使われることもある。

②　証明と疎明　　証明とは，裁判官がその事実の存在につき

確信を得た状態をいう。判決のための事実認定をするには，一般に証明が必要である。なお，損害額の認定については特則があり，損害の発生は証明されたが，損害の性質上その額を立証することが極めて困難であるときは，裁判所は，口頭弁論の全趣旨および証拠調べの結果に基づき，相当な損害額を認定することができる(248)。もっとも，この規定を損害額についての証明度を軽減したものとみるべきか，それとも損害額の認定につき裁判所の裁量を認めたものと解するべきか，議論が分かれている。この規定が具体的にどのような損害を想定したものか，慰謝料，死亡した幼児の逸失利益，火災により消失した家屋内の家財（動産）の損害額，独占禁止法に違反する価格協定による損害算定の前提としての想定購入価格（最判平元・12・8民集43・11・1259〔*129*〕参照）などにつき，議論があるが，なお意見は一致していない（最判平30・10・11民集72・5・477は，民訴法248条の類推適用を，金融商品取引法19条2項に基づく損害額減免の抗弁につき認めた。なお，同法21条の2第6項は，民訴法248条と同趣旨の規定である）。

　裁判官の心証が確信まで達しない場合は，真偽不明として証明責任の問題となる（162頁以下参照）。しかし，確信といっても一点の疑いも許さないような自然科学的証明は要求されず，事実が存在することの高度の蓋然性で足りる（最判昭50・10・24民集29・9・1417〔*130*〕）。

　これに対して，事実の存在が一応確からしいという程度の心証で十分とされる場合があり，疎明と呼ばれる。疎明は迅速性を重視する民事保全手続（仮差押・仮処分）において活用されているが（民保13Ⅱ），判決手続においても手続上の問題や派生的な問題では，疎明で足りるとされている場合がある（35Ⅰ・91Ⅱ・198，規10Ⅲなど）。なお，この疎明の語は，裁判官にこのような心証を形

成させるために行われる当事者の活動の意味で使われることもある。疎明においては，心証の程度が異なるだけではなく，そのために用いることのできる証拠方法が制限され，即時に取調べ可能な証拠方法に限られるという特色がある（188．次頁）。

③　厳格な証明と自由な証明　　本案の問題に関する証明は，法の許容する証拠方法を法の規定する手続に従って取り調べることで得られた資料に基づく必要がある。これを厳格な証明と呼ぶ。これに対して，職権調査事項（訴訟要件の大半がこれに当たる。98頁参照），上告審の職権調査事項（322），決定手続で審理される事項（任意的口頭弁論。127頁参照）などについては，必ずしも法定の証拠方法および手続によらなくともよいと考えられている。法規や経験則につき証明が必要である場合（157頁参照）も同様である。これを自由な証明と呼ぶ。しかし自由な証明といっても，裁判官が確信に達することが必要であって疎明とは異なるし，裁判官が訴訟外で得た資料（私知）に基づいて裁判することはできない。

(2)　**証　拠**　　①　証拠方法・証拠資料・証拠原因　　証明は原則として証拠に基づく。証拠という言葉は厳密には次の三つの意味をもっている。第1は，証拠方法の意味であり，裁判官が五官の作用によって取調べをする対象となる有形物をさす。これはさらに，証人・鑑定人・当事者という人証と，文書・検証物からなる物証（厳密には有体物ではないが，電磁的記録も物証といえる）とに分けることができる。第2は，証拠資料の意味であり，証拠方法の取調べによって裁判官が感得した内容をいう。証人の証言，鑑定人の鑑定意見，当事者の供述，文書の記載内容，検証の結果などがこれに当たる。第3は，証拠原因であり，裁判官が事実の存否につき確信を抱くに至った原因（根拠）をいう。

② 証拠能力・証拠力　特定の有形物を証拠方法として用いることができる資格を証拠能力という。民事訴訟では，人証，物証あらゆるものに証拠能力が認められ，刑事訴訟とは異なり，伝聞証拠も禁止されない。このように広く証拠方法を許容するのは，自由心証主義（160頁以下参照）の一環でもある。

例外として，訴訟上の代理権の証明が書面または電磁的記録によらねばならないこと（規15・23Ⅰ），口頭弁論の方式の遵守に関しては口頭弁論に係る電子調書が唯一の証拠方法となること（160Ⅳ），疎明の場合は即時に取調べ可能な証拠方法に限られること（188），手形・小切手訴訟では原則として書証および電磁的記録に記録された情報の内容に係る証拠調べだけが許されること（352Ⅰ・367Ⅱ），があげられる。窃取・横領された文書，無断で録音されたテープなど違法な手続により収集された証拠方法の証拠能力を否定すべきか，議論がある（東京高判昭52・7・15判時867・60〔*131*〕）。

証拠力とは，特定の証拠方法の取調べにより得られた証拠資料がその訴訟で事実認定にどの程度役立つか（信用できるか），という問題である。証拠価値とか信用性ともいう。この点についてもその評価は，具体的事件ごとの裁判官の判断にまかされている（自由心証主義）。なお，文書については，文書が名義人の意思に基づいて作成されたか否かという形式的証拠力（成立の真正）の問題（228）と，記載内容が信用できるかという実質的証拠力の問題とが区別される（177頁参照）。

③　証拠の種類　証拠には，前述の人証・物証といった証拠方法の存在形態による分類の他に，証明すべき事実や証明責任との関係で，以下の分類がある。

(a)　直接証拠・間接証拠　　主要事実（直接事実。112頁参照）

を証明するのに直接役立つ証拠を直接証拠というのに対して，間接事実または補助事実を証明するのに役立つ証拠を間接証拠という。

(b) 本証・反証　　当事者の一方が自ら証明責任（162頁以下参照）を負う事実を証明するために提出する証拠を本証，相手方当事者がこれを争うために提出する証拠を反証という。本証は裁判官に確信を抱かせるに至ってはじめてその目的を達することになるが，反証は裁判官の心証を動揺させ真偽不明の状態をもたらせば成功したことになり，裁判官に相手方当事者が証明責任を負う事実の不存在につき確信を抱かせる必要はない。

④　事実認定の資料　　裁判官が心証形成のために用いることのできる資料は，証拠調べの結果と口頭弁論の全趣旨とに限定されている（247）。証拠調べの結果とは，前述の証拠資料をいう。なお，弁論主義（110頁以下参照）は，証拠方法の提出につき当事者の支配権を認めるものであって，裁判官が得た証拠資料にまで当事者の支配権を認めるものではない。証拠資料の評価・活用は，自由心証主義（160頁以下参照）の問題である。

口頭弁論の全趣旨とは，審理の過程に現れた一切の模様・状況をいう。当事者および代理人の陳述の内容・態度だけでなく，裁判所が釈明処分としてした検証，鑑定，調査の嘱託の結果（151Ⅰ⑤⑥）なども含む。

証拠調べの結果と口頭弁論の全趣旨との間に優劣はない。どちらを重視するかも自由心証主義の問題であり，証拠調べをせずに口頭弁論の全趣旨だけから事実を認定してもよいし，二つが矛盾する場合に，後者を重視することもできる。しかし，証拠調べをしたのに，その結果を全く考慮せずに，口頭弁論の全趣旨だけから事実認定をすることはできない。

2——証明の対象

(1) 事　実　① 証明の対象としての事実　証明の対象は，第一次的には，実体法規の構成要件に該当する事実，つまり主要事実（直接事実）である。しかし，主要事実の存否が証拠から直接明らかにならない場合もあり，この場合には，間接事実から経験則の助けを借りて主要事実を推認すること（168頁）が必要になる。この意味で，経験則適用の前提となる間接事実も証明の対象となる。また，証拠の証拠能力および証拠価値を明らかにする補助事実も，同様に証明の対象となりうる。

② 法規および経験則　法規は原則として証明の対象ではない。法規の適用は裁判官の職責であり，裁判官は法規を当然に知っていることが前提となっている。しかしこのことは，国内の成文法については当然としても，外国法，地方の条例，慣習法については，必ずしも妥当しない。外国法等については証明の対象と考え，証拠調べの手続により（たとえば鑑定。175頁以下参照），当事者の関与の下で，法規の内容を明らかにするのが，裁判官の不完全な知識により不当な裁判がなされる危険を避けるために，必要であろう。

経験則は法規ではないが，裁判所の判断にとって，三段論法の大前提となる点では法規に類似する機能をもっている。その内容は，多岐にわたり，一般常識に属するものから専門家しか知ることのできない高度なものまでも含まれる。後者については，証明の対象とすることが，当事者に攻撃防御を尽くさせ公正な裁判を保障するために必要である。

(2) 証明を要しない事実　事実のうちでも，当事者間に争いのない事実（裁判上の自白，擬制自白）および顕著な事実について

は，証拠による認定は必要でない (179)。

① 裁判上の自白　　一般に自白とは，当事者の一方が自己に不利益な相手方の主張事実を認めることである。この陳述が口頭弁論または弁論準備手続においてなされた場合が，裁判上の自白である（規67Ⅰ①・88Ⅳ）。当事者が先に自己に不利益な事実を主張し，相手方がこれを援用したときも同様に扱われる（先行自白。大判昭8・2・9民集12・397〔*132*〕，最判昭35・2・12民集14・2・223〔*133*〕）。当事者の主張が全体としては対立していても，一致する部分については自白が成立する。

たとえば，貸金返還請求訴訟において，被告が金銭を受け取ったが借りたのではなく貰ったものだと主張する場合には，消費貸借契約の成立要件のうち，金銭の交付につき自白が成立し，返還の合意につき否認したことになる（理由付否認）。また，被告が借りたが返したと主張する場合には，消費貸借契約の成立につき自白すると同時に，弁済の事実を抗弁として主張したことになる（制限付自白）。このように当事者の陳述の一致が証拠による認定を排除するのは，弁論主義の要請であり（110頁参照），職権探知主義が妥当する手続（人訴20，非訟49）では自白は効力を認められない。

法規の解釈適用が裁判官の職責であることからすれば，法規の存在やその解釈につき当事者の主張が一致しても，自白とは認められない。問題は，権利や法律関係の存否自体につき当事者の主張が一致する場合である。対象が訴訟物自体である場合には，請求の放棄・認諾として訴訟の終了原因となる（267。205頁参照）。訴訟物たる権利主張の前提となる（先決的）権利または法律関係につき当事者の主張が一致する場合を，権利自白と呼ぶ。権利自白の取扱いについては争いがあり，権利自白の基礎にある事実の

自白に限って効力を認める考え方もあるが（最判昭30・7・5民集9・9・985〔*134*〕），当事者（または代理人）が内容を十分に理解してなした権利自白には事実の自白と同様の拘束力を認めるのが妥当である。

なお，事実に関しても，主要事実に限って自白の効力を認め，間接事実および補助事実についてはこれを否定するのが判例である（最判昭41・9・22民集20・7・1392〔*135*〕，最判昭52・4・15民集31・3・371〔*136*〕）が，これに対しては反対も多い。

裁判上の自白は，裁判所および当事者を拘束する。裁判所は，自白された事実をそのまま裁判の基礎としなければならず，証拠調べをすることはできないし，それと矛盾する事実を認定することもできない。自白をした当事者は，原則として自白を撤回できないが，自白の内容が真実に反し，かつ錯誤に基づいて自白をした場合には，撤回が許される（大判大11・2・20民集1・52〔*137*〕。なお，最判昭25・7・11民集4・7・316〔*138*〕）。相手方が撤回に同意した場合（最判昭34・9・17民集13・11・1372〔*139*〕），および詐欺・脅迫など刑事上罰すべき他人の行為により自白をするに至った場合（最判昭33・3・7民集12・3・469〔*140*〕）にも，撤回が許される。

② 擬制自白　当事者が積極的に自白したわけではないが，自己に不利益な相手方の主張を争う態度を明らかにしない場合，または口頭弁論期日に欠席した場合（ただし，期日の呼出しが公示送達によっているときは別）には，自白したものとみなされる（擬制自白。159・170 V。最判昭43・3・28民集22・3・707〔*141*〕参照）。擬制自白も自白と同様に裁判所を拘束するが，当事者に対する拘束力はない。当事者は，その後の口頭弁論期日において，相手方の主張事実を争うことができる。しかし，そのことが時機に後れ

た攻撃防御方法として157条により制限される可能性はある。

③ 顕著な事実　顕著な事実には，公知の事実と裁判所に顕著な事実とがある。公知の事実とは，歴史上の著名事件，天災，大事故など一般人に広く知れわたっている事実をいう。もっとも，公知の事実であっても真実に反する場合もあるから，その旨の反証は許される。裁判所に顕著な事実とは，審理を担当している裁判官が職務の執行上知ることができた事実であり，別の事件につき自らした裁判や，その裁判所で公告された破産手続開始決定などを指し，裁判官が職務外で知った事実は除外される。これらの事実につき証拠による証明が不要とされているのは，客観的に公正な事実認定が保障されているからである。

3── 自由心証主義

(1) 意　義　裁判所の事実認定は，口頭弁論の全趣旨および証拠調べの結果を斟酌して自由な心証により行うものとされている（247）。これを自由心証主義という。過去においては，たとえば，ある事実の認定は必ず書証によらなければならないとか，二人の証人の証言が一致しなければならないとか，証拠方法の証拠能力や証拠力をあらかじめ法律で定めておく方式（法定証拠主義）であったが，訴訟の争点となる複雑な社会事象に応ずることは到底無理であり，裁判官に無理を強い，かえって不自然な事実認定につながることから，近代の民事訴訟法は自由心証主義を採用している。その背景には，高度な法律専門家としての能力と，身分・職務の独立を保障された近代の裁判官制度の確立に伴う裁判官に対する信頼がある。

(2) 内　容　① 証拠方法・証拠能力の無限定　証拠方法および証拠能力につき原則として制限がないことは既に述べた

(155頁参照)。当事者の合意により証拠方法を限定すること（証拠制限契約）は，証拠調べの開始前になされる限りは，許される。これは弁論主義の問題であって自由心証主義の問題ではない。

② 資料の自由な評価　　事実認定のための資料（156頁参照）をどのように評価するかは，個々の裁判官の自由な判断にまかされている。特定の事実の認定には一定の証拠が必要であるとか，ある証拠があれば必ず事実を認定しなければならないとかの基準が法定されているわけではない。証拠の種類，申出をした当事者，口頭弁論の全趣旨との関係などについても一定の基準はなく，個々の裁判官の判断にまかされている。判断の基準として経験則が用いられることが多いが，その選択・適用も基本的には個々の裁判官にまかされている。

弁論主義の下でもいったん裁判官が獲得した証拠資料に対しては，当事者の支配権は及ばず，裁判官の自由な評価にまかされる。当事者の意思で証拠資料を排除することはできず，証拠調べ終了後に証拠申出を撤回することはできない（最判昭32・6・25民集11・6・1143）。裁判所が，一方の当事者の提出した証拠方法の取調べで得た証拠資料を，相手方当事者に有利な事実の認定の基礎として用いることも可能である（証拠共通の原則，最判昭28・5・14民集7・5・565〔*142*〕）。

(3) 事実認定の法的規律　　① 事実認定の適法性　　自由心証主義の下では，事実認定は法律の定める基準によってなされるわけではないから，その違法という問題は原則として生じない。もっとも，事実認定の基礎とした資料に瑕疵がある場合，たとえば，証拠調べの手続が違法であったり，適法な証拠調べをしながらその結果を無視した場合は，別である。また，裁判官の自由な判断といっても，それは一般人の納得が得られるものであること

が必要であり、そのためには、判決理由（252 I ③）の中で判断の過程が示されること、つまり、事実認定がどの証拠に基づきどの証拠を排斥したのかが明らかとされること、が要求される（最判昭43・8・20民集22・8・1677〔*143*〕）。

② 上告審との関係　事実審の裁判官がした事実認定は、それが前述の意味で適法である限り、法律審である上告審を拘束する（321 I。290頁参照）。したがって、単に事実認定に不服があるというだけでは上告は許されない。このこととの関係で、経験則違反が上告理由となるか問題がある（292頁参照）。

4 ── 証 明 責 任

(1) 証明責任の概念　① 意義・機能　自由心証主義によっても裁判官が事実の存否につき心証を形成できない場合、つまり真偽不明の場合がありうる。民事訴訟が民事紛争の最終的な解決手段であること（7頁参照）から、この場合にも、真偽不明ということで解決をあきらめてしまうのではなく、何らかの基準に基づいて判決をして紛争を解決することが必要である。その基準となるのが証明責任である。証明責任の概念により裁判所は、当該事実につき証明責任を負っている当事者に不利益に事実認定をする（事実の存在または不存在を擬制する）ことが可能となる。これによって裁判所は、真偽不明の場合でも、実体法に基づいて判決を下すことができる。このように証明責任は自由心証主義が尽きたところで働く原理である。もっとも、ある事実が証明されたのかなお真偽不明なのかということは、裁判官が確信を得たか否かで決まるのであるから、二つの原理の境界は客観的に明らかであるとはいえない。ある事実につき証明責任を負うのが誰かは、訴訟以前から主として実体法の規定により定まっている。これを証

明責任の分配という (164 頁参照)。

なお，証明責任の語の他に，挙証責任または立証責任という用語もある。しかし，ここで問題となっているのは，当事者が証拠を提出する行為責任ではなく，裁判官が心証を形成できなかった場合に当事者の一方が受ける不利益（結果責任）である。そこで，誤解を避ける意味で証明責任の語が適切であろう。なお次に述べることとの関係で，上記の内容を客観的証明責任と呼ぶこともある。

② 主観的証明責任および主張責任　弁論主義の下では証拠の提出は当事者にまかされており，①の意味での証明責任を負う当事者としては，証拠を提出しなければ，相手方当事者があえてこちらに有利な証拠を提出しない限りは，敗訴を免れない。この意味で弁論主義の下では，行為責任としての証拠を提出する責任が観念される。これを主観的証明責任と呼ぶ。もっともこの概念は説明のためのものにすぎず，当事者の証拠提出活動の規律にさほど役立つものではない。以下では特にことわらない限り，証明責任とは客観的証明責任の意味で用いる。

さらに証明責任は，弁論主義を前提として，主張責任という形で，証拠の提出に先立つ当事者の事実の主張行為にも影響を及ぼす。一般に当事者はそれぞれ自己に有利な法律効果を定める法規の構成要件に該当する事実につき証明責任を負い，このような事実を主張しない限り敗訴を免れない。当事者が自己に有利な事実を主張しない場合，相手方当事者があえてその事実（相手方当事者には不利な事実）を主張しない限りは，弁論主義の結果，裁判所はその事実を考慮しないことになるからである。そこで，当事者には主張責任，つまり自己に有利な事実（証明責任を負う事実）を主張する責任が観念されるのである。訴訟における当事者の事実

主張が，原告の請求原因，被告の抗弁，原告の再抗弁，被告の再々抗弁等と分類される（98頁参照）のは，当事者間の主張責任の分配を基準としている。

③ 立証の必要　以上で述べたことは，証明責任を負わない当事者が全く証拠を提出しなくても済むという意味ではない。証明責任を負う当事者が提出した証拠（本証）が証拠力の強い（信用性の高い）ものであって証明に成功しそうになったとき，相手方当事者としては別の証拠（反証）を提出して裁判官の心証を動揺させなければ，敗訴を免れない。これは立証の必要と呼ばれる。なお，相手方当事者の提出した証拠により裁判官の心証が動揺すると，証明責任を負う当事者はさらに別の証拠を提出しなければ勝訴することはできない。このように，立証の必要は訴訟の過程において変動するものであり，証明責任の分配が（主観的証明責任も含めて）訴訟以前に定まっているのと異なる。

(2) 証明責任の分配　**① 法律要件分類説**　証明責任の分配については議論が多いが，法律要件分類説と呼ばれる考え方がなお通説である。これは，ある法律の規定に基づく法律効果を主張する者がその規定の構成要件に該当する事実につき証明責任を負うという考え方である。具体的には，法律の規定をⓐ権利の発生を定める権利根拠規定，ⓑいったん発生した権利の消滅を定める権利消滅（滅却）規定，ⓒ権利根拠規定に基づく権利の発生を阻止する権利障害規定，の３種類に分類し，ⓐの構成要件該当事実については権利の存在を主張する者が，ⓑおよびⓒについては権利の不存在を主張する者が証明責任を負う，とする。たとえば，貸金請求訴訟において，消費貸借契約の成立（具体的には返還の合意と金銭の交付）についてはⓐに当たる事実として債権者（原告）が証明責任を負い，弁済についてはⓑに当たる事実として，また

虚偽表示を理由とする契約の無効については©に当たる事実として，いずれも債務者（被告）が証明責任を負う。なお，証明責任の分配は誰が当事者となるかによって左右されない。上記の例で，原告と被告とが入れ代わり，債務不存在確認訴訟となった場合も，証明責任の分配には違いがない。

　このような規定の分類は，基本的には実体法の法文の構造を分析することで可能となる。実体法の法文自体も，証明責任の分配を念頭に置いて立法されていることが多い。本文と但書を書き分けることは，本文と但書とで証明責任を負担する者を違えるテクニックである。たとえば，民法109条の表見代理を根拠にX（取引相手方）がY（本人）の責任を追及する場合，Xは，YがZ（自称代理人）に代理権を与えた旨を表示したことにつき証明責任を負うが（民109本文），この規定による責任を否定するには，Zが代理権を与えられていないことをXが知り，または過失により知らなかったことにつき，Yが証明責任を負う（民109但書）。

　しかし，実体法の規定が分類の基準として必ずしも明確でなく，法解釈が必要な場合もある（準消費貸借における旧債務の存在につき，最判昭43・2・16民集22・2・217〔*144*〕。安全配慮義務の内容および義務違反の事実につき，最判昭56・2・16民集35・1・56〔*145*〕）。権利消滅規定を権利根拠規定から区別することは比較的容易であるが，権利障害規定と権利根拠規定との区別は困難であることが多い。論理的には，ある事実があれば権利は発生しないという規定と，この事実の不存在（ないし反対事実の存在）の場合に権利が発生するという規定とで違いはなく，むしろ証明責任の分配を前提として，はじめて二つの規定を区別できる。また，規定自体は明確であっても，現代の紛争には立法当時に予定されたのとは異なる要素があり，立法当時の証明責任分配の考え方に従うと不都合

が生ずることもあるので，立証の難易，証拠の所在（当事者と証拠との距離），蓋然性，実体法の立法趣旨，信義則などを考慮して，利益衡量によって修正する余地がないとはいえない。債務の履行不能による損害賠償（民415後段）では，債務者が自己に帰責事由なきことにつき証明責任を負う，という考え方が一般になっているが（最判昭34・9・17民集13・11・1412〔*146*〕），これは法律要件分類説の形式的帰結が解釈で修正された例といえよう。また，間接反証の議論（168頁参照）も法律要件分類説を前提としながら当事者の実質的平等をはかる考え方である。

② 証明責任の転換　立法者が，特別の場合に証明責任分配の一般原則を変更して相手方に反対事実についての証明責任を負わせることを，証明責任の転換という。たとえば，自動車事故による損害賠償請求において，民法709条では被害者が加害者の過失につき証明責任を負うが，自賠法3条但書は加害者に注意を怠らなかったことの証明責任を負わせている。しかし証明責任の転換も訴訟以前に法律で規定されることであって，訴訟の具体的経過から生ずることはなく，この点で立証の必要（164頁参照）とは異なる。

③ 推定　法律で「A事実（前提事実）があればB事実（推定事実）があると推定する」旨定めることを法律上の推定という（民186Ⅱ・619・772，手20Ⅱなど）。B事実からRという法律効果が発生する場合に，Rを主張する当事者は，B事実に代えて，A事実を証明すれば足りることになる。A事実が証明された場合，相手方によってB事実の不存在が証明されない限り法律効果Rの発生が認められる（次頁の図参照）。つまり法律上の推定は，証明責任を転換するとともに，証明対象事実（証明主題）を拡大し，挙証者に選択を許す機能をもつ。たとえば，所有権の取得時効の

Ⅲ 証 明 *167*

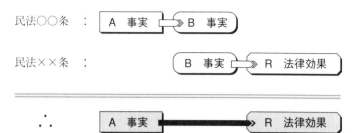

成立のためには，一定期間の継続した占有が必要であるが（民162），前後両時点において占有していたことが証明されればその間の占有の継続が推定される（民186Ⅱ）。以上は厳密には（法律上の）事実推定と呼ばれる。これに対して，法律上の推定には「A事実あるときはR権利（法律効果）があるものと推定する」旨定められている場合もあり（民229・250・762Ⅱなど），これを権利推定と呼ぶ。

さらに，ある権利（法律効果）の発生を定める規定の構成要件に該当する複数の事実の相互間で，推定する旨が規定されている例がある（民186Ⅰ・162ⅠⅡ）。この場合実質的には，推定される事実が構成要件からはずされ，その不存在が法律効果の不発生を定める規定の構成要件とされたことになる。たとえば，民法162条1項は，同法186条1項を前提とすると，「20年間他人の物を占有した者は，その所有権を取得する。但し，所有の意思をもって平穏かつ公然に占有しなかった場合はこの限りでない。」という規定に書き換えられたことになる。法律上の推定と同様に証明責任を転換する効果はあるが，証明対象事実を拡大する効果はない。これは暫定真実と呼ばれる。

法律に規定はないが，甲事実があれば乙事実も存在した蓋然性がある，という場合は世間に多く存在する。このような法則を経

験則という。この場合に裁判官が経験則を適用して、甲事実が証明されたことから乙事実の存在を認めることを事実上の推定という。これは、直接証拠（主要事実を直接証明する証拠）がない場合に、間接事実から主要事実の存在を認める場合にも妥当する。現実の訴訟ではこのように間接事実から経験則により主要事実の存在が推認される場合が多い。事実上の推定は証明責任の転換とは無関係であり、甲事実が証明された場合に、相手方当事者に立証の必要が生ずるにすぎない。しかし相手方の立証はあくまで反証であり、乙事実の存在についての裁判官の心証を動揺させれば目的を達する。

④ 間接反証　間接反証とは、ある法規の構成要件に該当する事実（主要事実）Ａの存在が、それにつき証明責任を負う当事者が立証した間接事実甲の存在から、経験則により事実上推定される場合に、相手方当事者が甲とは両立する別の間接事実乙を立証して推定を打ち破り、主要事実Ａの存否を不明の状態に追い込む証明活動をいう（次頁の図参照）。間接反証という用語は、主要事実Ａの不存在を、直接にではなく、間接事実乙の証明を通じて、証明しようとしていること、および、その証明は主要事実Ａとの関係では裁判官の心証を動揺させれば足りる反証にすぎず、この点につき相手方当事者が証明責任を負うわけではないこと、からくるものである。

このように間接反証は主要事実Ａについての証明責任の分配を変更するものではない。しかし、間接事実乙の立証が不成功に終わり存否不明の状態のときは、間接事実甲の証明により主要事実Ａの証明が成功したことになる。このことを実質的に考えると、主要事実の一部につき証明責任が相手方当事者に転換されたことに等しい。そこで間接反証は、法律要件分類説による証明責任の

Ⅲ 証 明 169

間接本証

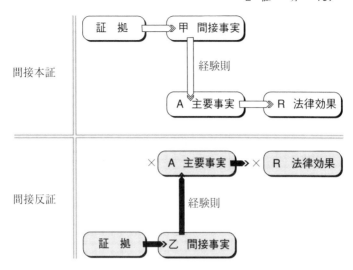

間接反証

分配を守りつつ，具体的に妥当な結果をもたらす理論として実務で活用されている。たとえば，無断転貸を理由とする賃貸借契約の解除（民612Ⅱ）につき，信頼関係の破壊が解除権の発生要件事実であり，無断転貸はそれを事実上推定する間接事実であり，無断転貸が背信行為に当たらない特段の事情を証明することは間接反証に当たる，といわれる（なお，最判昭41・1・27民集20・1・136〔*147*〕参照）。また，子の父に対する認知請求訴訟で，子の母が被告以外の男性とも関係があったといういわゆる不貞の抗弁は，原・被告間の父子関係の存在という主要事実に対する間接反証に当たる，と説明される（最判昭31・9・13民集10・9・1135〔*148*〕および最判昭32・12・3民集11・13・2009〔*149*〕参照）。さらに，公害訴訟で被害者が証明責任を負う因果関係の証明につき，間接反証の理論によって被害者の立証を緩和したと見られる判例もある（新潟地判昭46・9・29下民集22・9＝10別冊・1）。

しかし，間接反証理論に対しては，次のような批判もある。実質的に証明責任の分配を変更しており法律要件分類説の破綻を示すものである。規範的要件につき，抽象的な構成要件事実を主要事実とし，具体的な事実を間接事実にすぎないとする前提自体が不当である（弁論主義との関連については前述113頁参照）。間接事実については，個々の間接事実の存否が判断されるのではなく，複数の間接事実のそれぞれの証明度が総合評価されて，特定の主要事実の存否が裁判官の自由心証により判断されるのであり，この点で，主要事実が証明責任を前提としてその存否いずれかに決せられるのとは異なる。

上述の間接反証理論に対する批判を受けて，近時では規範的要件を基礎づける事実が主要事実であり，これを評価根拠事実と評価障害事実とに分類して証明責任を分配する考え方が有力である（最判平30・6・1民集72・2・88参照）。しかし，これに対しては，評価根拠事実および評価障害事実につき証明責任を観念するのではなく，それぞれの証明度を考慮して，総合的に規範的要件の成否を判断すべきである，との反論もある。

5——証拠調べの手続

(1) **証拠の申出と採否**　① 証拠の申出　証拠調べは原則として当事者が申し出た証拠方法について行われる（弁論主義。110頁以下参照）。証拠の申出は口頭弁論期日または期日前にすることができる（180Ⅱ）。なお，集中証拠調べ（182）を可能にするため，証人および当事者尋問の申出は，できる限り一括してしなければならない（規100）。申出は，証明すべき事実を特定し（180Ⅰ），証拠方法を特定して（221Ⅰ，規106・150）しなければならない（ただし，鑑定人は裁判所が指定するので当事者が申出により特定す

る必要はない。213)。さらに，証明すべき事実と証拠方法との関係を具体的に明示する必要がある（規99・137）。これを立証趣旨といい，裁判所が証拠の採否を判断する資料となるが，その証拠方法から得られた証拠資料からどのような事実を認定するかは立証趣旨や前述の証明すべき事実に拘束されるわけではない（自由心証主義。160頁以下参照）。相手方当事者は証拠申出に対して意見を述べる機会を与えられる（161Ⅱ②参照）。

証拠の申出は，裁判所に採用されても，証拠調べの前であれば，自由に撤回することができる。証拠調べが開始されると，その証拠方法から相手方当事者に有利な事実認定がなされる可能性がある（証拠共通の原則。111頁）ので，申出の撤回には相手方の同意が必要となる。証拠調べが終了した場合は，裁判官が獲得した証拠資料を排除することは自由心証主義に反するので，申出の撤回は許されない。

② 証拠の採否　当事者が申し出た証拠を採用するか否かは，裁判所の裁量である（181Ⅰ）。この裁量を制限する考え方として，当事者がある事実の証明のため申し出た証拠が唯一のものである場合は却下することは許されない，との唯一の証拠方法の法理が判例により確立されている（大判明31・2・24民録4・2・48, 最判昭53・3・23判時885・118〔*150*〕）。しかし，唯一の証拠方法であれば絶対に却下できないということではなく，様々な事案で例外が認められてきている。そこで唯一かどうかは基準として意味がない，という批判もある。

証拠の採否の裁判を証拠決定というが，明示の裁判は必ずしも行わなくてもよいとする扱いが一般である。採用するときは申出のあった証拠方法につき取調べを実施すれば足りる。裁判所が取調べをしないまま口頭弁論を終結した場合は，取調べがなされな

かった証拠方法については黙示的に申出が却下されたと考えればよい。なお，この場合は当事者が黙示的に申出を撤回したとする考え方もあるが（最判昭26・3・29民集5・5・177〔*151*〕など），この考え方では当事者が控訴審で再度申出をする必要が生じ，157条との関係で問題がある。

(2) **証人尋問** ① 意義　証人尋問とは，当事者・法定代理人以外の自然人（証人）にその認識している過去の事実・状態を供述させる証拠調べである。わが国の裁判権が及ぶ者であればすべて証人となる義務がある (190)。この義務は具体的には，出頭義務，宣誓義務および供述義務からなっている。

証人が正当の事由なしに証拠調べに出頭しない場合は，それによって生じた訴訟費用の負担および過料 (192)，罰金または拘留 (193) の制裁が科せられ，身柄を拘束（勾引）されることもある (194)。公務員，国務大臣または国会議員を職務上の秘密について尋問する場合には，それぞれ監督官庁，内閣，議院の承認を必要とする (191)。また，証人義務がある者についても，自己または親族が刑罰を科せられるおそれのある事項や，職業上の秘密にわたる事項（大阪高決昭48・7・12下民集24・5〜8・455〔*152*〕，札幌高決昭54・8・31下民集30・5〜8・403，最決平18・10・3民集60・8・2647〔*153*〕，最決平12・3・10民集54・3・1073〔*154*〕，最決令3・3・18民集75・3・822）については，証言拒絶権が認められている (196・197)。

② 尋問の実施　証人は宣誓をすることを要するが (201 I)，特定の者に対しては宣誓義務が免除され (201 II III)，また宣誓を拒絶する権利が認められる場合がある (201 IV)。宣誓は，尋問に先立ってするのが原則であるが，特別の事由があるときは尋問の後にすることも許される（規112）。尋問のやり方としては，原則

として，まずその証人の尋問を申し出た当事者が主尋問を行い，次に相手方当事者が反対尋問をなし，裁判長は最後に補充的に尋問を行う方式（交互尋問）がとられる（202Ⅰ，規113・114）。もっとも裁判長は，当事者の意見を聴いてこの尋問順序を変更することができるし（202Ⅱ），尋問手続全体を指揮する権限をもっている（規113Ⅲ参照）。証人は書類に頼らず口頭で供述するのが原則であるが，裁判長が許可したときは文書，図面，写真，模型，タブレット端末などの適当な物件を用いて供述することができる（203，規116。なお規102参照）。複数の証人を同一期日に尋問する場合は，個別に実施するのが原則であり，後に尋問すべき証人は原則として在廷を許されない（規120。対質はその例外，規118）。

証人が受訴裁判所に出頭することが困難である場合，証人が裁判長および当事者が尋問のために在席する場所で陳述するときは，圧迫を受け精神の平穏を著しく害されるおそれがある場合，または当事者に異議がない場合には，裁判所は，法廷で尋問をすることに代えて，ウェブ会議により尋問を実施することができる（204，規123Ⅰ。証人は住居に近い裁判所に出頭して尋問を受けることになる）。裁判所は，相当と認める場合において当事者に異議がないときは，証人の尋問に代えて書面を提出させることができる（書面尋問。205Ⅰ，規124）。証人は，書面の提出に代えて当該書面の画像情報を電子情報処理組織を利用して裁判所のファイルに記録し，または当該書面に記載すべき事項に係る電磁的記録を記録した記録媒体を提出することができる（205Ⅱ，規124Ⅳ）。

犯罪被害者が証人になる場合などで，法廷で証言をすること自体，あるいは，当事者または法定代理人の面前での証言や，傍聴人の視線にさらされてする証言につき，証人が過度の緊張を強いられたり，精神的なストレスを受ける，という問題がある。そこ

で近時の法改正により以下の措置が導入された（犯罪被害者などが当事者となる尋問には，当事者尋問につき，同様の措置をとることが可能である。210）。第1は，尋問にあたって付添人を付けることである（203の2）。第2は，証人と当事者本人または法定代理人との間に遮蔽措置を講ずること（203の3Ⅰ），また，証人と傍聴人との間に遮蔽措置を講ずることである（203の3Ⅱ）。第3は，裁判所の法廷で尋問をすることに代えて，ウェブ会議により尋問を実施することである（204②，規123Ⅰ）。この場合，証人は，当事者本人またはその代理人が在席せず，また証人の陳述の内容に不当な影響を与えるおそれがあると裁判所が認める者も在席しない場所で，裁判所が相当と認める場所に出頭して，尋問を受けることになる。

なお，実務では，当事者があらかじめ証人の証言内容を記載した書面を提出し，証人尋問の補助手段として活用することも多い。これを陳述書といい，主尋問の時間を短縮できる，相手方および裁判所に重要な間接事実をあらかじめ知らせることになり口頭弁論の準備および活性化に役立つ（実質的なディスカバリー機能）などの効用があるとの積極的評価もあるが，証人尋問手続の形骸化をもたらすのではないかとの指摘もある。特に，弁論準備手続において他の文書と同様に陳述書の取調べが許される（170Ⅱ）と解する場合には，陳述書の問題性が強く意識されることになろう。

(3) **当事者尋問**　① 意義　当事者尋問とは，当事者を証拠調べの客体として尋問し，その供述を証拠資料とする証拠調べである。当事者本人だけでなく，法定代理人または法人の代表者もこの手続の対象となる（211）。当事者尋問における供述は，当事者が訴訟の主体としてする供述（事実の主張）とは区別され，相手方当事者の主張事実に合致する供述をしても，自白（179）

にはならない。なお，裁判所の釈明に対して当事者本人が供述することは（149・151Ⅰ①），主張の補充であって，当事者尋問ではない。

②　手続　　証人尋問とほぼ同様の方法で行われる（210，規127）。ただし，裁判所が職権ですることもできるし（207Ⅰ），証人の場合のような勾引による出頭の現実的強制や，過料，罰金等の制裁は適用されない。尋問の対象となった当事者本人が正当な理由なく出頭せず，または宣誓もしくは陳述を拒んだ場合については，裁判所は，尋問事項に関する相手方の主張を真実と認めることができるものとされている（208。224Ⅰ参照）。証人尋問と当事者尋問の双方を実施する場合は，証人尋問を先にすることが原則であるが，裁判所は，適当と認めるときは，当事者の意見を聴いて当事者尋問を先行させることもできる（207Ⅱ）。実際の紛争では，他の証拠が乏しく当事者本人が最も重要な証拠方法であることもあるからである。

(4)　鑑定　　①　意義　　鑑定とは特別の学識経験のある者（鑑定人）に，その専門的知識またはそれを適用して得られた判断を報告させる証拠調べである。鑑定人と証人との区別の基準については議論がある。証人は事実を述べ，鑑定人は意見・判断を述べるという区別が常識的であるが，事実の陳述といってもそれに証人の意見・判断が介在することは避けられず，むしろ基礎となる認識が裁判所の命令とは関係なくなされた場合が証人で，裁判所の命令を契機としてなされた場合が鑑定人である，という区別もある。なお，特別の学識経験があるために知ることができた過去の事実につき供述する者は，証人として尋問される（217）。これを鑑定証人という。

鑑定人の指名は当事者ではなく裁判所によりなされる（213）。

官公署や相当の設備を有する法人に鑑定を嘱託することもできる（218）。鑑定に必要な学識経験ある者は鑑定をする義務を負う（212Ⅰ）。出頭義務，鑑定意見報告義務および宣誓義務がその内容である。これを怠ると制裁が加えられるが，勾引はできない（216・192・193）。同等の専門的知識がある者が他にいれば鑑定を行わせるのに支障はなく，証人とは異なり代替性があるからである。また，鑑定は裁判官の認識・判断能力を補う機能をもつので，鑑定人に対しては裁判官に対するのと同様に忌避の制度が認められている（214）。

② 手続　裁判所は，鑑定人に，書面または口頭で意見を述べさせる（215Ⅰ）。裁判所から書面で意見を述べることを求められた鑑定人は，書面の提出に代えて，電子的方法（当該書面に記載すべき事項を電子情報処理組織を使用してファイルに記録する方法または当該書面に記載すべき事項に係る電磁的記録を記録した記録媒体を提出する方法）をとることができる（215Ⅱ，規132Ⅲ）。鑑定人に，その専門知識にふさわしく，訴訟の争点の解明に役立つ意見を述べてもらうためには，事前に，鑑定事項（鑑定人が意見を述べるべき事項）や鑑定に必要な資料等について，裁判所，当事者および鑑定人が十分に協議をしておくことが重要である（規129の2参照）。鑑定人に口頭で意見を述べさせる場合には，ウェブ会議の方法で行うことができる（215の3，規132の5）。専門家として多忙な鑑定人に配慮する趣旨である。書面で意見を述べさせる場合には，裁判所は，鑑定人の意見を聴いて，書面（鑑定書）の提出期限を定めることができる（規132Ⅱ）。鑑定人に意見を述べさせた場合において，当該意見の内容を明瞭にし，またはその根拠を確認するため必要があるときは，裁判所は，申立てによりまたは職権で，鑑定人にさらに意見を述べさせることができる（215Ⅲ，

規132の2)。また，鑑定人が口頭で意見を述べた場合には，鑑定人の意見の陳述の後，裁判所および当事者は，鑑定人に対して質問をすることができる（215の2，規132の3・132の4)。

　③　私鑑定　　最近では，紛争の深刻化を反映して，裁判所からの鑑定依頼に専門家の積極的な協力を得られない場合も多い。そこで当事者が直接に専門家に鑑定を依頼し，その結果（鑑定書）を証拠として提出する事例が増えている。これは私鑑定と呼ばれるが，本来の鑑定とは異なり鑑定人に対する忌避権や尋問権が保障されないという問題があるので，その証拠能力や証拠調べの手続に関して議論がある。

　(5)　書　証　　①　意義　　書証とは，人の思想を文字その他の手段により表現した文書を裁判所が閲読して，その内容を証拠資料とする証拠調べである。文書以外に，図面，写真，録音テープ，ビデオテープその他の情報を表すために作成された物件も，文書に準じて証拠調べの対象となる（231。磁気テープにつき大阪高決昭53・3・6高民集31・1・38〔***155***〕参照)。

　②　文書の種類　　(a)　処分証書・報告証書　　それ自体によって意思表示をする内容をもつ文書（手形，遺言書，契約書など）を処分証書，それ以外のものを報告証書という。処分証書は形式的証拠力（成立の真正）があれば当然に実質的証拠力（155頁参照）が肯定され，その内容である意思表示の効力が認められる。

　(b)　公文書・私文書　　公務員が権限に基づいて職務上作成した文書を公文書，それ以外のものを私文書という。公文書は，その成立の真正が推定される（228Ⅱ)。私文書は，本人または代理人の署名または捺印がある場合に成立の真正が推定される（228Ⅳ)。この場合署名または捺印が本人または代理人の意思に基づいてなされている必要があるが，そのことは，文書の印影が本人

または代理人の印章によって顕出された事実があれば，推定される（最判昭39・5・12民集18・4・597〔*156*〕）。私文書について，この解釈論による推定と上述の228条4項で規定されている推定とを合わせて，二段の推定という。

(c) 原本・正本・謄本・抄本　　正本および謄本は原本の全部の写しであるが，正本は公証官吏が作成し法律により原本に代わる効力を認められたものである。抄本は一部の写しである。証拠調べは，原則として原本，正本または認証ある謄本（公証権限のある官吏が内容が原本と一致する旨の付記をした謄本。戸籍謄本など）を対象としてなされる（規143）。

③　書証の申出の方法　　書証の申出は，当事者（挙証者）が自ら所持する文書については，それを裁判所に提出することで行う（219前段。あわせて文書の写しの提出も必要であるが，写しの提出に代えて，文書の画像を電子情報処理組織を使用してファイルに記録する方法で提出することもできる。規137）。なお，文書の記載自体から明らかな場合を除き，文書の標目，作成者および立証趣旨を明らかにした証拠説明書を提出する必要がある（規137。証拠説明書は，法132の10により，電子情報処理組織を使用してファイルに記録する方法で提出することもできる）。相手方当事者または第三者が所持する文書については，文書提出命令（219後段）または文書の送付嘱託（226）の申立てを裁判所にすることで行う。

④　文書提出命令　　(a) 制度の趣旨　　文書提出命令（223）は，相手方当事者または第三者が所持する文書を裁判所に提出させ，証拠方法として利用することを可能にする手続である。文書は，現代の社会生活における重要性を反映して，証拠としても重要度を増している。しかも公害，薬害，消費者被害，環境問題などのいわゆる現代型訴訟では，重要な文書が証明責任を負う原告

である個人の手元にはなく，強大な経済力・情報収集能力をもつ企業，国，行政庁などの被告または第三者の側に握られている現象（証拠の偏在現象）が見られる。この現状を打開して，文書の証拠としての利用を可能にし，真実をできる限り究明して妥当な紛争解決をはかり，当事者の実質的平等を回復する制度として，文書提出命令の活用が考えられる。

(b) 申立て　文書提出命令の申立ては，文書の表示，文書の趣旨，所持者，証明すべき事実および文書提出義務の原因を明らかにして，書面でしなければならない（221Ⅰ，規140）。しかし当事者（挙証者）が文書の表示・趣旨を明らかにすることが著しく困難であるときは，これらの事項に代えて，所持者が文書を識別できる事項を明らかにすれば足り，この場合には，所持者の方で文書の表示・趣旨を明らかにすべきこととなる（222）。なお，一般的な提出義務（220④）を原因とするときは，書証の申出を文書提出命令の申立てによってする必要性がある場合であることを要する（221Ⅱ）。その文書が証拠として必要であり，かつその所持者が文書提出義務を負う場合に，申立てが認容され文書提出命令が出される。文書に証拠として必要がない部分または提出義務がない部分があるときは，その部分を除いて提出を命ずることができる（223Ⅰ後段。最判平13・2・22判時1742・89〔*157*〕。

(c) 文書提出義務　提出義務は，まず，所持者が訴訟において文書を引用した場合，挙証者が文書の引渡しまたは閲覧を求める請求権を有する場合，および文書が挙証者の利益のために作成されたかまたは挙証者と所持者との間の法律関係につき作成された場合（利益文書，法律関係文書）に認められる（220①～③）。この民事訴訟法220条1号ないし3号の規定は，旧法をそのまま引き継いだものであるが，特に利益文書および法律関係文書の**概念**

を拡張解釈する動きが判例学説上顕著に現れ，他方で，内部文書や守秘義務など提出義務を制限する理論も形成されつつあった（福岡高決昭 52・7・13 高民集 30・3・175〔*158*〕，福岡高決昭 48・12・4 判時 739・82，大阪地決昭 61・5・28 判時 1209・16。否定例として東京高決昭 59・9・17 高民集 37・3・164，東京高決昭 54・3・19 下民集 32・9～12・1391)。

この旧法下での解釈・運用を受けて，現行民事訴訟法 220 条 4 号は，同条 1 号ないし 3 号に当たらない文書であっても，除外事由がない限り，広く一般的に文書提出義務を認める（一般義務化）。もっとも，この 4 号と要件を限定して提出義務を認める 1 号から 3 号までの規定とが併存する関係をどのように理解すべきか，また，次に述べる 4 号の除外事由を 1 号から 3 号までに該当する文書についても類推適用すべきか，など解釈上の問題が残されている。

提出義務が除外されるのは，㋑文書の所持者またはその近親者等が刑事訴追・有罪判決を受けたり名誉を害されるおそれのある事項（196 参照）が記載されている文書，㋺公務員の職務上の秘密に関する文書でその提出により公共の利益を害し，または公務の遂行に著しい支障を生ずるおそれがあるもの（公務秘密文書），㋩医師・弁護士等の職務上の秘密や技術または職業の秘密（197 参照）が記載された文書，㋥専ら文書の所持者の利用に供するための文書（自己利用専用文書。ただし国または地方公共団体が所持する文書にあっては，公務員が組織的に用いるものを除く），㋭刑事事件に係る訴訟に関する書類もしくは少年の保護事件の記録またはこれらの事件において押収されている文書である。

上述の自己利用専用文書（220 ④ ㋥）の典型として，古くから，日記帳や家計簿があげられている。近時，企業の意思決定過程で

用いられる稟議書が，これに当たるかにつき，議論が集中している。代表的な最高裁判例は，稟議書が，①専ら企業内部の者の利用に供する目的で作成され外部の者に開示することが予定されておらず，また，②開示されると企業内部における自由な意見の表明に支障を来し企業の自由な意思形成が阻害されるおそれがある，という理由で，特段の事情のない限り，自己利用専用文書に当たるとする（最決平 11・11・12 民集 53・8・1787〔*159*〕，最決平 12・12・14 民集 54・9・2709〔*160*〕。これに対して，最決平 13・12・7 民集 55・7・1411〔*161*〕は，破綻した金融機関が貸付に当たって作成した稟議書を，預金保険機構から委託を受けて破綻金融機関の資産を買い取り管理・処分をしている会社が所持している事案につき，特段の事情があるので，自己利用専用文書に当たらない，と判断した）。なお，弁護士会の綱紀委員会の議事録のうち「重要な発言の要旨」に当たる部分も，同様の基準により，自己利用専用文書にあたると判断されている（最決平 23・10・11 判時 2136・9）。

　この他，破綻した保険会社の旧役員等の責任を調査するために設置された委員会の報告書につき，法令上の根拠を有する命令に基づく調査の結果を記載したものであり，その調査は公益目的でなされたものである（上述①の要件がない）ことを理由に，自己利用専用文書に当たらないとした判例がある（最決平 16・11・26 民集 58・8・2393〔*162*〕）。また，社内通達文書について，法人内部の意思形成過程で作成される文書ではなく，その開示によりただちに法人の自由な意思形成が阻害される性質のものではない（上述②の要件がない）ことを理由に，自己利用専用文書に当たらないとする判例がある（最決平 18・2・17 民集 60・2・496〔*163*〕）。さらに，金融機関が融資先に関して貸付債権の資産算定をする前提となる債務者区分を行うために作成した文書（自己査定資料一式）に

ついて，監督官庁による資産査定に関する検査において資産査定の正確性を裏付ける資料として必要とされているものであるから，金融機関自身による利用に止まらず，それ以外の者による利用が予定されている（上述①の要件がない）ことを理由に，自己利用専用文書に当たらないとする判例がある（最決平19・11・30民集61・8・3186〔*164*〕，なお，自己査定資料が220④ハにあたるかについて，最決平20・11・25民集62・10・2507〔*164-2*〕参照）。

　上述の公務秘密文書（220④ロ）にいう「公務員の職務上の秘密」とは，公務員が職務上知りえた非公知の事項であって，実質的にもそれを秘密として保護するに値すると認められるものをいい，公務員の所掌事務に属する秘密だけでなく，公務員が職務を遂行する上で知ることができた私人の秘密であって，それが本案事件において公にされることにより，私人との信頼関係が損なわれ，公務の公正かつ円滑な運営に支障を来すこととなるものも含まれる（最決平17・10・14民集59・8・2265〔*165*〕）。そして，同号ロにいう「その提出により公共の利益を害し，又は公務の遂行に著しい支障を生ずるおそれがある」とは，単に文書の性格から公共の利益を害し，または公務の遂行に著しい支障を生ずる抽象的なおそれがあることが認められるだけでは足りず，その文書の記載内容からみてそのおそれの存在することが具体的に認められることが必要であると解すべきである（前掲最決平17・10・14）。なお，全国消費実態調査の調査票情報を記録したコンピューター用磁気テープは，それが訴訟に提出されると，それに含まれる個人の情報が保護されることを前提として任意に調査に協力した被調査者の信頼を著しく損ない，ひいては被調査者の任意の協力を通じて統計の真実性及び正確性を担保することが著しく困難となることは避け難く，基幹統計調査としての全国消費実態調査に係る

統計業務の遂行に著しい支障をもたらす具体的なおそれがあるから，同号ロに該当すると判断された（最決平 25・4・19 判時 2194・13）。

(d) 提出義務の審理に関する特則　民事訴訟法 220 条 4 号を根拠として文書の提出が申し立てられた場合，裁判所は，同号イからニまでの除外事由の存否を判断するために必要があると認めるときは，所持者に文書の提示を命ずることができる。この場合，何人も提示された文書の開示を求めることはできず，裁判所のみが文書を閲読して提出義務の有無を判断することになる（223Ⅵ）。これをインカメラの手続という。なお，知的財産に関する侵害訴訟においては，侵害行為の立証または侵害行為による損害の計算のため必要な書類の提出命令の制度が設けられており，書類の所持者が提出を拒むことにつき正当な理由があるかどうかの判断のために必要な場合には，裁判所が書類の提示をさせて判断するインカメラの手続が可能とされている（特許 105Ⅱ，不正競争 7Ⅱ等）。しかしここでは，裁判所が判断のために必要と認める場合には，当事者（法人の場合は代表者），当事者の代理人・使用人，訴訟代理人または補佐人に書類を開示して意見を聴くことが許されている（特許 105Ⅲ，不正競争 7Ⅲ等。なお，これにより営業秘密の開示を受けた者には秘密保持命令を発することができる。特許 105 の 4Ⅰ，不正競争 10Ⅰ等）。侵害行為等の立証の容易化と営業秘密の保護とのバランスをはかるために，書類の所持者の提出拒絶が正当かどうか相手方当事者の意見も聴いた上で判断する必要がある場合があることを考慮した規定である。

公務文書を対象として民事訴訟法 220 条 4 号を根拠として文書提出命令が申し立てられた場合については，特則がある。この場合，裁判所は，その申立てに理由がないことが明らかなときを除

184　第3章　訴訟の審理

き，同号ロの除外事由の有無について，監督官庁の参考意見を聴取しなければならず，これに対して監督官庁が，同号ロの除外事由がある旨の意見を述べるときは，その理由を示さなければならない（223Ⅲ）。また，文書にその所持者以外の第三者の技術または職業の秘密に関する事項に係る記載がされている場合に，監督官庁が公務秘密文書に当たらない旨の意見を述べようとするときは，あらかじめ当該第三者の意見を聴かなければならない（223Ⅴ）。監督官庁が公務秘密文書に当たる理由として，国の安全が害されたり防衛・外交上の不利益が生ずるおそれや，公共の安全と秩序の維持（たとえば，犯罪の予防・鎮圧・捜査，刑の執行など）に支障を及ぼすおそれを述べた場合（高度の公務秘密文書）には，裁判所の審理・判断は，その意見について相当の理由があるかどうか（合理性をもつ判断として許容できるか）に限定される（223Ⅳ）。専門的・政策的判断が必要となる高度の秘密であるので，監督官庁の第一次的判断を尊重する趣旨である（行政情報公開法5③④参照。最決平17・7・22民集59・6・1888〔*166*〕は，外交文書につき223Ⅳの適用を認める）。

　(e)　不服申立て　　文書提出命令の申立てについての決定に対しては，申立てを却下された申立人および文書提出を命ぜられた所持者が（最決平12・12・14民集54・9・2743〔*167*〕）即時抗告をすることができる（223Ⅶ）。もっとも，申立ての却下が証拠調べの必要性を欠くことを理由とする場合は，即時抗告はできない（最決平12・3・10民集54・3・1073〔*154*〕）。また，その審級の口頭弁論終結後は，却下決定に対する即時抗告はできない（最決平13・4・26判時1750・101〔*168*〕。もっとも，当該審級の終局判決に対して上訴が提起された場合には，却下決定も上訴裁判所の判断を受ける。283本文参照）。

(f) 文書提出命令の効果　　所持者が文書提出命令に従わない場合，文書提出命令に基づいて所持者から文書を取り上げる方法（強制執行）ではなく，以下の制裁を課することで間接的に提出を強制するものとされている。文書の所持者が訴訟の相手方当事者である場合には，裁判所は，文書の記載に関する当事者（挙証者）の主張を真実と認めることができる（224Ⅰ）。文書を所持する当事者が挙証者の使用を妨げる目的で文書を滅失させるなどして使用を不能にした場合も同様である（224Ⅱ）。なお，これらの場合において，挙証者が文書の記載に関して具体的な主張をすることおよびその文書によって証明すべき事実を他の証拠によって証明することが著しく困難であるときは，裁判所は，直接に，この証明すべき事実を真実と認めることができる（224Ⅲ。知財高判平21・1・28判時2045・134〔*169-2*〕。規定のなかった旧法下で，既に東京高判昭54・10・18下民集33・5～8・1031〔*169*〕はこのような取扱いを示していた）。第三者が文書提出命令に従わないときは，過料の制裁が課せられる（225）。

　文書提出命令に応じて提出された文書については，申立人が（取捨選択して）改めて提出をした場合にはじめて証拠調べの対象となるとする見解（大判昭13・2・15法学7・6・805）と，所持人が提出したすべての文書が当然に証拠調べの対象となるとする見解とに分かれている。

⑤　文書の送付嘱託（226）　　文書を所持する者に対して，任意に提出を求める手続である。文書提出義務を前提としないので，訴訟法上は強制力がない。主に，官公庁，公法人の保管する文書について用いられる。不動産の登記簿や戸籍簿の謄抄本のように，当事者が法令により文書の正本または謄本の交付を求めることができる場合は，送付嘱託の申立てはできない（226但書）。嘱託に

応じて提出された文書と証拠調べの関係についても，文書提出命令の場合と同様に，議論がある。

(6) 電磁的記録に記録された情報 電磁的記録に記録された情報の内容に係る証拠調べについては，基本的に，書証の証拠調べに関する上述の規律が当てはまる（231の3）。証拠の申出は，当該電磁的記録の提出または当該電磁的記録の利用権限を有する者に提出を命ずる旨の申立てによってする（231の2Ⅰ）ほか，電磁的記録の送付嘱託の申立てをすることもできる（231の3）。提出は，電磁的記録の複製を電子情報処理組織を使用して裁判所のファイルに記録するか，または電磁的記録の複製を記録した記録媒体を提出することです（231の2Ⅱ，規149の2）。

刑事訴訟記録等を対象とする文書提出命令 刑事事件に係る訴訟に関する書類もしくは少年の保護事件の記録またはこれらの事件において押収されている文書（以下「刑事事件関係書類等」という）は，他の公務文書のように民事訴訟の受訴裁判所によって提出義務の存否が具体的に判断されるのではなく，一律に文書提出命令の対象外とされている（220④ホ）。この規律の趣旨は，これらの書類等が，刑事訴訟での実体的真実の解明（公益の追求）のため関係者の名誉やプライバシーにも深く立ち入って作成されるものであるので，関係者の利益を保護し捜査の秘密や刑事裁判の適正の確保等をはかる必要があることなどを考慮して，開示すべきかどうかの判断を刑事手続または少年審判手続での開示制度にまかせたことにある（規律の趣旨につき最決令2・3・24判タ1480・144参照）。しかし，この規律に対しては，立法当初から反対意見もあり，国会においては，改正法の施行後3年を目途にこれらの書類等の民事訴訟での利用状況等を勘案し，これらを対象とする文書提出命令の制度について検討を加え，その結果に基づいて必要な措置を講ずるものとされた（平成13年改正法附則3項）。これを受けて，法制審議会で

検討がなされたが，現行制度（刑事確定訴訟記録法，犯罪被害者等の保護をはかるための刑事手続に付随する措置に関する法律など）の下で，被害者等の閲覧請求，民事訴訟の受訴裁判所の文書送付の嘱託（226）または弁護士会からの報告の請求（弁護23の2Ⅱ）の手続によって，これらの書類が高い割合で開示されている現状が明らかになり，また，不起訴事件記録中の供述調書について一定の要件の下で送付嘱託に応ずるとの検察庁の新たな方針が示されたことなどが評価され，文書提出命令に関する法改正は，見送られることとなった。

なお，刑事訴訟記録等が民事訴訟法220条1号ないし3号の文書に当たる場合には，当然に提出義務が否定されるわけではないが，刑事訴訟記録等を開示するかどうかはその保管者の合理的な裁量に委ねられており（刑訴47），民事訴訟の当事者が文書提出命令を申し立てた場合も，保管者の裁量的判断は尊重される。しかし，保管者による提出拒否が，民事訴訟において当該文書を取り調べる必要性の有無，程度，当該文書が開示されることによる被告人，被疑者等の名誉，プライバシーの侵害等の弊害発生のおそれの有無等の諸般の事情に照らし，裁量権の範囲を逸脱しまたは濫用するものと認められる場合には，裁判所は当該文書の提出を命ずることができる（最決平16・5・25民集58・5・1135〔*170*〕，最決平17・7・22民集59・6・1837〔*171*〕，最決平31・1・22民集73・1・39，最決令6・10・16裁時1850・1。最決令2・3・24民集74・3・455は，司法解剖の結果を記録した準文書（電磁的記録媒体）が，司法解剖が適正に行われたことを示す資料にもなることを理由に，死者の遺族と所持者の間において，法律関係文書に該当する，とした）。

(7) 検 証 　検証とは，裁判官が五官の作用により直接に物の形状・性質を観察し得られた内容を証拠資料とする証拠調べである（232～233）。その対象を検証物という。人体も対象となる（身体検査，血液採取など）。わが国の裁判権が及ぶ者は一般に，検証物の提示義務および検証受忍義務を負う，と考えられている

(最決平21・1・15民集63・1・46〔*171-2*〕は，情報公開訴訟において対象文書の検証物提示命令は許されないとした）。検証についても，当事者に異議がなく裁判所が相当と認めるときは，ウェブ会議で手続を行うことが可能である（232の2，規151の2）。

(8) 調査の嘱託　　調査の嘱託は，裁判所が官公署その他の公私の団体に嘱託して，事実または専門知識につき調査報告を受ける特別な証拠調べである（186）。調査の嘱託は職権ですることもできる。裁判所は，調査の結果を当事者に提示することを要する（186Ⅱ。令和4年改正前はこの規定はなかったが，最判昭45・3・26民集24・3・165〔*172*〕は口頭弁論に提示して当事者に意見陳述の機会を与えるべきものとしていた）。なお，当事者がこれと同様に公私の団体から資料の提供を受ける手段としては，弁護士が所属弁護士会を通じてする報告の請求の制度がある（弁護23の2。照会を受けた相手方の報告義務の存否をめぐっては，議論が多い。なお，最判平30・12・21民集72・6・1368は，報告義務確認訴訟につき訴えの利益を否定する）。

(9) 証拠保全　　証拠保全は，本来の証拠調べの手続を待っていたのでは取調べが不可能または困難になるおそれがある場合に，あらかじめ証拠調べをしてその結果を保全しておく制度である（234）。たとえば，証人が重病であるとか，検証の対象となる建物の現状が変更されるおそれがあるなどの場合に利用することができる。既に訴訟が係属しているときは裁判所の職権で証拠保全手続を行うこともできる（237）。

現代型訴訟での証拠の偏在現象を背景として，証拠保全手続を当事者の一方が相手方のもつ証拠を探索し自己の主張を補充したり有利な証拠を発見するてがかりとする目的（開示目的）で利用することを許してよいか，議論がある。

証拠法の新展開

民事訴訟法学の中で証拠法の分野ほど，長い間，多くの議論がなされてきた分野はないであろう。議論は，証明責任論争に始まり，証明責任以前の問題に重点を移しながら，なお活発に続いている。

証明責任論争は，通説である法律要件分類説を批判する新説の登場と，それに対する通説からの反論という形でなされた。この背景事情としては，通説により証明責任を負うとされる者が現代の訴訟においてしばしば立証の困難につきあたり，これを解決することができるような証明責任分配の必要性が痛感されたことが，指摘できる。法律要件分類説の問題点として指摘されるのは，主として，①この説が法規はその構成要件に該当する事実の存在が証明されてはじめて適用されると考えていること（法規不適用原則），②権利根拠規定と権利障害規定との区別は実体法上できないこと，③実体法が証明責任の分配を考慮して立法されたとは必ずしもいえないのでその構造は証明責任分配の基準として有用ではないこと，④問接反証の議論によって実質的には証明責任分配の原則を変更していること，である。そこで新説は，実体法の条文を基準とするのではなく，当事者の公平の観点（立証の難易，証拠との距離，蓋然性など）と実体法の立法趣旨とを考慮して，利益衡量で決することを提案した。

しかし，考慮すべき要素，それらの相互関係・優劣など未解決の点が多く，また，基準が一義的に明確でないという利益衡量につきものの問題もあり，通説を覆すには至らなかった。もっともこの論争は，通説の反省・修正を促すことにもなった。その結果，現在では，法規不適用原則は捨て去られ，証明責任の問題は実体法それ自体に論理的に内包されているものではなく，事実の存在または不存在を擬制することによって法律効果の発生・不発生の判断を可能にする規範，つまり真偽不明の場合に実体法規の適用・不適用を指示する規範が存在する，という考え方が有力となっている。これは証明責任規範と呼ばれる。また，実体法の構造は証明責任分配を決定する重要な基準ではあるが，唯一絶対的なものではなく，解釈論による修正の余地もあるこ

とが承認されている。

他方で，一方の当事者の証拠の偏在や立証の困難を解決するためには，証明責任の分配を問題とするだけでは不十分である，という考え方も広まってきた。それによると，裁判所が重要な証拠が提出されないままで証明責任によって判断を下すのは，たとえ証明責任が新説によって証拠をもつ当事者に分配されるとしても，望ましいことではなく，また，証拠をもたない当事者が十分な主張すらできない場合には，証明責任の問題に至る以前に訴訟の追行が不可能になるおそれもある，という。そこで，証拠の提出が可能な当事者にそれを義務付ける方向で当事者の立証活動自体の法的規律を検討する必要がある，というのである。この動きは，理論的には，証明責任を負わない当事者に，一定の要件の下で具体的な事実を主張し証拠を提出する義務ないし責任を負わせる事案解明義務（責任）や（最判平 4・10・29 民集 46・7・1174〔*173*〕），従来の主観的証明責任とは別の証拠提出責任を認める見解として，現れている。また，より具体的には，多数の判例や学説の蓄積およびそれを受けた立法によって実現した文書提出命令の拡張（179 頁以下参照）や，証拠開示的機能を重視した証拠保全手続の運用（188 頁参照）の試みに現れている。当事者照会（144 頁参照）や訴えの提起前の照会および証拠収集の処分（39 頁以下，145 頁参照）の制度もこのような新しい考え方を基礎としている。

特許権等の侵害訴訟における営業秘密の保護強化と侵害行為の立証の容易化

特許権等の侵害訴訟では，①侵害行為の立証のための証拠が当事者の一方に偏在しているため証拠を所持しない当事者の立証活動が困難であるという問題だけでなく，②証拠を所持していても，それを提出すると（あるいは証拠を出さなくても具体的な事実を主張するだけで），自己の営業秘密にわたる事項を開示することになり事業活動に著しい支障を生ずるおそれがあるため，証拠の提出（主張，ひいては訴えの提起自体）を躊躇せざるをえないという問題がある。①の対策

としては，民訴法の文書提出命令の特則として，相手方当事者の所持する，侵害行為の立証または損害の計算のため必要な書類または電磁的記録を対象とする提出命令の制度がある（特許105，不正競争7など。インカメラの手続につき183頁参照）。②については，平成16年の改正により，秘密保持命令の制度が創設された。これにより，訴訟における準備書面の記載または証拠の内容から当事者の営業秘密を知った当事者，その代表者，代理人，使用人，訴訟代理人または補佐人に対して，秘密を他に漏らすことを，刑事罰をもって禁止することができることとなった（特許105の4・200の2，不正競争10・21Ⅱ⑤など。なお，訴訟記録の閲覧請求との関係につき特許105の6，不正競争12など参照）。また，当事者，その代表者，代理人，使用人などが，侵害行為の有無の判断の基礎となる事項で当事者の保有する営業秘密に該当するものについて尋問を受ける場合に，一定の要件の下で，当事者尋問または証人尋問の公開を停止することも，平成16年の改正で可能となった（特許105の7，不正競争13など。129頁）。

第4章

訴訟の終了

➡イタイイタイ病控訴審判決で原告側が勝訴
毎日新聞社提供

本章では，まず，訴訟が終了するパターンとして，裁判所の審理結果が最終的な判断の形で示される終局判決による場合と当事者の意思に基づき裁判という形によらないで訴訟が完結する場合とがあることが明らかにされる（Ⅰ）。

次に，後者の場合として，訴訟上の和解，訴えの取下げおよび請求の放棄・請求の認諾について，これらの行為の要件，効果等が検討される（Ⅱ）。

さらに，終局判決については，その効力の内容，効力の客観的範囲および主観的範囲の問題が，既判力を中心として解説される（Ⅲ）。

I 総　説

1──訴訟の終了とは

　訴訟の始めは訴えの提起によるが，その終わり方となると様々である。大きくは二つに分かれ，裁判所の判断で終わる場合と当事者の意思（行為）によって終わる場合とがある。

(1) 裁判所の判断で終わる場合　この場合の多くは，終局判決である（その他，裁判長による訴状却下命令で終わる場合などがある。後述の訴えの取下げ擬制に追い込むこととなる期日指定申立ての却下決定は，現行法の下でもなお問題となる。これは裁判所の判断により訴訟を自動的に終了させるという側面をもつ。名古屋地決昭40・9・30判時435・29）。これには，請求の当否について立ち入ることなく訴えを不適法であるとして却下する訴訟判決（いわゆる門前払いの判決）と，その点まで踏み込んで判断する本案判決（実体判決）とがある。もっとも，当事者の上訴によって上級審の手続が予定されることを考え合わせると，訴訟が完全に終了するのは，終局判決が確定したときである。なお，原告の請求に対しての裁判所の応答の量的な仕方から，全部判決と一部判決（243Ⅱ）（この場合には，残部については追加判決を要する）との区別がある。これらは，いずれも終局判決であるから，上訴の対象となる。これに対して，終局判決の準備のためになされるものとして中間判決がある。

　また，必ずしも裁判所の判断で終わるものともいいがたいが，まれに当事者の一方が死亡し訴訟承継の余地もない場合（訴訟物たる権利義務関係の一身専属性）や原告・被告の地位の混同が生ずる場合など，二当事者対立の状況がなくなったときは，確認的に

I 総 説 195

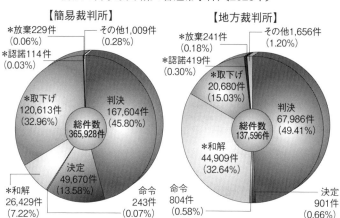

訴訟の終了原因（第1審通常事件）〔2023年〕

※ ＊は、当事者の行為による訴訟の終了の場合。また、「決定」はおもに移送決定である。司法統計年報をもとに作成。

なされる訴訟終了宣言の判決によって訴訟が終わることもある（最判平 16・2・24 判時 1854・41 は、公文書開示請求に関する行政訴訟であるが、請求権者の一身専属権であるとして、当事者の死亡による訴訟終了宣言の判決をしている）。

(2) **当事者の意思に基づく行為によって終わる場合**　民事訴訟は私的な紛争を扱うため、当事者による訴訟の処分が広く認められている（8頁、36頁、50頁以下参照）。訴訟の開始に当たってみられた処分権主義がここでも現れる。訴えを取り下げたり、訴訟上の和解や請求の放棄・認諾によって終わる場合がそれである。

2——訴訟の終了の実際

上の図が示すように、当事者の行為によって終了する場合は、全体の約半分を占めている（もっとも、後述する請求の放棄・認諾に至ってはきわめて少ない）。判決で終わる場合は、割合としてはこ

のところ微増の状況にある。

それでは，裁判所においても比較的重視されると思われる順に説明していこう。

Ⅱ 当事者の行為による訴訟の終了

1 ── 訴訟上の和解

　紛争の対立関係にあった当事者双方が，訴訟係属中に互譲によって紛争に決着をつけるため，訴訟期日において，一定内容の合意をし，これによって訴訟を終わらせることを訴訟上の和解という。なお，「裁判上の和解」は「訴訟上の和解」と「即決和解」を含む（4頁）概念である。

(1) 法的性質　訴訟上の和解が一定内容の私法的合意を前提として，それが裁判所での訴訟期日（和解期日）でなされるという二重構造のため，そのいずれに力点を置くかで法的性質についての見解が分かれる。私法行為説（電子調書への記録は私法上の和解の公証とみる），訴訟行為説（訴訟終了効をめざす訴訟上の陳述とみる）は一方の見方で徹底した立場であり，その両者の間に両性説（私法行為的側面と訴訟行為的側面を帯有し，一方の瑕疵は他方に当然に影響を及ぼす）と両行為併存説（両性説とは異なり，それぞれ実体法，訴訟法の規律を別個に受ける）がある。この中では，訴訟行為説と併存説が有力である。和解に瑕疵があった場合の主張をどのようなルートで認めるべきかといった議論と関係して問題となる。

(2) 要　件　① 対象の処分性　和解の対象となる権利関

係は当事者が自由に処分できるものに限られる。そこでたとえば，通説の理解によれば，公法上の境界線が訴訟対象である境界確定訴訟では，所有権の範囲についての和解条項が作成される。なお，**離婚訴訟**については，明文で訴訟上の和解を許容する（人訴37）。もっとも，従来から実務で行われていた**協議離婚**をベースとする和解もなお可能である。

② 和解内容の適法性　公序良俗違反やその他法律が禁じている場合には許されない。

③ 一定の訴訟要件の具備　一般的には，和解は自主的な紛争解決なのであるから，本案判決の前提要件である訴訟要件を充足する必要はない。しかし，最低限，訴訟行為の有効要件とみられる範囲では必要となる。たとえば，当事者が実在し，訴訟能力を有することなどである。訴えの利益や当事者適格については必要ない。

(3) 手続　① 手続一般　裁判所は，手続のどの段階であっても，訴訟が係属している限り，和解を試みることができる (89)。争点整理手続（準備的口頭弁論など）においてももちろん和解を試みることができる。口頭弁論終結後でもかまわない（弁論を再開する必要はない）。裁判所外でも相当と認められるならば許される（いわゆる現地和解。規32Ⅱ）。口頭弁論期日や和解期日など何らかの訴訟期日に両当事者が出席したうえで，裁判所による意思確認が行われるのが基本である。裁判所は事件の内容を踏まえ，当事者の同意を得て，決定により，専門委員を関与させることができる（92の2Ⅲ）。訴訟代理人による場合は，本人からの特別授権を要する（55Ⅱ②）。必要ならば，本人やその法定代理人の出席を裁判所として求めることもできる（規32Ⅰ）。訴訟上の和解が適法になされたときは，これを電子調書に記録する（規67Ⅰ

①)。

②　和解条項案の書面による受諾制度の場合　当事者の一方が訴訟期日に出席することが困難と認められる場合には、裁判所からあらかじめ提示された具体的な和解条項案につき、これを受諾する旨の書面を提出しておけばよい（書面和解）。出席した当事者が受諾すれば訴訟上の和解が調ったとみなされる（264）。訴訟上の和解が成立するには、前述したように裁判官の面前での当事者双方の最終的な意思確認が基本的に要請されるが、例外的に一方の当事者が期日に欠席することが容認されることとなった（ただし、裁判所に真意の確認義務がある。規163Ⅱ）。

③　裁判所等が定める和解条項制度の場合　当事者双方から共同申立ての書面により、裁判所・受命裁判官・受託裁判官において適当な和解条項を定めることとされた場合、裁判所が定めた和解条項が当事者双方に告知されることにより訴訟上の和解が調ったものとみなされる（裁定和解。265）。これはいわば仲裁的和解である（規164Ⅰ）。この場合、訴訟期日外に和解が成立することもある。この制度は民事調停における調停委員会の定める調停条項制度（民調24の3等）をモデルとしたものである。

④　和解に代わる決定　簡易裁判所における金銭支払請求訴訟の場合、被告が原告の主張する事実を争わず、その他何らの防御方法をも提出しないときは、裁判所が和解的解決が相当であると判断すれば、和解に代わる決定をすることができる（275の2）。分割払い等を内容とする。当事者から異議の申立てがない場合、決定には裁判上の和解と同一の効力が認められる。

(4)　効果　このように和解が成立すると、その内容が和解条項として必ず電子調書に記録される（規67Ⅰ①・163Ⅲ・164Ⅱ）。これには、確定判決と同一の効力がある（267Ⅰ）。離婚する旨を

電子調書に記録すれば（「原告と被告は，和解離婚する」），その時点でただちに離婚の効力が生ずる。

① 訴訟終了効　　和解によって訴訟は終了する。和解につき当事者の意思に瑕疵があるときには，和解の法的性質論とも絡むが，訴訟終了効が解消し，旧訴が復活するかどうかの議論となる。

② 執行力　　和解条項のうち，給付条項（「○月○日限り，金100万円を持参または送金して支払う」などのように，一定の給付内容を定めたもの）については，執行力が認められる（民執22⑦）。

③ 既判力　　訴訟上の和解に既判力があるかについては，問題がある。267条を素直に読めば，和解は判決の代用であって，これと同等に扱うべきであるということになるが，和解が自主的な紛争解決であるという基本的な性格からは，和解には既判力はないというべきである。そもそも既判力とは判決にのみ固有のものであるはずであった。しかし，判例・実務は，いわゆる制限的既判力説の立場にある。すなわち，訴訟上の和解にも既判力が生じるが，実体法上の瑕疵がある場合は既判力が生じないとみる（これでは既判力を認めないのと同じだとの批判がある）。こうした問題は，訴訟上の和解の瑕疵を争う方法をどうするかという議論に関連する（既判力肯定説では再審に準ずる事由がなければこれを争うことは許されない）。ともあれ，何がしかの確定力を認めなければ当事者間の法的不安は解消しない（既判力否定説ではそれが私法上の契約としての拘束力に止まる）。訴訟上の和解にはそれにふさわしい「既判力」の形があってもよいはずである。

④ 形成力　　上記の和解離婚する旨の形成条項については，形成力が認められる。戸籍へは報告的届出となる。

(5) 訴訟上の和解の瑕疵を争う方法　　①電子調書上の記録間違いについては，判決に準じ，申立てまたは職権により裁判所は

更正決定（209頁参照）をすることができる（257類推）。②和解に無効・取消原因がある場合は，問題がある。旧訴について期日指定の申立てをすべきか，和解無効確認訴訟を提起すべきか，請求異議の訴え（民執35）によるべきか，実体上の権利関係の存否確認訴訟の別訴によるべきか，あるいはそのいずれでもよいか，争いがある。さらに，③和解が解除された場合の扱いについても，同様である（和解契約の解除によってはいったん終了した訴訟は復活せず，新訴提起は二重訴訟〔二重起訴〕に該当しない〔最判昭43・2・15民集22・2・184（*174*）〕。「確定判決と同一の効力」を有する訴訟上の和解そのものを解除するわけではなく，その基礎となった和解契約を解除した場合に，旧訴訟が当然に復活し，これを続行することになるのかという問題である〔もっとも，両性説によれば別異である〕）。旧訴が復活するとして期日指定の申立てをすべきだとの見解や，新訴を提起すべきであるとの立場などがあるが，判例は特に救済方法を限定していない。和解内容の多様さとその効力をめぐる紛争の多様性から，近時は，複数の救済方法の競合を認める判例の立場を支持する見解も有力である。

株主代表訴訟における訴訟上の和解　企業の不祥事などが表面化する中，株主代表訴訟が増加している。提訴手数料の著しい軽減化などの法改正により，代表訴訟提起へのインセンティヴが高められたことにもよる。

そうした中で，かつて一つの論点が浮上した。代表訴訟において訴訟上の和解（代表訴訟係属中の原告株主と被告取締役との訴訟上の和解）は可能か，という点である。代表訴訟の決着の付け方として実際にも重要な問題となり，学説の議論も活発化した。とりわけ，日本サンライズ株主代表訴訟事件控訴審において現実にも訴訟上の和解がなされるに及び話題を呼んだ。会社役員（以下では，監査役をも含めて

取締役等ないし取締役という)の責任免除とも絡み，また訴訟担当者となる原告株主が当然に和解権限を有するともいいきれず，様々な論議を呼んだ。

　訴訟上の和解を積極に解するには二つの大きなハードルがあった。すなわち，原告株主の和解権限と旧商法266条5項（会社120Ⅴ等）の免責規定である。訴訟上の和解が訴訟法的にも実体法的にも解釈論として，理論的にも十分に可能なものとする流れを受ける中，法改正により，ひとまず肯定的決着をみた（会社849の2・850）。すなわち，和解内容に会社が書面で異議を述べない限り，承認したものとみなすとした。

　なお，訴訟上の和解は訴訟代理人の代理権においては特別授権事項（55Ⅱ②）である。他方，任意的訴訟担当とされる選定当事者が和解できるかという問題について，判例は特別授権を要することなく和解することができるとしている（最判昭43・8・27判時534・48〔*175*〕）。

2——訴えの取下げ

　原告が提起した訴訟の維持の必要性が事後的に解消する場合がある。ことに相手方が全面的に原告の言い分を受け入れたというようなケースである。この場合に，原告によって訴えによる審理・判決申立てのとりやめ（撤回）を内容とする意思表示が裁判所に対してなされることがあるが，これを訴えの取下げという。後に述べるように，これにより訴訟係属は提訴時に遡って消滅し，訴訟は終了する（262Ⅰ）。

　なお，訴えの取下げが擬制される場合がある（263）。第一審で当事者双方が期日を欠席し，その後1か月内に期日指定の申立てがなされていない場合のほか，連続して2回にわたり期日を欠席した場合は，当然に訴えを取り下げたものとみなされる（弁論準

備手続期日の欠席の事案であるが、津地判平 12・9・7 判タ 1080・226 は、期日指定の申立てに対し、訴訟終了宣言判決で応じた)。権利濫用として同申立てが却下された場合も同様である (名古屋地決昭 40・9・30 判時 435・29)。上級審での当事者双方の欠席の場合は、上訴の取下げがあったものと擬制される (292Ⅱ・313)。

(1) 法 的 性 質 訴訟終了効をねらった原告の訴訟行為である (いわゆる与効的訴訟行為の一種〔146頁参照〕)。これに対して、裁判外で訴え取下契約がなされることがある。こうした合意の成立には何がしかの効力を認めることとなるが、原告が訴えの取下げを相手方に対して約する私法的合意 (訴えを取り下げるとの私法的な義務を被告に対して負担する)とみるべきものか、訴訟契約の一つとして理解すべきか (このため、かかる合意により端的に訴訟終了効が生じるとする。この見解が近時は有力である) については議論が分かれる。このような合意を無視して、原告が訴訟を維持している場合の扱いについて、前説によると、原告の訴えは権利保護の利益 (訴えの利益) を欠くということを媒介にして、訴えが不適法却下されることとなる (最判昭 44・10・17 民集 23・10・1825〔*125*〕)。後説ではただちに訴訟終了効が生ずるものとみられ、当事者間で訴訟係属についての主張に争いがある限り、訴訟終了宣言 (ドイツ民訴法の制度とは異なる) を判決ですべきものとされる (もっとも、訴訟契約ととらえる立場から、直接に訴訟の続行を不適法とするものとし、訴え却下の判決をすべきものとみる見解もある)。

(2) 要 件 ① **原告の訴え取下行為** 原告は、終局判決が確定するまでは随時訴えを取り下げることができる (261)。ただし、終局判決後の取下げには、後述する再訴禁止効が生ずる。

② **相手方 (被告) の同意** 被告が本案である請求の当否について準備書面を提出しているとか、期日に口頭で述べるなど、

何らかの応答をしたときには，本案について決着をはかろうとする被告の利益を保護する必要があるため，その同意が効力発生要件となる（261Ⅱ）。いったん同意を拒絶すれば，訴えの取下げは無効で確定し，改めて同意をしても先の取下げの効力は生じない（最判昭37・4・6民集16・4・686〔*176*〕）。

③ 訴訟能力・特別授権の存在　これについては，訴訟上の和解で述べたところがそのまま当てはまる。もっとも，主として訴訟係属の解消行為であるから，訴訟無能力者や無権代理人が勝手に提起した訴訟にあっては，権限者による追認があるまでは自ら訴えを取り下げることができる。

④ 訴えの一部取下げの可否　いわゆる「請求の減縮」と呼ばれるように，請求額のみを減額修正する場合は訴訟法的にはどのような性質を有するか。これは一部請求論の問題と絡む。一部請求を容認する立場では，これは訴えの一部取下げとみられる（原告の意思によっては，請求の一部放棄とみられる場合もあろう）。数個の請求のうち，いずれかを取り下げる場合は，ここでいう一部取下げではない。

(3) 手　続　原則として，訴え取下書面を裁判所に提出することによって行われる（書面主義。261Ⅲ）。訴状送達後であれば，取下書面は被告へ送達されなければならない（261Ⅴ前段）。無用の準備をさせないためであるし，本案についての応答後であれば取下げへの同意についての考慮の機会を与える趣旨である。訴えの取下げは，期日において口頭ですることもできる（261Ⅳ）。原告の意思を外形的にも明確にさせる書面主義に実質的には反しない。被告が欠席していれば取下げに係る電子調書を送達する（261Ⅴ後段）。

被告の同意も，書面で，ないしは期日に口頭でなされる。2週

間以内に被告が異議を述べなければ，訴えの取下げに同意したものとみなされる（261Ⅵ）。同意擬制による訴えの取下げである（訴え取下擬制とは異なる）。

(4) 取下げが無効である場合の措置　詐欺・脅迫等の刑事上罰すべき他人の行為によって訴えが取り下げられた場合には，これらが，確定判決の場合であれば再審事由である点を考慮して（338Ⅰ⑤），その取下げを無効とする（最判昭46・6・25民集25・4・640〔*128*〕）。この場合，有罪判決の確定等の要件（338Ⅱ）は満たさなくてよい。この場合には，期日指定の申立てをして，旧手続を続行することとなる。もっとも別訴を提起することも許されるべきである。二重訴訟（二重起訴）とはならない。瑕疵があったかどうかの判断は，ときに微妙であるから，そうしたリスクを当事者に負わせるべきではない。

(5) 効　果　① **訴訟係属の遡及的消滅**　訴えの取下げが有効になされれば，訴訟係属は遡及的に消滅する（262Ⅰ）。時効完成猶予効は提訴に伴って生じた実体法上の効果であるが，基本的には消滅する（民147）。訴訟が係属した事実そのものがなくなるわけではないから，訴訟係属中に間断なく催告がなされたものとみる程度の効力は認められよう（民150。なお，二重訴訟で先行訴訟を取り下げた場合の時効完成猶予効〔時効中断効〕につき，積極に解するのは，最判昭50・11・28民集29・10・1797〔*177*〕）。

②　**再訴禁止効**　訴えの取下げ後に，同一請求につき同じ当事者に対して，再び提訴することは原則として許されるが，本案についてなされた終局判決（請求認容・請求棄却の各判決をいう。したがって，訴え却下判決は除く）後に訴えを取り下げた場合は再訴が禁止される（262Ⅱ）。これは，せっかくなされた実体判決を無駄にすることになるため，同じ紛争を蒸し返して訴訟制度をもて

あそぶことに対して，制裁を加える趣旨であると従来は理解されていた（取下濫用制裁説）。これに対して，訴えの取下げに制裁を結び付けることは基本的になじまないことであって，むしろ再訴そのものの濫用を防止することに再訴禁止条項の趣旨があるとの見解も有力である（再訴濫用防止説）。いずれにせよ，実質的な勝訴原告が取り下げる場合と，敗訴原告が取り下げる場合では自ずから再訴の意味も違ってくる面がある。ちなみに，訴え取下げ後に新たな必要性が出てきたときには，判例も再訴を許している（最判昭52・7・19民集31・4・693〔*178*〕）。

なお，請求の放棄が許されない場合に，再訴禁止効を認めてよいか問題とされる。多数説は実質的には放棄を許すに等しいことから否定する。しかし肯定するのが判例（最判昭43・12・20判時546・69〔*216*〕）とされる。なお疑問もあるが，類似する制度間でのバランスへの配慮を指摘する学説には正当なものが含まれている。

3──請求の放棄・請求の認諾

原告が自らの定立した請求の理由のないことを自認する裁判所に対する意思表示を請求の放棄といい，逆に，被告が原告の請求に理由のあることを認める場合を請求の認諾という。これらが電子調書に記録されると，確定判決と同一の効力を生じ，訴訟は終了する（267Ⅰ）。いわば自らの敗北宣言といえる。

請求の一部について，請求の放棄・請求の認諾が許されるかについては，争いがある。1個の債権の一部についての放棄・認諾は，訴訟を全面的に終了させるものではなく許されない。しかし，請求の併合の場合（230頁）は，それぞれの事件を分離した上で，請求の放棄・請求の認諾に対応すべきである。

(1) 法 的 性 質　請求の放棄や認諾の法的性質については，

かつて議論されたところであるが，訴えの取下げと同じ類型の訴訟行為（与効的訴訟行為。146頁参照）とみることができる。そのうえで当事者の意思に瑕疵があってなされた場合には，実体私法の規定を類推する見解が有力である。

> **請求の認諾・権利自白・裁判上の自白** 同じく当事者の一方が相手方の請求ないし主張を認める行為でありながら，認める対象が訴訟物・権利主張・事実主張とそれぞれ異なることに注意する必要がある。たとえば，建物収去土地明渡請求事件の場合，原告による土地の明渡請求につき，被告においてこの請求を認めることが請求認諾であり，原告の土地所有権を被告において認めること，あるいは被告の賃借権の主張を原告において認めるといったように，一定の法律関係ないし権利の存在について，相手方が認めることを「権利自白」という。これに対して，原告の土地所有権を理由付ける同土地の買受行為そのものについて被告が認めるように，当事者の主張事実，ことにその中でも実体法の定める要件事実について，相手方においてこれを認めるのが，事実自白であって，弁論準備手続や口頭弁論におけるそうした事実自白を裁判上の自白と呼んでいる（158頁参照）。効果は，認める行為をした当事者側にいずれも不利に働くが，認める対象が，請求の認諾・権利自白・裁判上の自白のそれぞれにおいて違うように，大きな差異がある。

(2) **要 件**　① 争いが当事者の処分可能なものであること

争われている利益が私的なものであって，当事者の意思による処分が可能なものに限られる。弁論主義が妥当する事件については，判決の効力の相対性を前提として，放棄・認諾が可能とみることが適切といえる。職権探知主義（人訴20）を前提にする場合，基本的には放棄・認諾が許されない（人訴19Ⅱ）。もっとも，婚姻関係訴訟や養子縁組関係訴訟では，特例として許容される（人訴37・46。旧法下で，放棄を許容したのは，最判平6・2・10民集

48・2・388〔*179*〕)。実親子関係訴訟では，職権探知主義を前提に放棄も認諾も許されない。

② **法律上許された権利関係の主張であること**　原告の請求の内容となっている権利関係が公序良俗違反等の場合（犯罪を求めたり，法定外の物権の確認を求めるなど）には，放棄を認めても弊害はないとみられるが（消極的確認訴訟の場合は，問題の余地もあろう），認諾は許されない。請求原因が公序良俗違反である場合も，認諾は許されない（たとえば，暴利行為に基づく金銭請求の認諾。多数説）。

③ **訴訟能力・特別授権の存在**　訴訟上の和解や訴えの取下げと同様の要件が必要である。当事者が実在することも同様に必要である。しかし，その他一般的に訴訟要件を満たすべきものであるかは問題である。従来の通説は，判決に代わるものとの位置付けからこれを要求した。判例も同様の立場にあるものとみられる（最判昭30・9・30民集9・10・1491）。しかし，基本的には放棄・認諾が当事者間の自主的紛争解決方式の一つであることから，これは疑問である。ことに，訴えの利益や当事者適格の存在までは要求すべきではあるまい。

(3) 手続　① **裁判所に対する陳述**　口頭弁論等の期日（口頭弁論のほか，弁論準備手続や和解の期日をいう。261Ⅳ参照）における陳述によってなされる（266Ⅰ）。もっとも，その旨の書面を提出した当事者が期日に欠席した場合には，陳述が擬制されることにより，放棄・認諾として扱うことができる（口頭主義の例外。266Ⅱ）。上告審でもかまわない。この場合には，原審の判決は失効する。

② **要件の審査と電子調書への記録**　裁判所は前記の要件を審査し，これを具備していると判断すれば，書記官により電子調

書に記録される（規67Ⅰ①）。

(4) 効果 ① 訴訟終了効　　放棄や認諾が電子調書に記録されると訴訟終了効が発生する。

② 「確定判決と同一の効力」(267Ⅰ)　　給付請求の認諾に係る電子調書には，執行力が認められる（民執22⑦）。形成請求の認諾にあっては，形成力が生ずる。認諾に係る電子調書・放棄に係る電子調書には既判力を認めうる。しかし，訴訟上の和解において生じた議論が同様に存在する（199頁）。

Ⅲ　終局判決とその効力

1——総　　説

　訴訟が裁判をするのに熟したときは，終局判決をすることとなる（243Ⅰ）。また，当事者の一方または双方が期日に欠席するなど，訴訟の進行が困難となった場合，相当と認められるときは，審理の現状に基づいて終局判決をすることもできる（244）。終局判決とは当該審級をしめくくる判決のことをいう。電子判決書が当事者において解決を求めた事項に端的に応えるものとなるように，電子判決書の事実の記録において，請求の明示および主文が正当であることを示すのに必要な主張の摘示をしなければならない（252Ⅱ）。実務で定着する争点中心型の審理に対応するいわゆる新様式判決を踏まえたものである。

　ちなみに，実質的に争いのない事件（自白事件，被告欠席事件，公示送達事件）については，簡略な判決の方法により訴訟を完結しうる制度が新たに導入された。「電子調書判決」(254，規157Ⅳ)という。電子判決書に基づくことなく，主文および理由の要旨を

告げて判決の言渡しをし，電子判決書の作成に代えて，主文・請求・理由の要旨等を期日に係る電子調書に記録するというものである。

なお，判決の言渡期日の日時は，あらかじめ，期日において告知されているなどの場合を除き，裁判所書記官が当事者に通知するとの訓示規定が設けられている（規156）。

(1) 判決の自縛力（自己拘束力）　判決はそれが法廷で言い渡されることによって成立することになるが（250。言渡しがない場合などは判決の不存在とみられる），これにより判決をした裁判所といえども勝手に変更や撤回ができなくなる。これを判決の自縛力（自己拘束力）という。当事者には上訴審で争う余地があるのみである。もっとも，常に上訴や再審によるほかないとすれば，当事者や上級審などの負担を不必要に増やすだけである。そこで一定の場合には，判決裁判所自らによって判決を修正する余地が認められており，その限りで自縛力が緩和されている。

① 判決の更正（257）　判決に計算間違い，誤記等の単純ミスがあった場合にも，当事者の負担による上訴や再審に委ねるということでは，訴訟手続への信頼さえ損ないかねない。この場合には，当事者からの申立てまたは裁判所の職権で判決の更正が決定でなされる。更正決定は電子決定書を作成してなされる（規160Ⅰ）。いつでも可能であり，判決確定後でもできる。更正決定には即時抗告ができるが，適法な上訴がなされた場合はその必要はなく抗告は認められない（257Ⅱ）。更正申立て棄却決定については，少なくとも上訴の余地がある限り抗告はできない。単純に「原告のその余の請求を棄却する」との判決主文が欠落している場合は，更正決定でまかなえると解されるが，事案によっては追加判決によるのが相当なときもあろう。

② 判決の変更（256）　判決に法令適用の誤りがあった場合には，判決言渡し後1週間以内に限って変更することができる。審理のため口頭弁論を経ることはないが，判決でなされる（変更判決）。たとえば，民法が定める相続規定の適用を誤り，本来，相続人でない者を相続人とする内容の判決を言い渡した場合などである。

◆　「一部請求に対する（全部）判決」「一部判決」「一部認容判決」

手近にある判例集などで民事裁判の判決を実際に見てほしい。「本件訴えを却下する」（訴訟判決）とか，「原告の請求を棄却する」（請求棄却判決）あるいは，「被告は原告に対し，○○円を支払え」（請求認容判決）などと簡潔な表現が判決の「主文」というところに見い出せるはずである。

ところで，少し初心者には戸惑いそうなものを並べてみた――「一部請求に対する（全部）判決」「一部判決」「一部認容判決」。これらの違いはわかっているだろうか。いずれも終局判決であって，上訴の対象になる点では，共通している。

分割可能な一個の債権のうち，一部のみを請求したものが「一部請求」であり，それについての裁判所の判断が，ここでいう「一部請求に対する（全部）判決」のことである。次に，数個の請求がある場合，そのうちの一部の請求についてのみ判断されたものが，「一部判決」である（243 II III）。この両者では，裁判所の判断内容は，問題にしていない。これに対して，「一部認容判決」というのは，原告の請求のうちある一部のみが，裁判所によって認容されたものをいう（50頁以下参照）。この場合，その余の請求は必ず棄却されているから，「一部棄却判決」ということでもある。

中間判決・原因判決　　訴訟の審理の過程において，当事者間の争点（実体事項〔時効取得などの争点のよう

に独立した攻撃防御方法である実体法上の事項〕・訴訟事項〔訴訟要件の存否をめぐる争いなどのような訴訟手続上の事項〕）につき，審理を整序するために中間的に裁判所の判断を示し，その後の終局判決を準備し，これを容易にすることがある。これを中間判決という（245前段）。中間判決は独立して上訴の対象とすることができない。この場合も弁論を終結する措置がとられる（たとえば，訴訟要件の具備をめぐる判断を示す場合が典型である。積極に判断した場合は，弁論を再開する。これに対して，特定の請求原因や抗弁について判断する場合は，弁論を終結する必要はないであろう）。

そのうち，ことに権利関係および金額をめぐって複雑な争いがある場合に，権利関係そのものの存否（これを「請求の原因」というが，訴状の必要的記載事項であるミニマムな「請求の原因」とは意味が異なる）に関して，これを認める中間判決がなされることがある（認められない場合は「請求棄却」の終局判決となる）。これを原因判決という（245後段）。不法行為による損害賠償請求訴訟で，損害額の算定が複雑である場合に，まずは争いのある過失や因果関係などについて判断するときに適している。

(2) 判決の脱漏　裁判所が，原告の請求の趣旨に過不足なく判断を示さなければならないところ，全部判決するつもりで誤って請求の一部のみについて判決をする場合をいう。これを脱漏判決といい，脱漏に気付いて職権でいつでもできる判決を追加判決という（判断が漏れただけであるから，口頭弁論を再開する必要はない）。それぞれは独立した判決であって，上訴期間は別々に進行する。

裁判の脱漏の有無は訴訟係属の存否に関する重要な事項であるから，その点に争いがあれば，脱漏がない場合には訴訟終了宣言の判決で対応すべきである（口頭弁論は経ないでよい。東京高判平16・8・31判時1903・21）。

(3) 確定判決の効力 終局判決が、もはや当事者にとって争う余地のない状態となった場合（これを形式的確定力という）を判決の確定と呼び、そうした判決のことを「確定判決」という。この確定判決には、次の効力の少なくともいずれかが生ずる。なお、そうした判決の効力を総称して「判決効」という。

① **既判力——基準時と遮断効** 確定判決の本来的な効力である。事実審の口頭弁論終結時点（これを判決の基準時ないし標準時という）での法律関係についての裁判所の判断（この点から既判力の時的限界が生じる）がもはや争われる余地がなくなった段階で生ずる（判決の確定）。後訴裁判所は、その消極的作用として、既判力を覆すような攻撃防御方法をとり上げることはできない。当事者の立場からは当該攻撃防御方法をもはや有効に提出できなくなるということであって、これを遮断効という（興味ある事例として、最判平9・3・14判時1600・89〔*180*〕）。たとえば、貸金債権不存在確認訴訟で敗訴した原告が、その後提起された相手方からの貸金返還請求訴訟で貸金債権の不存在を再び争うことはできない。また積極的作用として、既判力のある判断内容を前提に後訴について裁判しなければならない（通説は、本案の内容について後訴裁判所の判断を拘束するものとみる。反対説は、一事不再理の現れとして訴え却下の判決をすべきだとみる）。

前訴判決の既判力が後訴に及ぶのは、前訴と後訴の請求内容が同一関係・先決関係・矛盾関係の三つの少なくともいずれかの関係のある場合が典型である。同一関係とは、前訴および後訴の訴訟物が同一の場合である（たとえば、同一土地の所有権確認請求）。先決関係とは、たとえば前訴が土地の所有権確認請求訴訟で、後訴が土地所有権に基づく建物収去土地明渡請求訴訟の場合のように、前訴の訴訟物が後訴の訴訟物の前提となる関係にある場合を

いう。矛盾関係は、同一土地の所有権をめぐる訴訟のように、前訴と後訴の訴訟物が矛盾ないし対立する関係にある場合である。つまり、前訴で敗訴した被告が、今度は原告となって自らの所有権の確認の訴えを提起するという場合である。請求内容が前訴後訴でそうした関係にない場合は、前訴判決の既判力は後訴に作用せず、後訴提起自体が実質的に訴権濫用と評価されるときに限って、訴え却下判決がなされうる（217頁参照）。既判力は当事者に有利にも不利にも作用する。これを既判力の双面性という（たとえば、建物所有権確認訴訟で敗訴した被告が、同建物の瑕疵により損害を生じ、損害賠償請求訴訟を提起した場合〔民717〕、被告はもはや建物の所有権の帰属をめぐって争うことは許されない）。

　ところで、既判力による拘束力の根拠は、伝統的には裁判所の判断に結び付けて理解されたが（判断効説）、近時は当事者が手続を利用して攻撃防御を尽くした結果とみる見解（手続効説）が有力に唱えられている。もっとも、そうした本質論にどれだけの実益があるかはなお明確ではない。

　なお、外国判決も相互主義の下、手続および内容の双方において所定の要件をすべて具備する場合は、既判力を有する（118）。いわゆる代理母による実親子関係の成立を認める外国裁判は、公序に反するとされている（最決平19・3・23民集61・2・619）が、議論のあるところである。

　② 一部請求後の残額請求（残部請求）　数量的に可分な債権の一部のみを請求することが実務で見受けられる（たとえば、損害賠償請求訴訟など）。これは一部請求（訴訟）といわれる。この場合、一部請求についての判決が確定して既判力が生じたときは、その後の残額請求が既判力により遮断され、許されないものか問題となる。既判力の双面性から許されないとする見解、一部を区

別する明確な法律上の標識がある場合には許されるとの見解，処分権主義を背景に基本的には権利の分割行使は許されるとの見解などがある。判例は一部請求である旨を明示した場合に，残額請求は既判力に触れないものとし（最判昭37・8・10民集16・8・1720〔*181*〕，最判平20・7・10判時2020・71），明示がない場合には後訴は遮断されるとした（最判昭32・6・7民集11・6・948〔*182*〕）。黙示の場合を含めて，被告がその訴訟（前訴）で防御すべき範囲を明確に認識できるのであれば，残額請求は被告の信頼を著しく損なうこともない。予期しえない後遺症による損害額の増大の事案にあっても，同様の実質的な理由から遮断されないというべきである（民事調停が成立した後に被害者が死亡した事案につき，最判昭43・4・11民集22・4・862〔*183*〕）。明示の一部請求であっても，分割した権利行使が権利濫用とみられるほどに細分化してなされる場合（たとえば，1円ずつの分割提訴）は，訴権濫用と評価され，不適法な訴えとして却下される。また，判例は残額請求を信義則で遮断する（請求棄却判決後の事案につき，最判平10・6・12民集52・4・1147〔*184*〕。なお，最判平10・6・30民集52・4・1225〔*185*〕）。

③　執行力　給付判決が確定した場合および未確定であっても仮執行宣言（224頁以下参照）が付けられた場合に生ずる効力で，そこに示された一定の給付内容を民事執行手続によって強制的に実現することができる（狭義の執行力）。執行力を有する判決やそれと同視される文書（執行証書や和解に係る電子調書など）を債務名義という。執行機関はこれに基づいて強制執行の手続を行う（なお，債務名義は基本的には執行力の現存を公証する執行文の付与を受けておかなければならない）。なお，強制執行以外の方法で判決の本来意図した状態を実現できる場合を広義の執行力という。たとえ

ば，不動産の所有権移転登記請求訴訟は被告の登記申請の意思表示を求めるもので，その確定判決により，意思表示が擬制されて目的を達する。登記への反映は，狭義の執行力に基づくものではない。不動産の権利関係の確定判決によって登記記録の変更等を求め（不登63Ⅰ），あるいは**離婚判決に基づいて戸籍の記載の変更を求める**ことができる（戸77Ⅰ・63）。

④　**形成力**　　たとえば，**離婚訴訟で離婚を認容する確定判決**のように，判決の内容に従って法律関係の変動（婚姻関係の解消）を生ぜしめる効力のことを形成力という。請求を認容する形成判決についてのみ認められる。形成要件ないし形成原因（離婚原因）の存在を裁判所が積極的に認定することが前提となるが，これにより法律関係の変動についての法的安定性をめざしている。形成力は形成判決が確定することを前提として生ずるのが基本である（なお，判決確定前の先取りとして，最判昭40・3・26民集19・2・508〔***186***〕）。また，こうした形成の結果は通例，広く第三者にも及ぶ（対世効）。もっとも，対世効の性質についての理解は分かれる。

形成判決には既判力も認められ，判決の基準時における形成要件の存在が既判力によって確定される。相手方によって**離婚の確定判決が不当になされたとする損害賠償訴訟は前訴である離婚訴訟の確定判決の既判力を受ける**。もっとも，確定判決の騙取が行われた場合，再審の訴えの提起とは独立に，不法行為に基づく損害賠償請求が可能と解されている（給付訴訟の事案であるが，最判昭44・7・8民集23・8・1407〔***187***〕）。

形成力は法律関係の変動を徹底する必要がある場合には，その効力は遡及する（認知判決など）。そうでなければ将来に向けてのみ生ずる（離婚判決など）。

2── 判決効の客観的範囲（拘束される判決内容の範囲）

以下では主として判決効の中心ともいうべき既判力について，その客観的範囲（客体的範囲）や主観的範囲（主体的範囲）をみていくことにする。

(1) 訴訟物による限定　当事者の攻防のねらいが主として訴訟物を中心として展開されるため，判決に示された裁判所の判断の効果（既判力）も訴訟物によって限界を画される（この点では，訴訟物理論による，スタンスの違いがみられる。いわゆる訴訟物論争〔47頁以下参照〕は，既判力の客観的範囲を一つの場面として展開された。一般に，新訴訟物理論では既判力の幅が広くなる傾向がある）。すなわち，訴訟物についての裁判所の判断である判決主文について生ずる（114 I）。理由中の判断には生じない。このため，裁判所の審理も必ずしも当事者の事実的・法的主張の論理的あるいは戦略的順序に拘束されることなく，機動的・弾力的な運営が可能となる（たとえば，弁済か消滅時効かはいずれを採用してもよい）。また，当事者にとっても既判力が予測可能な範囲で生ずるに止まるものとみられる。このように判決主文に生ずるとはいえ，自ずと判決理由中の書きぶりを参照することになる。たとえば，貸金請求の請求棄却の確定判決の場合，どの貸金が訴訟でとり上げられたかは，判決理由を参照することによって特定されることとなる。ただこれは，理由中の判断に何らかの拘束力を認めるという議論とは無関係である。

既判力は，本案判決にあっては，請求の内容となっている権利ないし法律関係の存否について生ずる。これに対して，訴訟判決にあっては，問題とされた個々の訴訟要件欠缺につき既判力が作用する。

① 信義則による補完法理　　この点について，近時の判例には，訴訟上の信義則による判決効の範囲拡大（後訴遮断）を指向するものが目立つ。判決効を判断効として理解する伝統的な立場では，なお具体的な場面（実質的には紛争の蒸し返しとみられるケース）でうまく機能しない場合が少なくない。これをカバーするものとして，相手方が前訴判決で既に紛争に決着がついたとの正当な信頼を抱く事案を中心に，訴訟上の信義則による処理が判例理論として定着してきている。この場合，請求棄却か訴え却下かは問題のあるところであるが，判例は訴え却下説をとるものと請求棄却説に立つものがある。これは，信義則の適用が請求または主張のいずれのレベルに作用するとみるかで分かれてくる。後訴の提起自体が実質的には前訴の蒸し返しとみられる場合には，訴え（後訴）は不適法とされる（訴えを却下したケースとして，たとえば，最判昭51・9・30民集30・8・799〔**188**〕）。

なお，判例によれば，相手方の限定承認を前提とする確定判決を得た債権者が，その後，前訴の基準時前に存在していた法定単純承認（民921）を理由に無留保の判決を求めることは，限定承認事実の蒸し返しとなるため，原則として，既判力に準ずる効力に抵触し，不適法とされる（最判昭49・4・26民集28・3・503〔**189**〕）。

主張レベルで信義則を適用し，前訴主張と同一または関連する主張を後訴で封ずるのは，実質的には争点効（218頁参照）を認めたに等しく，いずれにせよ前訴判決の紛争解決機能の向上をめざすものといえよう。

② 判決理由中の判断の拘束力　　原告の掲げる請求の趣旨によって，当事者が勝訴すれば何を得ることができ，敗訴すれば何を失うことになるのかが明確にされている。これに対応するのが

判決主文である。したがって，判決理由中の判断（事実認定や法律判断）には拘束力が原則として認められない。土地所有権に基づく建物収去土地明渡請求訴訟で原告勝訴の判決が確定しても，土地所有権については既判力は生じないとされる（既判力で確定しておくためには，この点について中間確認の訴え〔145〕を提起しておく必要がある。もっとも，こうした通説的な帰結はあまりにも技巧的すぎる。そこで近時は前訴判決の「証明効」とか「事実効」として後訴への影響を容認する見解が主張されている。しかし，こうした曖昧な効力がすべての前訴・後訴の関係で生ずるとすれば，逆に当事者の予測を超える強大な判決効を承認することになってしまうことに注意すべきである）。法の認める唯一の例外が相殺の抗弁に関する裁判所の判断である（114Ⅱ。訴訟外での相殺権行使による消滅の抗弁は，ここでいう「相殺の抗弁」とは明確に区別すべきである）。すなわち，原告の請求に対して被告が相殺の抗弁によってこれを争い，その点が理由中で判断された場合，請求債権に対抗する形で定立した金額（対当額）の限度で，反対債権の不存在について，理由中の判断ではあるが既判力が生ずる（反対債権が不存在とされた場合はもちろんのこと，これが存在し相殺の抗弁が認められて原告の請求が棄却された場合にも，異論はあるが，相殺によって消滅した反対債権の不存在につき既判力が作用すると解される。過去の権利関係を確定することは基本的には意味がないとみられる）。このため，原告側の請求原因や被告側の他の主張や抗弁についての判断を省略して，相殺の抗弁について，裁判所がいきなり判断することは許されない。

③　争点効　　前訴で当事者が主要な争点として争い，かつ，裁判所がこれを実質的に審理して下した判断について認められる拘束力で，同一の争点を主要な先決関係とする後訴で当事者がこれを援用することによって（既判力は，争点効とは異なり，当事者の

援用を要しない。職権調査事項である），相手方は前訴での判断と異なる主張や立証が許されず，後訴裁判所においてこれと矛盾する判断が禁止される効力を争点効という。前訴確定判決の理由中に示された裁判所の事実判断や法律判断がその対象となる。たとえば，XがYから買い受けたことを理由に建物の明渡訴訟を提起したが，Yはこの売買の詐欺による取消しを主張した。しかし，前訴裁判所はこれを認めず，X勝訴の判決が確定した。その後YはXに対して，当該建物につきX名義の登記抹消請求を求めて提訴し，再び売買の詐欺による取消しを主張した。この場合，後訴裁判所は詐欺取消しの点については審理することなく排斥しなければならない（この場合，端的に売買の完全な有効性とかXの所有権について争点効が生じているものとみるのは行き過ぎであろう）。このような争点効は，信義則の定着化した一種の制度効（制度的拘束力）という側面においては，既判力と共通するところがある（もっとも，既判力とは異なり当事者の援用が必要である）。判例は，こうした効力を否定する（最判昭44・6・24判時569・48〔*190*〕）。学説は分かれる。ドイツでは既判力の拡張として議論されるところである。

(2) 基準時による限定（いわゆる既判力の時的限界）　判決によって判断される対象は，権利ないし法律関係をめぐる民事の紛争であって，時の経過に伴い変動が生ずる。このため，そうした権利関係等が既判力によって確定されるのは，いつの時点におけるものかを確定しておかなければならない。これが基準時ないし標準時と呼ばれるものであり，事実審の口頭弁論終結の時点がこれに当たる。この時までは当事者も攻撃防御方法を自由に提出することができ，裁判所としても望みうる最新の事実関係に基づいて判決できることとなる。したがって，基準時前の権利関係や基準

時後の変動が既判力によって確定されるわけではない。基準時後に事情が変更した場合は，そうした変更を前提とする後訴の請求が前訴の既判力によって妨げられないこともある（最判昭61・7・17民集40・5・941〔*191*〕）。

① 確定判決の変更の訴え　　身体への不法行為に基づく損害賠償請求訴訟において，定期金賠償判決（その例として，東京高判平15・7・29判時1838・69〔*33*〕）が確定したとしても，基準時後に，損害額の算定の基礎となった事情に著しい変更が生じた場合（予想とは異なる後遺障害の重篤化または治癒，貨幣価値ないし賃金水準の著しい変動など）には，当該確定判決の変更の訴え（117Ⅰ）が許される。定期金賠償を命じた確定判決の第一審が専属管轄裁判所となる（117Ⅱ）。これにより，口頭弁論終結後に著しい事情の変更が生じ，確定判決による定期金額がもはや不相当となった場合，改めて合理的な金額を定めることができる。確定判決の是正の一つの手段であって，既判力自体の事後的修正が許される場合の一つである。

② 基準時前の形成権の基準時後の行使　　ところで，基準時前に存在していた形成権（取消権・解除権・相殺権・建物買取請求権・白地手形補充権など）を基準時後に行使することが既判力によって妨げられないか。形成権はそれが行使されることによってはじめて法律関係が変動することになることをどう評価するか，個々の形成権の性格をどうみるか，既判力制度の本質をどこに求めるか（判決の法的安定性を強調するか，相手方の信頼保護に力点を置くか）などによって学説は分かれている。判例は，詐欺取消権（最判昭55・10・23民集34・5・747〔*192*〕）や白地手形補充権（最判昭57・3・30民集36・3・501〔*193*〕）などについては基準時後行使を認めないが，相殺権（最判昭40・4・2民集19・3・539〔*194*〕）や建

物買取請求権（最判平 7・12・15 民集 49・10・3051〔*195*〕, 東京高判昭 53・7・26 高民集 31・3・484）については認めている。

3── 判決効の主観的範囲（拘束される人の範囲）

(1) 判決効の相対性の原則　判決効の人的に及ぶ範囲のことを主観的範囲という。今日の民事訴訟は当事者の処分権主義（51 頁参照）や弁論主義（110 頁以下参照）を前提としており, 実体を反映しない不当な判決の余地がありうるため, 既判力は, まずは当事者に及び, そもそも当事者として訴訟追行の手続保障を与えられていない第三者には判決効が及ばないのが原則である（相対性の原則。ゴルフ場の営業譲渡が確定判決前になされた事案で, 譲渡人に対する確定判決は譲受人に拡張されないとするのは, 最判平 16・10・18 金法 1743・40）。しかし, 実質的には当事者とみてよい第三者がいる場合にはそれでは不十分である。口頭弁論終結後の承継人（包括承継人・特定承継人。最判昭 48・6・21 民集 27・6・712〔*196*〕）や請求の目的物の所持人（大阪高判昭 46・4・8 判時 633・73〔*197*〕）には, 既判力が拡張される（115 I ③④）。また, 第三者の訴訟担当（86 頁以下参照）の場合にも, 利益帰属主体である本人に全面的に及ぶ（115 I ②）。確かに, 任意的訴訟担当では, 本人の意思に基づく場合であるから（授権型）, 判決の有利不利を問わず, 既判力の全面的な拡張を正当化できる。しかし, 法定訴訟担当では全面拡張は必ずしも当然に正当化できるものでもない。すなわち, 職務上の当事者のように, 主として政策的な根拠から訴訟担当が認められている場合（政策型）は, こうした拡張自体についてはやむをえないところがある。これに対して, 実体的な管理処分権を基礎として第三者に担当者としての当事者適格が認められる場合（実体型）は, そうした実体権が法によって与えられてい

る趣旨はまちまちであるから，利益帰属主体である本人保護の観点からも，本人への全面的拡張を疑問とする見解もある。ことに，債権者代位訴訟や取立訴訟については，訴訟担当の枠内でとらえるとしても，本人に全面的に拡張されるかは問題がある。

執行力の主観的範囲も基本的には同様に考えられる。すなわち，当事者はもちろんのこと第三者であっても訴訟担当の場合の利益帰属主体，請求の目的物所持者，口頭弁論終結後の承継人にも及ぶ（民執23ⅠⅢ）。当事者以外の第三者に執行力が及ぶ場合には，そのことが執行文付与機関である裁判所書記官に明白であるか，文書で証明ができるときに承継執行文が付与される（民執27Ⅱ）。そうでなければ，こうした第三者との間での執行力の拡張の是非について通常の判決手続で決着を付けることとなる（承継執行文付与の訴え。民執33）。もっとも，第三者に固有の抗弁（たとえば，善意の第三者）が生ずる可能性のある口頭弁論終結後の承継人については，占有承継等の事実のみで執行文を付与し，あとは承継人側から執行文付与に対する異議申立てないしは異議の訴え（民執32・34）をなすべきか（形式説）については，争いがある。既判力の拡張とは異なり，具体的現実的な強制力の場面での作用の問題であるから，基本的には，やはり第三者の固有の抗弁が成立しないと認められる場合にのみ執行力の拡張があり承継執行文を付与すべきである（実質説）。

法人格否認の法理は，既判力や執行力の主観的範囲に適用されないとするのが判例である（最判昭53・9・14判時906・88〔*198*〕）。学説上は論議がある（78頁参照）。

(2) **反 射 効** 当事者間に既判力が作用することによって，当事者と依存関係にある第三者に対し反射的に有利または不利な影響を及ぼす場合があるのではないかとの議論がある。これを反

射的効力ないし反射効という。たとえば，主債務者に対する貸金返還請求訴訟の判決の既判力は保証人には及ばない。しかし，主債務者が勝訴して債権者に弁済する必要がなくなれば，保証債務の付従性から保証債務の履行を求める後訴において主債務者勝訴の確定判決を保証人は援用できる。

判例は，主債務者勝訴の確定判決（最判昭51・10・21民集30・9・903〔***199***〕）や，共同不法行為者の一人のした相殺を認める確定判決（最判昭53・3・23判時886・35〔***200***〕）について，いずれも消極的である。

(3) **対 世 効** 身分関係や団体ないし組織法上の関係の訴訟の判決は，事柄の性質上，訴訟外の多数の関係者を含む第三者との関係での画一的な確定が求められる。このような場合，相対効の原則の例外として，広く第三者に判決効が及ぶ。これを対世効という。第三者が訴訟参加したかどうかは問わない。

明文の規定がある場合（行訴32Ⅰ，人訴24Ⅰ等。会社訴訟では，請求認容判決に限られる。会社838）のほか，解釈論として許容される場合については争いがある（最判平10・3・27民集52・2・661〔取締役解任訴訟（会社854・855）〕）。境界確定訴訟についてこれを認めることには争いがない。

対世効が生ずる場合，不利な判決効が及ぶ第三者への手続保障が問題となる。一定の場合には，明文により，裁判所が訴訟外の関係者に訴訟係属の通知をするものとされている（人訴28）。あるいは，当事者適格を限定し，充実した訴訟追行が期待できる者に絞り込むことによって対世効を正当化する。

4——判決のその他の効力

(1) **判決の法律要件的効力** 確定判決の存在自体が民法その

他の法律で要件とされ、これに一定の法律効果が結び付けられている場合のそうした効力を法律要件的効力という。たとえば確定判決を法律要件として消滅時効期間が10年となる（民169Ⅰ）。

(2) 裁判の覊束力　上級審でなされた取消判決や破棄判決の差戻裁判所への拘束力（裁4, 325Ⅲ後段）、移送の裁判における移送を受けた裁判所への拘束力（22。72頁参照）など、当該手続内で他の裁判所の判断を拘束する効力のことを覊束力ともいう。これには、そのほか事実審の事実認定の上告審への拘束力（321）がある。なお、前述した自縛力（自己拘束力。209頁参照）を含めて覊束力ということもある。

(3) 波及効　また、近時は「波及効」といった事実上の判決の影響力が指摘されている。これは、たとえば、いわゆる現代型訴訟（公害訴訟や消費者訴訟など）において、原告勝訴の判決が他の同様な被害を受けている多数の者に有利に作用し、立法や行政にまでも波及することを指す包括的な呼称である。判決とそれを受け止める者の間にマスコミが介在していることが、こうした事実効に大きくかかわっている。

5——終局判決に付随する裁判

(1) 仮執行宣言　未確定の終局判決であっても、濫上訴（上訴権の濫用）によって勝訴者の早期の満足が阻止される危険がある場合などに、それが財産権上の請求に関する判決のときには、ただちに勝訴者の執行を可能にし、これによって勝訴者の利益を保護する必要がある。こうした要請に応えるのが仮執行宣言である（259以下）。このため、実務でもしばしば利用されている。これは通例、判決主文中において、一定の内容の実現をなしうる執行力を付与する形成的裁判である（「第1項については仮に執行する

ことができる」と宣言する）。これに対して、敗訴した被告側には仮執行免脱宣言（259Ⅲ）がなされることがある。この場合は、担保の提供が条件となる。仮執行がなされた後で、本案判決が変更されたときには、被告の申立てにより、原告は不当利得返還義務と無過失の損害賠償責任を負う（260ⅡⅢ）。なお、電子支払督促にも仮執行宣言が付される（391）。

広義の執行力についても（214頁参照）、仮執行宣言が必要とされる場合がある（たとえば、民執37Ⅰ後段）。

(2) 訴訟費用の裁判　法律（民事訴訟費用等に関する法律）により定められた訴訟において生じた費用（訴訟費用）は、当事者においてこれを負担しなければならない（61以下）。訴訟費用は裁判費用（提訴手数料等）と当事者費用（当事者の期日出席のための旅費等）との2種類がある。いずれの当事者がどのような割合で負担するかは、終局判決の主文において明らかにしておかなければならない（なお、67）。通例、原告の全面勝訴判決では、訴訟費用は被告の負担となる（61）。このような敗訴者負担の原則は当事者間の公平に由来するものと理解されてきた。弁護士に対する報酬は、原則として訴訟費用には含まれない（本人訴訟で裁判所が弁護士の付添命令をしたときは例外である〔民訴費2⑩〕）。弁護士強制主義をとるドイツ法ではこれも訴訟費用とされている（なお、22頁、31頁参照）。わが国においても、敗訴当事者が、相手方に生じた弁護士費用の少なくとも一部について負担すべき場合があるのではないかとの議論が深められている。

Ⅳ　その他の裁判

裁判は、裁判機関が自らの判断を法定の形式によって表示する

訴訟行為であるが、これには判決以外に決定（たとえば、弁論の併合決定など）および命令（たとえば、裁判長の訴状審査権に基づく訴状却下命令〔訴状の受付を拒絶するもの〕）という形式がある。

判決が重要事項に関する（必要的口頭弁論の原則が妥当する〔87Ⅰ本文〕。また、いったんなされた判決は、簡単には変更されないが〔自己拘束力〕、その本来の効力は確定によってはじめて生ずる）のに比して、決定や命令は基本的にはそれ以外の手続派生的な事項などを扱う（任意的口頭弁論となる。87Ⅰ但書）。

もっとも、現行法では、当事者に対する期日呼出費用の予納命令に原告が応じない場合、手続遅延を避けるため、被告に異議がない限り、訴えの却下決定ができることとなった（141Ⅰ）。このように訴状却下命令と同様に決定が重要事項にかかわることもある。

命令の主体は裁判長・受命裁判官・受託裁判官のいずれかである。判決・決定の主体は裁判所である。法は、判決について詳細な規定を定め、決定や命令にはその性質に反しない限りにおいてこれを準用している（122）。判決以外の裁判については、判事補が単独ですることができる（123）。

なお、広義の裁判には、裁判所書記官による処分を含む。たとえば、督促手続における支払督促（382）がそれである。

◆ 裁判官の法服はなぜ黒い？

病院関係者が着用する基本型は今日でも「白衣」である。これに対して，裁判官や裁判所書記官は，法廷では黒の法服を身にまとっている。これは，裁判官の制服に関する最高裁規則や裁判所書記官の職服に関する最高裁規程によって決められている。法と良心に従って事件を公正に裁く職責の厳しさを象徴する。では，なぜ黒なのだろうか。

黒からのイメージは多様である。アンケートをすると，どちらかといえば色そのものからは不吉などのマイナスイメージの方がやや強い。しかし法服はなぜ黒いかとの質問になると，おおむね威厳があるからなどの答えが返ってくる。そこでマイナスイメージを指摘するものはむしろ極端に少ない。しかし，そもそも黒は紛争や紛争解決を象徴する色でもない（トラブルを象徴する色としては，むしろ灰色や赤をあげる意見の方が圧倒的に多い。また，その解決を象徴する色としても，むしろ空色や白，透明などの意見の方が多い）。紛争に白黒の決着を付けるからでもない。法服が黒である必然性はどこにもない。現に，ドイツ連邦憲法裁判所の裁判官の法服は，赤い色をしている。黒である理由は，「何物にも染まらない色」ということから，裁判官の職務の中立性・公正さの象徴として採用されたといわれる。しかし，あらゆる色を調合すると黒になってくるところからすると，むしろ利益調整型のこれからの裁判官像も浮かび上がってくるようにもみえる。

第5章

複雑な訴訟形態

➡カネミ油症事件訴訟の原告団
　毎日新聞社提供

本章では，複数の請求または複数の当事者間で行われる複雑な訴訟手続の規律が検討される。一つの請求をめぐって1人の原告と1人の被告との間で展開される単純な訴訟手続を対象としてきた前章までとはかなりおもむきが異なってくる。

複雑な訴訟手続には，訴訟の開始時から複雑な形態で行われる場合と，単純な訴訟手続が途中で複雑な形態に転化する場合とがある。

以下，請求の複数に関して，訴えの併合，訴えの変更，反訴および中間確認の訴えの手続が（I），当事者の複数に関しては，共同訴訟，訴訟参加および訴訟承継の問題等が順次取り上げられる（II）。

I 請求の複数——複数請求訴訟

1——訴えの併合（請求の併合）

　同一当事者間での紛争が，いくつかある場合，これを一本の手続による処理に束ねることができれば，当事者にとっては便宜である。これによって審理の重複や裁判の矛盾を避けることもできる。訴え提起の最初から原告が複数請求を定立している場合をとくに固有の訴えの併合という。また，当事者の少なくともいずれかが複数の場合を訴えの主観的併合と呼ぶのに対して，訴えの客観的併合ともいう。現行法は，後述のように，こうした併合をやや緩い要件のもとに認めている（136）。

　(1) 併合形態　併合のパターンとしては，次の三つがある。

　①　単純併合　　貸金請求に加えて土地の所有権確認請求を併合するとか，建物の明渡請求（主請求）に併せて延滞賃料や賃料相当損害金の支払請求（付帯請求）をするなど，複数請求についてそれぞれ並列的に審理，判決を求める場合である。問題は，物の引渡請求にその引渡執行が不能のときの代償請求を併合する場合である。両請求ともに認容されても差し支えないのであるから，現在の給付の訴えと将来の給付の訴えとが単純併合されていると考えるのが妥当である。

　②　予備的併合　　各請求に順序付けをして，先順位の請求が認容されることを解除条件として後順位の請求についての裁判を求めるものをいう。たとえば，第1次請求（主位請求）として売買代金を請求し，第2次請求（予備的請求・副位請求）として，売買契約の無効を前提として既に引き渡していた目的物の返還請求

をする，というものである。基本的には，各請求がこのような排斥的な関係に立つ場合に認められる。

③ **選択的併合** 複数の請求を定立するが，そのいずれかについて認められれば，残余の請求についての裁判は求めないという併合形態である。基本的には，各請求が両立しうる場合に認められる。もともとは，訴訟物論争の中で，旧説の立場を維持，擁護するために編み出されたものである。たとえば，所有権に基づく返還請求と占有権に基づく返還請求とを単純併合すると，同一の結果に向けて二つの認容判決を下すことになり，不自然さが残る。また，契約責任と不法行為責任に基づく損害賠償請求がいずれも認容されると二重に執行できる余地を与えかねないからである（二重の満足の防止）。

(2) **併合要件** 併合の要件は職権で調査される（100頁以下参照）。併合要件を欠く場合には，併合そのものが許されないだけであるから，訴えを却下するのではなく，基本的には，各請求ごとに別個の訴えがなされたと同様に処理される（通説・判例）。

① **併合される複数の請求が同種の訴訟手続で審理されるものであること** 複数請求についての審理原則の共通性が要求される。別別の手続の併合を認めることは，そもそも異種の手続準則（行政事件訴訟手続・非訟事件手続など）を設けた趣旨を没却することになりかねないし，併合できるとすると，どの手続で審理するのか混乱が生ずることにもなるため，法は，明文の例外がある場合を除き（たとえば，人訴17Ⅰ），原則としてこれを許さない（もっとも，近時は解釈論としてそうした例外規定を類推するなど併合許容の範囲を拡張する立場も有力である）。手形訴訟等の略式手続との併合は，手続の性質上，全く許されない。

② **法律上特に併合が制限されていないこと** 特別の政策的

な理由から併合が制限されている場合は，その制限に従う（たとえば，行訴16 I〔関連性という付加的要件がある〕）。

③　いずれの請求についても受訴裁判所に管轄権があること

請求について当該裁判所が管轄権を有しないならばそもそも併合の余地はない。しかし，この要件は，実際には大幅に緩和されている。すなわち，たとえば，「併合請求における管轄」（7。68頁参照）では，他の裁判所の専属管轄に属する場合を除いて（13），どれか一つの請求について当該裁判所に管轄があればよいとされる。

(3)　効　果　　併合自体が適法であっても，必ずしも同一手続での審理が将来的にも保障されるとは限らない。単純併合にあっては，原則として裁判所の裁量により弁論の分離がなされうる（152 I。主要な争点が共通する場合には許されないとの見解も有力である）。また，単純併合では，判決をなすに熟した請求のみについてなされる一部判決も，原則として可能である（もっとも，先決的な法律関係に立つ請求などについては全部判決が望ましい。この場合には一部判決はむしろ許されないとの見解も有力である）。

◆　刑事訴訟手続とドッキング?!

戦前の旧刑訴法の時代には，附帯私訴という制度があった。これは，刑事裁判に際して同じ事件から生じる民事上の請求についても併せて審理・裁判するというものである。たとえば，強盗致傷事件に併せて，被害者からの損害賠償の請求についても審理がなされるというわけである。また，スウェーデン1948年訴訟法典は，民刑事合同手続を定めたユニークな単一法典である。わが国では，そうした明文の規定もないうえに，請求併合には，民事訴訟法136条が，「同種の訴訟手続」という要件を掲げており，本来，民事訴訟手続と刑事訴訟手続を接続

することは容易ではない。立法論はともかく，請求の併合要件についても解釈論的に柔軟化しえないものかは，これからの課題ともいえる。こうした中で，犯罪被害者保護の流れを受け，ついに，平成19年6月，特別法（「犯罪被害者等の権利利益の保護を図るための刑事手続に付随する措置に関する法律」〔犯罪被害者保護法〕。以下，「法」という）によって，刑事手続に付随する損害賠償命令手続が導入され，今日に至っている。

この手続は，附帯私訴とは厳密には異なるが，刑事裁判において審理の対象となった犯罪事実を原因とする不法行為に基づく被害者の損害賠償請求について，被害者等の損害賠償命令の申立てにより，その刑事裁判を担当した裁判所が民事の審理も行い，被告人にその賠償を命ずるものである。損害賠償請求のため，民事訴訟を提起する負担が軽減される。対象となる犯罪は，所定の故意犯に限定される（法24 Ⅰ）。

2——訴えの変更

(1) **意 義**　訴訟係属中に原告が同一の被告に対して，新請求の審判を求めることを訴えの変更という（143）。事後的な請求の併合形態といえる（いわゆる「係争中の訴え（提起）」と呼ばれるものには，こうした関係を生じる「訴えの変更」，「反訴」，「中間確認の訴え」が含まれる）。変更の態様としては，交換的変更と追加的変更がある（具体例として，最判昭39・7・10民集18・6・1093〔**201**〕，最判昭32・2・28民集11・2・374〔**202**〕）。交換的変更とは，旧請求にそっくり代えて新請求の審判を求めるものであるが（たとえば，建物明渡訴訟の審理の中で，既に当該建物が被告の過失により滅失していることが判明した場合に，損害賠償訴訟に切り替えるというもの），旧請求については当然に訴訟係属が消滅することになるわけではなく，原告による訴えの取下げないし請求の放棄を要する（前掲

最判昭32・2・28〔*202*〕)。このように交換的変更は，いわば追加的変更（旧請求を維持したまま新請求を追加）と旧請求についての訴えの取下げなどの複合行為と解されている（これに対して，一つの特別の行為とみる有力な見解もある）。なお，訴訟の途中で請求額などを増減することがある。これは，それぞれ「請求の拡張」，「請求の減縮」と呼ばれている。通説・判例は，前者を訴えの（追加的）変更，後者を訴えの一部取下げないしは請求の一部放棄とみる。

なお，選定当事者制度（241頁）については，現行法で，提訴後に当事者以外の第三者が選定行為をすることができることとなったため（30Ⅲ），これに合わせ，原告側が請求を追加することができる（144ⅠⅡ）。この場合は，厳密には訴えの変更とは異なるが，これに関する規定が準用され（144Ⅲ），以下の要件について述べるところが妥当する。

(2) **要　件**　　以下の要件については裁判所の職権調査事項となる。

① 事実審の口頭弁論終結前であること　　新訴の提起でもあるから，少なくとも，事実審の口頭弁論終結時までに，なされることを要する。もっとも，請求の趣旨が変更になるだけで，実質は旧請求のままと評価できる場合には，事実審理を一切必要としないため，例外として許される（上告審で給付訴訟を破産債権確定訴訟に変更したことが認められた事例として，最判昭61・4・11民集40・3・558〔*203*〕)。

② 請求の基礎に変更がないこと　　訴えの変更が許されるための要件の中では，ここでいう「請求の基礎の同一性」が最も重要である。特に，手続遅滞を来さない限り，旧請求についての審理と主要部分が重なるときには，広くこれを認めるのが，相手方

当事者の利益にもなるであろうし，訴訟経済にかなうものと思われる。建物の明渡請求訴訟中に占有者の過失による火災で建物が滅失した場合などは，それに代えて損害賠償請求に変更することができる。また，たとえ請求の基礎の同一性がない場合であっても，相手方が同意ないしは異議なく新請求に応訴すれば許される（通説）。相手方の主張事実に立脚して自らの新たな請求の原因とする場合には，たとえ請求の基礎に変更があっても相手方の同意を必要としない（前掲最判昭39・7・10〔*201*〕）。

③　その他の要件　　訴えの変更は，交換的変更にせよ追加的変更にせよ，請求の併合の一般的な要件を充足しなければならないほかに，著しい手続遅滞を来さないことが要求される（口頭弁論終結まぎわの訴えの変更は基本的には許されない）。

(3) 許否の判断　　そもそも訴えの変更に該当するかどうかについて争いがあり，裁判所としてはこれを消極に判断した場合には，そのまま審理を続行することになるが，中間判決（245）ないしは終局判決の理由中でその点の判断を示すことになる。訴えの変更に該当し，要件を充足しないとみるときは，変更を許さない旨の決定をすべきである（143Ⅳ）。終局判決の理由中でも差し支えない。不許決定に対する抗告は許されないとするのが一般的な見解である（即時抗告ができるとの有力説もある）。適法に訴えの変更がなされていると判断すれば，それに従って審理を進めていくことになる。

(4) 効果　　旧請求についての従前の審理の結果については，当然に新請求についての審理の前提となるとするのが一般的な理解である。ただ，旧請求と新請求とでは経済的な意味内容が大きく異なるなどの事情があるときには（たとえば，旧請求＝利息請求，新請求＝元本請求），そのまま従前の状態（たとえば，旧請求下での

自白)に拘束されるというのでは必ずしも手続保障の点において十分ではなく、例外的な取扱い(たとえば、新請求との関係では自白の効力を及ぼさないとみるか、自白の撤回を認める)も認めるべきだとの主張も有力である。

> **訴えの変更での新請求について管轄は必要か**
>
> 最高裁は、やや特殊なケースについてではあるが、家庭裁判所になされた請求異議の訴え(民執35)の審理は民事訴訟法によってなされるから、この請求異議の訴えの審理中に訴えの交換的変更の申立てがされた場合、家庭裁判所は受訴裁判所としてその許否を決める権限を有し、訴えの変更の要件に欠けるところがなければ、これを許したうえで、新訴が家庭裁判所の管轄に属さない訴えであるときは、旧30(現16)条1項により、新訴を管轄裁判所に移送すべきものとする(最判平5・2・18民集47・2・632〔**204**〕)。この立場によると、新請求についての管轄権までは要求されないことになる。かつての多数説は請求併合の一般的要件(136)のほかに、特別要件として、「新請求が他の裁判所の専属管轄に属しないこと」を掲げ、管轄を問題とした。近時はこうした管轄要件をはずす適法説が有力に主張され、移送すればよい旨が説かれていた。
>
> 本件には二つの相互に密接な関連を有する問題がある。一つは、訴えの交換的変更そのものの可否とそれを家庭裁判所が決定できるかという点。もう一つは、変更後の損害賠償請求訴訟につき、家庭裁判所から地方裁判所に移送すべきか否かという点である。本判決は、このいずれをも積極に解した。まず訴えの変更の適法性の点については、家庭裁判所において地方裁判所の管轄事項である損害賠償請求に交換的変更ができるかという形で問題となる。これは一般的には、新請求についても当該裁判所の管轄がなければならぬかという問題である。後者は、本件異議訴訟からの訴えの変更が許されるとしても、損害賠償請求は地方裁判所の管轄事項であるが、家庭裁判所から地方裁判所への移送が許されるかという問題である。交換的変更について適法と

解する立場は，移送説と結び付きやすい。

なおそのほか，訴えの変更許可ないし不許可決定についての争う方法いかん，移送後の訴訟で従前の訴訟手続の形成結果が当然に利用できるか，訴えの交換的変更の場合はどうか，などといった問題がある（同一当事者間のことでもあり，基本的には積極に解してよいと思われるが，管轄違いの裁判所での攻防結果については不利益当事者に十分に配慮すべきである。一般的には訴えの変更の場合，適法に係属していた旧請求の手続形成の結果は，密接な関連性を有する新請求にも原則として及ぶ）。

3——反　訴

(1) 意　義　一般的に関連紛争はなるべく同一の手続で審理されることが望ましい。事件が別々に係属することによって，審理に重複が生ずるのは訴訟経済上問題であるし，矛盾した判決の危険性がある。また，当事者にとっても不便といえるからである（法的に別訴が許されない「強制反訴」制度を広く採用する立法例もある〔アメリカ合衆国連邦民訴規則13条(a)項〕）。反訴とは，そうした関連紛争について，被告が原告となって，原告の訴えに逆襲するわけである（146）。たとえば，明渡訴訟に対して賃借権の抗弁を主張し，さらに賃借権確認の反訴を提起するという場合である。反訴に対し，もとの原告の訴えを本訴という。反訴は本訴と同一の規律に服する（146Ⅳ）。占有の訴えに対して本権に基づく反訴を提起することは，民法202条2項に反することはなく適法である（最判昭40・3・4民集19・2・197〔**205**〕）。

債務不存在確認請求の本訴において，給付を求める反訴が提起された場合，本訴につき確認の利益はなくなることから不適法却下される（最判平16・3・25民集58・3・753〔**36**〕）。

反訴には，予備的反訴と呼ばれるものもある。これはたとえば，売買代金の支払請求訴訟の本訴に対して，請求棄却を申し立てるとともに，万一の請求認容に備えて，売買物件の引渡請求の反訴を提起する（本訴の排斥を解除条件として反訴を提起）という場合のことである（反訴請求債権を自働債権とし，本訴請求債権を受働債権とする相殺の抗弁を主張する場合は，基本的に予備的反訴に変更するものとして許される。最判平 18・4・14 民集 60・4・1497〔*39*〕）。

(2) 要 件 反訴が手続的に許されるには，以下の要件をみたす必要がある。要件を欠いている場合は，終局判決により反訴を却下する（通説・判例。しかし近時は，独立した訴えとして問題がない以上，別個の訴えとして扱うべきであるとの見解が有力である）。

① 事実審の口頭弁論終結前であること　控訴審における反訴の提起については，さらに相手方の同意ないし異議なき応訴を要する（300。もっとも，第一審で実質的な審理がなされており相手方の審級の利益を損わない限りは，こうした同意は必要でない。最判昭 38・2・21 民集 17・1・198〔*206*〕，最判平 16・6・3 判時 1869・33）。

② 反訴請求が本訴請求またはそれへの防御方法と関連すること　ここにいう「関連性（牽連性）」は，訴えの変更の要件である「請求の基礎の同一性」よりもやや広い。たとえば，建物明渡訴訟に対して，敷金返還請求の反訴を提起する場合のほか，請負代金などの支払請求訴訟に対して，相殺の抗弁を提出していれば，相殺に供している反対債権の残額分の支払請求につき反訴を提起することができる。後者の場合には，防御方法である相殺の抗弁が却下されたときは反訴も不適法となる。「関連性」の要件をみたさない場合には，相手方の同意があればよい。こうした要件を設けないと，原告（反訴被告）にとっての管轄の利益が損われることとなる。

③　反訴の提起により著しく訴訟手続を遅滞させないこと（146 I ②）　原告側の訴えの変更の要件（143 I 但書）とのバランスをはかるために，新たに設けられた要件である。

④　反訴請求が他の裁判所の専属管轄に属さない（146 I ①，なお同条Ⅱ参照）ほか，一般的な併合要件をみたすこと

4——中間確認の訴え

(1) **意　義**　たとえば，建物収去土地明渡しの訴訟が係属中，土地所有権の帰属について争いがある場合に，その手続の中で確認訴訟を提起することがある。このように本来の請求の先決的な法律関係についての確認訴訟を同じ手続内で提起することを一般的に中間確認の訴えという（145）。書面でしなければならない。もともとそうした点の判断は，判決理由中で示されるため，現行法を形式的に当てはめると，いわゆる既判力の射程外にある（114 I）。そこでこうした中間確認の訴えによって，その点についても文句なしに既判力で確定しておくことができるわけである。原告側がする場合は，訴えの変更の一種であり，被告側がするときには，反訴の性質を有するということになる。

(2) **要　件**　ここでは訴訟中に当事者間に争いがあり（係争性），それが本来の請求に対しては先決的な法律関係にある（先決性）ということが要件となる。このほか，その提起が事実審の口頭弁論終結前であるほか，一般的な併合要件もみたさなければならない。確認の利益がそれ以上に問われることはない。また，請求の基礎の同一性や本訴請求等との関連性も問われない。

Ⅱ 当事者の複数——多数当事者訴訟（多数関与者訴訟）

　紛争に利害関係のある者は，必ずしも一対一の関係にあるとは限らない。そうした場合を総称して，多数当事者紛争と呼ぶ。多数当事者訴訟（多数関与者訴訟）とは，それが訴訟に持ち込まれたものをいう。

1 —— 共同訴訟 —— 主張共通の原則・証拠共通の原則はどの範囲で妥当するか

　(1) 共同訴訟の意義　原告または被告の少なくともいずれかが複数の当事者である場合の訴訟を共同訴訟という。マスコミなどで注目を浴びる訴訟などは，この訴訟形態のものが多い。これによって，統一的な審理や裁判が可能となる。当事者のみならず裁判所にとっても便利であることは，基本的には複数請求訴訟と同様である。したがって，対立当事者間のみならず共同訴訟人相互間にもいわゆる主張共通の原則（ある者の主張したことを他の者にとっても主張されたものと扱うこと。弁論主義が根拠となる）・証拠共通の原則（ある者の提出した証拠により他の者にとって有利にも事実認定できるように扱うこと。自由心証主義が根拠となる）が妥当するとみられるが，後述する通常共同訴訟のように，異主体間の複数の請求を束ねたものとの側面からは，独立した訴訟追行が保障されねばならないため，ことに前者の無原則な適用はできない。

　通例，提訴時から共同訴訟であるが，提訴後に共同訴訟の形態をとる場合がある。これは弁論の併合（152Ⅰ）や後述する訴訟参加，当事者変更などによって生ずる。

共同訴訟には，そもそも判決が画一的に確定されることが法律上も要求されるものと，されないものとがある。前者を必要的共同訴訟といい，後者を通常共同訴訟という（いずれに属するかが実務上しばしば問題となる。たとえば，最判昭43・3・15民集22・3・607〔**207**〕，最判昭61・9・4判時1217・57〔**208**〕）。いずれの場合も，次の主観的併合要件をみたさなければならない（38。職権調査事項ではなく，相手方からの異議をまって審査する）。それは，訴訟の目的である権利義務関係が，①関係者に共通する場合（たとえば，手形の振出人と裏書人に対する手形金の支払請求），②同一の事実上および法律上の原因に基づく場合（たとえば，同一の航空機事故による被害者らの損害賠償請求），さらに③同種であって，事実上および法律上同種の原因に基づく場合（たとえば，数通の手形の各振出人に対する各手形金の支払請求）のいずれかに該当することである。このように，各共同訴訟人間の請求の関連性には，①から③までの間に，相当な濃淡がみられる。こうした要件すらみたさない場合には，事件を分離して，独立した訴えとして扱えば足りる（共同訴訟関係の解消，大判昭10・4・30民集14・1175）。

(2) 選定当事者とクラス・アクション　　共同訴訟として，当事者の人数があまり大きくなると，訴訟手続の進行においても様様な困難が生ずる。もし共同の利益を有する者が多数存在する場合には，選定当事者制度を利用することができる（30）。これは，自らは選定者として，訴訟の当事者とはならず，その授権によって選定当事者を定め，訴訟追行をまかせるというものである。任意的訴訟担当（88頁参照）の一つで，選定当事者に生じる判決効は選定者にも有利不利に及ぶ（115Ⅰ②）。原告側はもちろん被告側でもよい。訴訟の係属の前後を問わない（訴訟係属前に被告となる側で選定行為がなされている場合は，原告にとって選定行為の事実関

係が明らかではないから、選定者を被告とする訴えは、選定行為がその後に書面で証明されれば、その段階で当事者適格を欠くものとして不適法となる。選定者および選定当事者が共同被告となっている場合は、選定者が当然に脱退となるものと解せばよい）。

たとえば、広範囲の劣悪な職場環境から生じた労働災害による損害賠償請求をする場合のように、「共同の利益」（共同の利害関係）を有する「多数の者」（理論上は2名以上）が存在すれば、この制度を活用できる。共同の利益とは、請求が同一の事実上または法律上の原因に基づき（38前段）、かつ主要な攻撃防御方法を共通にする関係にあることをいう。なお、非法人社団・財団の当事者能力を定める29条に該当しないことを要件（消極要件）とするかのように規定するが、これは大正15年改正の際に制度の創設がされて以降、踏襲された書きぶりであって、事実上空文化しており、民法上の組合などの団体について、29条との重畳的適用も認められる（立法者も入会団体を念頭に置くなど、その余地を排除していない）。選定行為は、個別の選定者の意思に基づく。訴訟代理権と同様に書面または電磁的記録で証明されなければならない（いわゆる選定書。規15Ⅳ）。

訴訟係属中に当事者が選定者となって他に選定当事者を設定した場合は、当然承継となり、訴訟から脱退する扱いとなる（30Ⅱ〔当然脱退〕）。選定者は背後に退くが、請求は審判対象として残り、選定当事者が訴訟追行する。

選定行為はいつでも撤回することができる（選定の取消し）ほか、変更もできる（30Ⅳ）。この場合、相手方に通知しなければ効力は生じない（36Ⅱ）。当初から審級を限定した選定行為もできる。なお、旧法下とは異なり、提訴後であっても訴訟外の第三者が既存の当事者に自らの請求を託して、選定当事者制度を利用

することができる（30Ⅲ・144・300Ⅲ。234頁参照）。

　一部の者の訴訟追行によって，その結果が他に及ぶという関係では，たとえば，アメリカ合衆国にクラス・アクションと呼ばれる訴訟方式がある（連邦民事訴訟規則23条）。これは，あるクラス（たとえば，ある商品の被害者群ということだけでよい）に属すると主張する者が，クラスに属するとみられる他の者（メンバー）全員を代表して原告となり，たとえば，クラス総員の損害賠償につき，一括して訴訟を提起するというものである。選定当事者制度と類似した側面もあるが，基本的にはこれと異なり，訴訟の通知を受けたメンバーがクラスからの除外を申し出ない限り（オプト・アウト方式），代表者の受ける判決に拘束されることとなる。こうした訴訟方式は，他の英米法系諸国などにもみられる。わが国でもかつて，少額・大量の消費者被害救済のためにこの制度を導入してはどうかとの議論があった。訴訟の通知に対して除外を申し出ないことが，いわばメンバーの授権を擬制する関係にあるとみられることから，手続保障として十分か，さらには賠償額の分配をどう実行するかなどの問題がある。

　なお，事業者による違法な勧誘行為や契約条項の使用の差止めを求める消費者団体制度が導入されている（消費契約2Ⅳ参照）。

　総理大臣の認定を受けた適格消費者団体には，かかる差止請求権が付与される（同12）。

　さらに，一定の基準を充たす適格消費者団体において集団的消費者被害の回復のための損害賠償請求訴訟を追行しうる制度が導入されている（「共通義務確認訴訟」〔一段階目の手続〕と「簡易確定手続」および「異議後の訴訟」〔二段階目の手続〕という二段階型の訴訟制度である。「消費者の財産的被害等の集団的な回復のための民事の裁判手続の特例に関する法律」〔消費者裁判手続特例法〕）。

(3) 必要的共同訴訟（固有必要的共同訴訟・類似必要的共同訴訟）

必要的共同訴訟では，各共同訴訟人への判決効が他の共同訴訟人にも及ぶ関係にあることから，判決内容がまちまちとならないよう，合一にのみ確定しなければならない（判決の合一確定の必要性）。そのため，統一的な訴訟追行（訴訟資料の提出・訴訟手続の進行）が，法律上要請される（訴訟共同の必要性）。弁論の分離は許されない。共同訴訟人の1人がした有利な行為（否認，抗弁など）はその効力が全員に及ぶが，不利な行為（裁判上の自白，請求の放棄・認諾など）は全員がしないと効力が生じない（40Ⅰ）。もっとも，上訴の場合は問題である。有利とも不利とも一概にはいえない。判決効が上訴をしない共同訴訟人にも及ぶものと構成できれば，全員を上訴当事者として扱うこともない（類似必要的共同訴訟につき，同旨，最判平12・7・7民集54・6・1767〔株主代表訴訟。*209*〕，最大判平9・4・2民集51・4・1673〔愛媛玉串料訴訟。*210*〕。なお，上訴した共同訴訟人のうちの一部の者が上訴を取り下げた場合，その者は上訴人ではなくなる。また，上訴の当事者として扱われないとなると，40Ⅳは事実上の空文化）。相手方が共同訴訟人の1人に対してした訴訟行為の効力は，他の共同訴訟人全員に及ぶ（40Ⅱ）。共同訴訟人の1名について，訴訟手続の中断・中止原因があると，全員につき手続の進行が停止する（40Ⅲ）。後述する通常共同訴訟では，こうしたルールは妥当しない。

必要的共同訴訟は，さらに二つに分かれる。共同訴訟人として，関係者全員が当事者として訴訟に登場しない限りは，訴え自体が不適法とされる場合と，そうではない場合である。前者を固有必要的共同訴訟といい，後者を類似必要的共同訴訟という。いずれにせよ，法的に事件の併合が要請されており，一部判決はできない。

① 固有必要的共同訴訟　たとえば，取締役解任を求める訴訟は，会社および当該取締役を共同被告としなければならない（会社855参照。旧法下につき，最判平10・3・27民集52・2・661は，会社のみを被告とする訴えは不適法とする）。これは，法律関係の解消を目的とする訴訟では，当該法律関係にかかる主体の双方を相手方としなければならないからである（身分関係の訴訟等についても同様。人訴12Ⅱ等）。通例，同一当事者側に全員がそろわないと当事者適格がないとの理由で，訴えが不適法となり却下されることとなる（たとえば，対外的な入会権の確認訴訟〔最判昭41・11・25民集20・9・1921（***211***）〕。なお，対内的な入会権の確認訴訟は固有必要的共同訴訟とはならない〔最判昭58・2・8判時1092・62（***212***）〕）。しかし，必ずしも，それに限らない。相手方当事者とすればよい場合もある（たとえば，相続人間の遺産確認訴訟〔最判平元・3・28民集43・3・167（***213***）〕。もっとも，全共同相続人間で遺産分割の前提としての遺産の帰属性を画一的に確定しておく実践的な必要性は理解できるが，同様の結果は判決効の拡張という構成によっても達成可能である。同様に固有必要的共同訴訟とされるのは，共同相続人間における相続欠格をめぐる相続人の地位不存在確認訴訟〔最判平16・7・6民集58・5・1319〕。なお，最判平11・11・9民集53・8・1421〔***214***〕）。前者のような同一当事者側での全員の共同が要求される場合には，全員がそろわないときには裁判を受ける権利が侵害されることにもなりかねず，固有必要的共同訴訟の枠自体を相当絞り込むことが必要となってこよう（逆に，こうした枠組みを効果・範囲において弾力化・柔軟化しようとする見解もある）。通説・判例はこのため可及的に個別訴訟を容認する傾向にある。たとえば，入会団体の構成員が有する使用収益権に基づく妨害排除請求訴訟（最判昭57・7・1民集36・6・891〔***215***〕）や遺言無効確認訴訟（最判昭56・9・11民

集35・6・1013)など多くの例がある。しかしながら近時の判例は,足並みをそろえることに反対する者は相手方当事者とすれば訴えは適法となるとの立場を強めている(入会団体の一部の構成員は,訴えの提起に同調しない構成員を被告に加え,構成員全員が訴訟当事者となる形式で第三者に対する入会権確認の訴えを提起することができるとするのは,最判平20・7・17民集62・7・1994。ただし,救済判例の色彩が濃厚である)。この立場では,利害関係の共通性を同一当事者側で束ねることに拘らない柔軟さを示すことで(同一当事者側でないことを理由に当事者適格を否定しない),固有必要的共同訴訟に潜む難点を回避する(もっとも,原告側での共同提訴を拒む者をただちに被告に回してよいとの立論が一般化するのは相当問題である。訴訟外となる余地を認めたうえで,この者への判決効を拡張する解釈や運用の方がより適切である)。

　いかなる場合に固有必要的共同訴訟となるか,その成立範囲に関する基準ないし要件を示すことは今日では困難である。実体権(管理処分権)を基礎とする考え方によると,実体法上,管理処分権の共同行使が要請される場合となる。この立場では,持分権や保存行為,不可分債権・債務などの個別に権利行使できる実体権能が認められる場合は,個別訴訟(単独訴訟)の余地を広く認める。これに対して,訴訟上の政策的な観点から柔軟に機能を重視する考え方によると,紛争解決の実効性,裁判所側の利益,手続の進行状況なども勘案し,一部の者による提訴が全体の利害を反映しているかどうかから結論を導く。この立場では,広く固有必要的共同訴訟の成立余地を認め,争わない者は除外してよいとか,上告審での一部の当事者の脱漏の判明の場合にも裁判所の柔軟な裁量を容認する。実体法からのアプローチを踏まえつつ,訴訟政策的な考慮により修正するという方向が穏当であろう。

②　共同所有関係と共同訴訟　　共同所有関係をめぐる対内的，対外的な争いは，どのような訴訟形態をとることになるかについては問題がある。一般的には，対内的な争いにあっては通常共同訴訟として扱い，対外的なケースでは固有必要的共同訴訟と解する傾向がみられる。たとえば，共有権確認訴訟等は固有必要的共同訴訟である（最判昭46・10・7民集25・7・885）。他方，共有持分権の確認訴訟やこれに基づく妨害排除請求等は個別訴訟となる。三名以上での共有物分割請求訴訟（民258）は，原告であれ被告であれ共有者全員を当事者とすればよい固有必要的共同訴訟となる（最判昭43・12・20判時546・69〔*216*〕）。

知的財産権の共有事案に絡む紛争となると多様であり，個別事案の異別性もあって，固有必要的共同訴訟と解する判例群（最判昭36・8・31民集15・7・2040〔実用新案出願拒絶査定に対する抗告審決取消訴訟〕，最判平7・3・7民集49・3・944〔実用新案権審決取消訴訟〕，最判昭55・1・18判時956・50〔実用新案権審決取消訴訟〕）と保存行為であることを根拠に，個別訴訟を認める判例群（最判平14・3・25民集56・3・574〔特許取消決定取消訴訟〕，最判平14・2・22民集56・2・348〔商標登録無効審決取消訴訟〕）が見受けられる。共同開発等によって生じる知的財産権は少なくない。適切な救済を確保するためには，基本は，可及的に個別訴訟を容認する方向が望まれる。

③　類似必要的共同訴訟　　株主総会決議取消訴訟などに端的にみられるように，提訴原告である株主は各自単独で当事者適格をもつ。しかし，判決効が第三者に及ぶ場合には（たとえば，総会決議取消など会社の組織に関する訴訟の原告勝訴判決〔会社838〕），別訴であれ同一手続であれ，複数提起された同じ事件についての矛盾した判決は避けなければならない。別訴の場合には，事件の

併合をすべきである。

上訴提起の関係では，常に足並みがそろうとは限らない（上訴しない者にかかる訴訟費用については上訴審は判断しない。最判平14・10・15判時1807・79）。必要的共同訴訟であっても，自らの控訴期間を徒過した以上，他の共同訴訟人についての控訴期間内でも，適法に控訴しえないとの裁判例がある（名古屋高金沢支判昭63・10・31判タ696・207〔争いがある〕）。

(4) 通常共同訴訟　必要的共同訴訟に当たらない共同訴訟は，すべて通常共同訴訟となる（通説）。判決の合一確定の要請がなく，共同訴訟人独立の原則が妥当する。すなわち，通常共同訴訟にあっては，複数の訴えが一つの訴訟手続に束ねられただけであって，各共同訴訟人は，自らの訴えについては他からの制約を一切受けることなく，独立して訴訟追行することができる立場にある(39)。主張共通の原則は，妥当しないとされる。もっとも，証拠共通の原則については，自由心証主義を背景に統一した事実認定（心証）を形成することから，この場合にも妥当する（通説。防御の機会が与えられていない証拠については，これを改めてテストする機会が保障されなければならない。なお，152Ⅱ）。ただ，厳格に独立原則を貫き主張共通の原則を排斥するとなれば，あまりにも不自然な判決を是認することになりかねない（たとえば，主債務者とその連帯保証人に対する訴訟での連帯保証人のみが主張する主債務についての消滅時効の抗弁の扱いなど）。これでは行き過ぎであり，様々な解釈論的な努力もみられる。たとえば，独立原則そのものを修正して理解する見解（各自が他の者の制約を受けないで積極的に訴訟追行することができることを保障したもの），当然の補助参加関係理論（相共同訴訟人への補助参加申立てがなくとも，補助参加の関係を認める）による見解（最判昭43・9・12民集22・9・1896〔*217*〕は消

極)，さらには，類似必要的共同訴訟の枠組を拡張する見解などがある。

こうした議論とも絡んで，訴訟共同の必要性がないといわれる通常共同訴訟であっても，個別訴訟の併合に止まるという建前どおりに，常に一部判決が許されるわけでもないし，弁論の分離も裁判所の完全な自由裁量でできるともいいがたい（請求間に密接な関連性が認められる場合には，事案によってはそうした措置を違法と解する余地があるとの見解も有力である）。

(5) **特殊な併合形態** ① 同時審判申出共同訴訟　たとえば，代理人による契約が成立したものの代理権の存否に不安がある場合，契約の効果が及ぶ本人に加えて，無権代理の責任を追及するため代理人を被告として訴えることがある。もしこれを個別に訴えるとなると両負け（全面敗訴）の危険もある。このような場合，通常共同訴訟として提訴するが，共同被告に対する権利が法律上併存しえない関係にある場合において，事実審の口頭弁論終結時までに原告の申出（同時審判の申出）があったときは，弁論および裁判を分離することは許されないこととした（41）。これにより，両負けの危険を事実上回避できる。法律審となる上告審では認められていない。上訴審との関係でどこまで統一的な審理が保障されるか疑問もあるが（もっとも，同一の控訴裁判所に各別に係属するときは，併合が強制されている。41Ⅲ），ともあれ原告の意思を最大限に尊重したわけである。事実審の口頭弁論終結時までは，いつでもこの申出を撤回できる（41Ⅱ，規19Ⅰ）。被告からの申出は制度の枠外であり，認められない。また複数原告の事案で，この訴訟制度を利用することも予定していない。

あくまでも通常共同訴訟がベースであるから，共同訴訟人独立の原則が妥当する。その意味で，統一的な解決が法的に担保され

る関係にはなく，一方への訴えの取下げや請求の放棄・認諾も自由である。

② 訴えの主観的予備的併合　　主位的には本人に対して契約履行（主位請求）を求め，予備的に代理人に対して無権代理人としての責任の履行を求めるように，いわば請求の予備的併合（訴えの〔客観的〕予備的併合）の当事者版が訴えの主観的予備的併合である（数名の，または数名に対する各請求が実体論理上両立しえない関係にあるとき，共同訴訟としての各請求に順位を付し，先順位の申立てが認容されることを解除条件として後順位の申立てをすることにより提訴するもの）。こうした訴訟の併合形態の適否については，争いがある（訴えの主観的選択的併合についても同様の問題がある）。判例は，基本的には，消極説である（最判昭43・3・8民集22・3・551〔*218*〕）。これによれば，予備的請求（副位請求ともいう）の訴えが却下されることとなる。判決を受けえないおそれのある者の保護をどうするかとの問題があるからである（予備的被告や予備的原告の場合の被告）。もっとも，こうした保護が特に必要ない場合，たとえば，既に他の請求との関係で当事者としての地位にある場合などでは，裁判例においても，予備的併合形態が適法視されてきた。ことに，原告が被告側を特定しがたい場合（たとえば，取引の相手方が会社か代表取締役個人か不明の場合）には，かかる併合形態を認める実益も少なくなく単に，請求が実体法的な論理において両立しえない関係にある場合を，通常共同訴訟と扱うことには違和感もあった（第1次的には主位請求認容プラス副位請求棄却，第2次的には主位請求棄却プラス副位請求認容という趣旨での予備的併合形態ならば認めてもよいとの見解もある）。

こうした併合形態を正面から規定することも法改正の際に検討はされたものの，結果として同時審判申出共同訴訟の制度が導入

された。このため，主観的予備的併合の適法性を主張する余地はあるのかとの新たな解釈問題も生じている（両説がある）。不合理が生じない範囲において，なおこのような形態を残しておくべきである。

③　訴えの主観的追加的併合　訴え（請求）の追加的変更については，既に述べたが，訴えにより，当事者が追加的に変更される場合を，訴えの主観的追加的併合と呼んでいる（従前からの原告もしくは被告が第三者に対して，または第三者からそうした原告や被告へ新訴を追加的に併合提起するもの）。広くは，後述の共同訴訟参加や参加承継・引受承継などを含めることもあるが，一般には明文の根拠のない場合を指す。追加となるのは，理屈のうえでは，原告側でもありうるが，主として被告側の場合が問題となる。判例は，これを認める明文の規定がないことや訴訟を複雑化させることなどを理由に，こうした併合形態を許さない（最判昭62・7・17民集41・5・1402〔*219*〕）。消極説によれば，別訴の提起プラス弁論の併合（事件の併合）という裁判所主導型のルートによって間接的に所定の目的を達することもできるが，いかなる要件の下でもこうした併合形態（当事者の併合申立権）が認められないものか議論がある。とりわけ原告側に帰責性がない場合，積極に解する余地はある。

後述する任意的当事者変更や第三者の訴訟引込みは，広く訴えの主観的追加的併合の問題でもある（273頁以下参照）。

2——大規模訴訟等における審理手続の特則

当事者が著しく多数で，かつ，尋問すべき証人または当事者本人が著しく多数である訴訟（大規模訴訟）については，通常の訴訟事件の審理とは異なった困難さが生じるため特則が設けられた

(268・269)。公害事件等の大規模訴訟や争点が複雑で困難な医事関係事件・建築関係事件等において，審理事項が多数であったり，または錯綜している場合，適正かつ迅速な審理の実現をめざすには，進行協議期日等の手続を利用して，裁判所は当事者双方との協議を踏まえて早期に審理計画を立て（審理計画策定義務につき，147 の 3），実施することが強く望まれる（計画審理の原則については，147 の 2）。

知的財産権訴訟においては，五人の裁判官によるいわゆる大合議制をとりうる（269 の 2）。

多数当事者紛争の受け皿としてのハードウェア　社会，経済システムが複雑化する中で，利害関係がますます多様化する紛争が目立ってきた。たとえば，航空機事故の場合，被害者側がどの点のミスを問題とするかで，最終的な交渉相手は異なってくるであろう。航空機の製造メーカーか，操作ミスの航空会社か。はたまた整備を外注している場合は，整備会社ということもでてくるであろう。複合的な原因，また，すべてを相手とした場合には，相手方の間で責任の有無・範囲をめぐって，熾烈な戦いが繰り広げられることであろう。多くの人命を奪った事故であればあるほど，会社倒産の危機と隣合わせになるからである。他方，従来型の土地所有権紛争での多数関係人の入り交じったタイプのものも，依然として少なくない。住宅の購入にしても，開発業者のほかに上水道関係で行政が絡んでくる。また，住民訴訟や株主代表訴訟などでの訴訟外にある利益帰属主体（被担当者）が，被告側への共通した利害を主張する場合があるのではないか，といった議論さえも登場してきている。まことに，一筋縄ではいかないのがわれわれの生存する現時の環境である。

こうした中で，多様な利害関係を受け入れる器としての手続について，その制度デザインをどう練っていくのか，ということが問題となってくる。その際に，どういう理念の下に，何を目指すのか。これは，

論者によって大きな対立がみられるところでもある。

たとえば、関連事件を集中化するか分散化するか。巨大な紛争サイズに応じた現行手続のマンモス化に対しては、実務家側（裁判官）の強い拒絶反応が見受けられる。訴訟経済（手続経済），当事者の便宜，紛争の一回的解決といったお題目を唱えるだけでは説得力を欠く。新しい発想が必要となる。プロクルステスのベッド（Procrustean bed）ではないが、画一的でない解決が求められている。「紛争実態に即応した訴訟手続を用意し，実施する」ことをめざすとしても、すべての紛争に応じたメニューは用意しきれず、用意したとしても、また新たな問題を抱え込むことになる。むしろ、時代の流れの中では、「駒不足」の法システムの下で、運用面で手続を柔軟化していった方が、より現実的である。また、そうした積み重ねの中から、新しいソフトな器、自在に変化するフットワークの優れた法システムを創造するという作業がもはや避けて通れない。どんな器にも収まる水のような液体の内容を求めるのではなく、そうした液体のような器そのもののシステムが望まれているように思われる。その一つとして、関係当事者すべての同意があれば第三者の参加を原則として認めようとの同意参加の考え方もある。

3── 訴訟参加の諸形態

(1) 意 義　訴訟参加とは、訴訟外の第三者が、既に係属する他人間の訴訟につき、何らかの利害関係を有する場合に、自らの利益を守るために当該訴訟に積極的に加入（参加申立て）することをいう。この場合の第三者は、参加人と呼ばれ、当事者としての資格で参加する当事者参加の場合と、そうではない補助参加の場合とがある。関連紛争について可及的に同時決着をはかり、一つの判決による紛争解決の実効性を高めるためには、広く第三者の参加を認めるべきものともいえるが、従前の当事者の訴訟追

行に影響を及ぼすわけであるから無原則に許容されるわけでもない。法は明文でいくつかの参加メニューを提供する。いかなる場合にどのような参加が認められるかは、当該参加制度が設けられた趣旨ないし目的を踏まえ、参加人の実体的地位ないし紛争関係的な利益（参加の利益）と、これに相応する参加人の訴訟上の地位、ひいては参加人に及ぶ判決効の性格を一体として勘案する必要がある。ともあれ、参加が認められるには、まずは各条項が定める参加要件（ことに、参加の利益）をみたさなければならない。参加申出が当該の参加形態の要件を充足しないが、他の形態の要件をみたすのであれば、いわゆる訴訟行為の転換の一つの場合として、参加人の意思に反しない限り、その限度での参加を認めるべきであろう。

ところで従来の通説は、訴訟追行の結果である判決内容を中心に利害関係（参加の利益）を構成する。しかし、訴訟追行過程における第三者の利害も無視できない場合があり（たとえば、虚偽の証言によって著しく法的地位を毀損される第三者の場合）、争点限りでの訴訟関与論なども学説上は提唱されている。

(2) 参加の諸形態　① 当事者参加（当事者としての地位を与えられる参加）　第三者が当事者の資格で当該訴訟に参加してくる場合であり、これには共同訴訟参加と独立当事者参加とがある。実質的には訴えの提起である関係から、第三者がそもそも当事者適格を有しない場合には、当事者参加は不適法となる（もっとも、純然たる新訴の提起ではなく、後発的に加入していくだけであるから厳密な意味での当事者適格までは必要がないとの見解もある）。また、そうした関係で、上告審での当事者参加については議論がある。

(a) 共同訴訟参加　判決の合一確定が要求される場合に、第三者が原告ないし被告の共同訴訟人として訴訟加入するものであ

る（52）。たとえば，ある株主が提起した株主総会決議取消訴訟に他の株主がこの原告側に参加するという場合である。したがって，参加後は必要的共同訴訟の手続準則が妥当する。本条を類似必要的共同訴訟に限定する見解もあるが，固有必要的共同訴訟の場合に，便宜的に不適法訴訟の救済ということで当事者適格の欠缺等を治癒するためにも認められるとするのが一般的である。法律審である上告審でいきなり共同訴訟参加ができるかは問題がある。法律問題で防御の機会が必要となることもあろうから，積極に解すべきである。

なお，株主代表訴訟へ他の株主または会社が参加申出することによって，訴訟手続を遅滞させることとなるときなどは，共同訴訟参加も許されない（会社849Ⅰ但書，最判平14・1・22判時1777・151は参加を容認した事案）。既に不適法却下の確定判決を受けていて，それと同一の請求の趣旨および原因に基づく申出は不適法である（最判平22・7・16民集64・5・1450）。

(b) 独立当事者参加　これは，たとえば，ある土地の所有をめぐって訴訟がある場合に，別の第三者が自分こそが真の所有者だとして参加するというものである。共同訴訟参加が従前の二面的な対立関係をそのまま維持するのに対して，この場合の独立当事者参加では，従前の当事者と参加人との間で三面的な対立関係が生ずることになる（三面訴訟）。すなわち，第三者が参加することによって，訴訟の目的たる権利ないし法律関係をめぐる紛争につき，三者の間で一挙に決着をつけようとするものである。ただ，平成8年の改正では，従前の当事者の一方のみを相手方とすることも明文で認めるにいたった（後述する準独立当事者参加。47Ⅰ）。いずれの場合にも必要的共同訴訟の手続準則が妥当する（47Ⅳ・40Ⅰ～Ⅲ）。

独立当事者参加には，詐害防止参加（47 I 前段参加）と権利主張参加（47 I 後段参加）の2種類がある。前者の参加要件である「訴訟の結果によって権利が害される」との意味については解釈が分かれる。出発点として，訴訟の結果と参加しようとする第三者の権利関係は，訴訟物ないしその前提となる法律上または事実上の争点が第三者の法律上の地位についての論理的前提となり，判決主文または判決理由中の判断によって第三者の法的地位が事実上の影響を受ける関係になければならない。これに加えて，当事者の詐害意思を要求する立場（詐害意思説）は詐害再審（旧々483〔明治23年法29〕。大正15年改正法で廃止〔立法過誤との指摘がある〕）を判決確定前の訴訟過程に前倒ししたものとの本条の沿革に忠実である。この立場では，後述する補助参加の利益とは全く異質な要件が設定されることになる。とはいえ，そもそも当事者の詐害意思（馴れ合い）を立証することには著しい困難も伴い，実効性を欠く。そこで，ここでいう詐害意思とは単なる主観的なものではなく，客観的に認められるものであり，当事者の主張・立証の懈怠や期日の欠席などの外形的なふるまいとして表出されたものを指す。判例・多数説の立場である。これに対して，判決効の拡張がされるというより切迫した関係にある場合に詐害防止参加を認めるべきであるとの見解もある（判決効説）。この立場では，共同訴訟的補助参加や共同訴訟参加との関係性が曖昧になるといった問題を抱えている。そのことを踏まえつつ，近時は，補助参加との連続性を意識したうえで，従属性を超える当事者参加を認容する独自の要件とは何かにも関心が向けられるが，基本は詐害意思説に立脚すべきである。

　後者の権利主張参加は，従前の当事者の請求やこれを基礎付ける権利主張と参加人自身のそれとが両立しえない場合とされる。

さきの三者間での同一物件の所有権争いなどが典型例である。二重譲渡事案については，権利主張参加として適法かは問題がある（最判平6・9・27判時1513・111〔*220*〕は消極か）。債権者代位訴訟への債務者の独立当事者参加については，いずれの参加なのか問題がある（最判昭48・4・24民集27・3・596〔*221*〕）。前段参加を後段参加とし，あるいはその逆の扱いを適法視しうるかについては，申出の理由に裁判所が拘束されるものではないため，積極に解する。参加の後に両立することが判明しても，遡って参加申出自体が不適法となるわけではない。前段・後段のいずれの要件をもみたさないときには，本申出は不適法なものとして終局判決により却下されるのか，それとも本条による当然の併合審理が許されないだけであって，別訴として処理し，弁論の併合による結果，併合審理も可能と解するか問題となる（なお，後掲最大判昭42・9・27〔*223*〕はいわゆる準独立当事者参加の事案につき，後者の扱いを容認する）。上告審での参加は認められない（最判昭44・7・15民集23・8・1532〔*222*〕）。

かつて判例は，参加人が一方当事者に対してのみ請求を定立する片面的な参加申出（準独立当事者参加ないし片面的参加）を認めなかった（最大判昭42・9・27民集21・7・1925〔*223*〕）。この場合，別訴を提起して弁論の併合（事件の併合）により統一的な審判を求めることで不都合を回避した（ただし，通常共同訴訟として扱われた）。また，原告が訴えを取り下げるについても被告および参加人の同意を必要とするのが判例の立場であった（最判昭60・3・15判時1168・66〔*224*〕）。従来の判例は，独立当事者参加の場合の様々な問題解決をすべて三面訴訟の枠の中で処理しようとしたが，様々なニュアンスを有する紛争を一律にこうした枠に当てはめることの不当性から，硬直した三面訴訟の理解からは離れ，平

成 8 年の改正では，準独立当事者参加を容認した（47 I）（詐害防止参加であっても，請求の定立が必要とするのは，最決平 26・7・10 判時 2237・42）。

　独立当事者参加には，必要的共同訴訟の特則が準用される（47 Ⅳ・40 I～Ⅲ）。しかし，準用とはいえ，必要的共同訴訟とは異なり，参加人とは協力関係にはなく，むしろ互いに牽制し合う関係にある。そこで，準用の内容について様々な議論が生じる。判決の合一確定の必要から，訴訟資料の共通化や手続進行の統一は要請される。一人について生じた中断・中止事由により，すべての訴訟手続が停止する。弁論の分離や一部判決は許されない。後述する脱退や訴えの取下げ（被告および参加人の双方の同意を要件とするかは分かれる），参加の取下げ（請求定立の相手方の同意のみでよいと解する）などにより，二当事者訴訟へ移行する。なお，独立当事者参加において二者間での訴訟上の和解が許されるかは議論がある。裁判例（仙台高判昭 55・5・30 判タ 419・112，東京高判平 3・12・17 判時 1413・62）は，消極である。学説は全面肯定説ないし条件付き肯定説が大勢となっている。強固な三面訴訟観がここでも後退しつつある。

　敗訴者の一方のみが上訴した場合の扱いについては議論がある。ここでも，旧法下の判例は，三面訴訟を貫徹し，上訴しない敗訴者の敗訴部分についても合一確定の必要性から審判対象になるものとした（最判昭 48・7・20 民集 27・7・863〔*225*〕，最判昭 50・3・13 民集 29・3・233〔*226*〕など）。しかし，今日では状況がやや異なってきている（244 頁参照）。

　(c) 脱退当事者への判決の効力　　独立当事者参加や後述の訴訟承継がなされた後に，従前の当事者の一方は相手方の承諾を得て訴訟から脱退することができ，脱退者には判決効が及ぶ（48・

51)。参加人の同意は必要ない。たとえば，貸金請求で被告となった債務者が，真の債権者が原告なのか参加人なのかを決めてもらえば，自らはこれに従う趣旨で，原告の同意を得て脱退するというものである。これによって，訴訟手続を単純化でき，紛争の実態にもふさわしいものとなる。脱退により，訴訟手続はそれまでの三面的な関係から，再び通常の二当事者対立構造に戻る（従来の通説）。

　従来の通説によると脱退の効果は以下のとおりとなる。脱退者はもはや当事者ではなく，自らについての訴訟（請求）は係属しない。しかし，判決の効力を全面的に受ける。これは脱退が，自らの立場を全面的に相手方と参加人との間の訴訟の結果に委ね，あらかじめ条件付きで（相手方，参加人のどちらが勝つかに応じて）自己の請求を放棄ないしは自己に対する請求を認諾しておくというものだからである。したがって，この場合の判決効とは参加的効力ではなく，いずれかの勝訴により現実化する請求の放棄ないし認諾の効力であり，脱退者との間の請求内容に応じた執行力も生ずる。

　こうした理解に対して，近時，脱退当事者の意思にふさわしい様々な効果（たとえば，弁論権の放棄や訴えの取下げなど）を認めるべき旨が主張されている。この見解によれば，脱退当事者との関係での訴訟がなお係属しているとみられる場合も予定される（訴訟追行を残存当事者双方に委ねたとみることになる）。

　② 補助参加（当事者としての地位を与えられない参加）　これは当事者のいずれか一方を補助し，これを勝訴に導くことによって，自己の利益を守る参加形式である。相手方当事者との間においても請求は定立されない。補助参加人を従たる当事者，被参加人を主たる当事者ともいう。42条は，「訴訟の結果について利

害関係を有する」第三者が補助参加をなしうると規定する。「補助参加の利益」(「参加の理由」ともいう)の問題である。通説は,「訴訟の結果」とは,勝ち負けのことであって,本案である訴訟物たる権利関係の存否についての判決主文を指すものとみる。これは,判決理由中の判断では事実上の影響にすぎず,第三者が他人間の訴訟に介入する必然性はなく自ら当事者となって訴訟をすべきであるとみるからである。また,「利害関係」とは,第三者の法的な地位が論理的に訴訟物たる権利関係の存否を前提に決定される関係をいうとする。しかし,補助参加はあくまでも従前の当事者の一方への助太刀でもあり,これではかなり狭すぎて具体的な紛争に柔軟に対応できないうらみがある。むしろ,より広く訴訟追行過程を含めて何がしかの法的な利害関係があれば足りるものと解しておけばよいと思われる(なお,東京高決昭49・4・17下民集25・1～4・309〔*227*〕,東京高決平2・1・16判タ754・220〔*228*〕)。すなわち,判決の証明効を媒介にして利益が出てくるというのではなく,たとえば最終責任者として求償訴訟が事後的に提起されることが必至の場合に,いわばふりかかる火の粉を事前に振り払おうとする点での利益である。すなわち通説が考える敗訴という結果責任に絡むところの利益ではなく,まさに勝敗をきっかけとして顕在化する新たな応訴リスク(ひょっとして派生紛争が生じ,これにより訴えられるかもしれないとの法的不安)に絡む利益こそを問題とすべきである。

　判例は,必ずしも判決主文に限定しない(もっとも,限定説とする見方もある。なお,行政訴訟ではあるが,限定説とみうる最決平13・2・22判時1745・144参照)。当該訴訟の判決が参加人の私法上または公法上の法的地位または法的利益に影響を及ぼすおそれがある場合に補助参加の利益を認めるものがある(最決平13・1・30民集

55・1・30〔**229**〕，前掲東京高決平2・1・16〔**228**〕）。

株主代表訴訟の被告役員への会社の補助参加は可能である（会社849Ⅱ。かつては争いがあった。積極例として，前掲最決平13・1・30〔**229**〕，東京高決平9・9・2判時1633・140。消極例として，名古屋高決平8・7・11判時1588・145）。

一般には訴訟外の第三者が補助参加するが，ときに従前の当事者においてもみられる。たとえば，共同不法行為に基づく損害賠償請求訴訟の共同被告のうちの1名が，他の共同被告と原告との訴訟について原告に補助参加することもできる（第一審判決後の控訴提起の事案につき積極に解するのは，最判昭51・3・30判時814・112〔**230**〕）。

行政訴訟においても補助参加の余地がある（行訴7。許した例として，前掲最決平13・2・22。なお，職務執行命令訴訟への補助参加は許されない。最決平8・2・26民集50・2・274）。かつての住民訴訟の被告への行政庁等の補助参加が可能かどうかについては争いがあった（消極例として，平成14年改正前の地方自治法242の2Ⅰ④に関するが，大阪地決平3・4・2判タ757・152）。

補助参加人の訴訟上の地位については，従属性と独立性が交錯する。すなわち，本来の当事者ではなく（したがって判決の名宛人でもない），あくまで従前の当事者を補助し，これに付随して訴訟追行する立場にある（被参加人のなしえない行為はできず〔45Ⅰ但書〕，抵触行為も効力を生じない〔45Ⅱ〕）。このため，訴訟自体の処分にかかわる訴訟行為はできない（たとえば，訴えの取下げなど）。自白等の被参加人に不利な行為の効力も生じない（被参加人の有する相殺権や取消権などの私法上の形成権の行使の主張は，必ずしも不利とはいえない）。これを従属性という。また，証人としての適格はある。しかし他方で，参加に当たっては，独立して当事者能力や訴訟能

力が要求され，期日の呼出しなども別個になされる。こうした面では従たる当事者としての独立性を有する。上訴や再審の提起権も認められる（45Ⅰ）。なお，補助参加人の上告提起後の被参加人の上告は，かえって二重上告として不適法となる（最判平元・3・7判タ699・183〔*231*〕）。補助参加の申出は，参加の趣旨と理由を明記し，補助参加としてできる訴訟行為とあわせうる（43）。申出を取り下げるには相手方の同意は不要である（争いがある）。

　補助参加人に対する判決効（46）については，通説・判例は既判力とは別個の参加的効力と解している（最判昭45・10・22民集24・11・1583〔*232*〕。かつて判例は，既判力と解していた。大判昭15・7・26民集19・1395）。すなわち，この判決効は，訴訟追行上の責任分担という公平ないし禁反言の観点から認められるもので，被参加人敗訴の場合にのみ問題となり，訴訟追行過程の具体的な事情によって左右されるし，後訴では当事者の援用をまって斟酌すればよい（既判力は職権調査事項とされる）からである。また，参加的効力の客観的範囲（理由中の判断についても生ずる）・主観的範囲（被参加人と参加人の間で生ずる）も既判力と異なる。しかし，近時は，既判力の根拠がいわゆる手続保障論との関係で再検討されてきており，補助参加人が十分な手続保障を得て判決形成の基礎に関与した以上，その結果たる判決内容の拘束を受けるべきだとの見地から，参加人と相手方当事者間にも生ずる既判力とみるべきものとする見解などがみられる。ともあれ，参加的効力の内容を判決主文にのみ限定する必要は全くない。

　判例も，こうした参加的効力の客観的範囲については，判決理由中の事実認定や先決的権利関係の存否の判断に及ぶとする（前掲最判昭45・10・22〔*232*〕）。もっとも，判決の結論に影響のない傍論には生じず，判決主文を導き出すために必要な主要事実にか

かる認定や法律判断等に限る（最判平14・1・22判時1776・67〔*233*〕）。

③　共同訴訟的補助参加　　補助参加という入口で入ってくるものの中には，補助参加人の実体的な地位からみて，従属性を甘受しがたいケースもある。たとえば，第三者が参加の有無にかかわらず，判決効の拡張を受ける場合（典型的には既判力の拡張だが，反射効なども含む）である。一例としては，株主原告による取締役選任の総会決議取消訴訟につき，被告会社に当該取締役が補助参加する場合がある（会社が被告となる〔会社834⑰〕。最判昭45・1・22民集24・1・1）。このような場合には，参加によって訴訟追行する際には，補助参加人といえどもその独立性を可及的に高めておく必要がある。これを共同訴訟的補助参加と称している。わが国には明文の規定はないが（もっとも，たとえば，検察官を被告とする死後認知訴訟が提起された場合，相続権を害される第三者の共同訴訟的補助参加については，規定がある。人訴15），解釈論として一般的に承認されている（ドイツ民訴69参照）。問題は，共同訴訟的補助参加とされる場合の補助参加人の地位である。人事訴訟法の定める共同訴訟的補助参加の場合（人訴15ⅢⅣ）と同様に，45条2項の適用を排除し，40条を類推適用することが妥当であろう（上記ドイツ法も同様）。攻撃防御方法の提出のレベルでは，被参加人との訴訟行為の抵触がある場合，補助参加人する有利行為にはその効力を認めてよい（被参加人にも効力を生じる）。他方で，補助参加を受ける側となる主たる当事者（被参加人）の処分権まで制約したり剥奪することは，「補助」の枠を超え，許されないのではないかとの問題が生じる。もし，ここまでも必要的共同訴訟の手続規律が類推されると解すると，被参加人の訴えの取下げや訴訟上の和解，請求の放棄・認諾といった訴訟の根幹についての処分行

為を封じることとなる(実務上は独立した経済的利益を背景に補助参加が利用されており,その実態からすると,そもそも通常の補助参加人の従属性さえ根本的な違和感も存するところではある。その面では,立法論として,一律にまたは一定の要件の下で補助参加を当事者参加まで引き上げ,40条の全面規律によるとすることも検討に値する)。解釈論としても,共同訴訟的補助参加の事案では,40条の類推まで踏み込むべきである(もっとも,相手方当事者と補助参加人との二者間での訴訟上の和解は,被参加人の権利に関する和解条項がないなどの内容であれば,許されてよいであろう)。

 なお判例は,共同訴訟参加できるのに補助参加した場合は,もはやこれに共同訴訟的補助参加の効力を認めない(最判昭63・2・25民集42・2・120〔*234*〕。批判がある)。

 ④ 訴訟告知　　訴訟告知とは,訴訟係属中に当事者が訴訟外の第三者に対して当該訴訟を知らせるというものである(53)。これには二つの機能がある。一つは,訴訟に法的な利害関係を有する第三者に手続関与の機会を保障する(被告知者が告知者の相手方へ参加することを容認するのは,仙台高判昭55・1・28高民集33・1・1〔*235*〕)。そして,そのうえで告知者が敗訴したときには,衡平の観念から,実体的には協力関係にあるものと法的に期待されており,しかも訴訟手続的には協力しえた被告知者に対して,敗訴責任を分担ないし転嫁させるというものである(たとえば,連帯保証人から訴訟告知を受けた主債務者は,後の求償訴訟で主債務の不存在や無効を主張して争うことはできない)。これがもう一つの機能である。後者の意味では,被告知者に対して不利益にのみ作用するものともいえる(もっとも,訴訟告知を受けたとしても,そもそも法律上の利害関係がない場合には,効力は生じない。前掲最判平14・1・22〔*233*〕参照)。告知の効果をめぐっては近時様々な議論があ

る。その客観的範囲や主観的範囲が問題となる（東京高判昭60・6・25判時1160・93〔*236*〕）。

当事者は訴訟告知を常になしうるものではない。当該第三者が参加をなしうる法的な利害関係を有するとの告知要件をみたさなければならない。が，実務上は当事者から裁判所への告知申立てがあれば自動的に被告知者および相手方に送達されることとなっており（規22ⅠⅣ），告知要件をめぐる争いはその効力をめぐる争いとして，事後的に告知者・被告知者間の訴訟で決着がつけられることとなる。しかし，被告知者にしてみれば，告知書面が裁判所から送達されるだけで困惑することでもあろうし，告知要件を明白に欠いていると判断されるときには，告知申立てを却下する扱いもなされるべきであろう。不当な訴訟告知を理由とする損害賠償請求事件の例もある（東京地判平7・6・23判タ900・249〔棄却〕）。

告知の効力については，参加しえた時点に参加したと同様の効力が認められる（53Ⅳ）。もっとも，補助参加を現にした場合と一片の訴訟告知とで全く同一の効果が生じると解してよいかについては，問題がある（特に手続保障の観点から，被告知者の利益を重視すると慎重な結論となる。これに対して，告知者の利益を優先させると，参加の機会が与えられたにもかかわらず，これを利用しなかったものを保護する必要はないということになる。なお，前掲最判平14・1・22〔*233*〕は，実際には補助参加はされず，訴訟告知の効力が問題となった事案であるが，判決の傍論部分にすぎないとして，参加的効力が及ばないとした）。

被告知者が告知者の相手方へ参加した場合には，告知の効力と補助参加の効力の重畳が問題となってくる（参加を怠った被告知者には，利害が一致しない場合であっても，参加的効力を及ぼすとするの

は，前掲仙台高判昭55・1・28〔*235*〕。事案の特異性にも配慮する必要があろう）。

また，手形・小切手の場合，いわゆる前者への遡求権の消滅時効が完成猶予する（手70Ⅲ・86，小51Ⅱ・73）。さらに，一般的には催告としての時効完成猶予効（民150Ⅰ）も認められるものと解されている。

4──当事者の変動（交替）──訴訟承継・任意的当事者変更・第三者の訴訟引込み

訴え（請求）の変更については既にふれたが（233頁以下参照），訴訟係属中に訴訟外の第三者が新たな当事者として旧当事者と並び，またはこれと入れ替わる場合がある。これを当事者の変更といい，これには訴訟承継と任意的当事者変更がある。両者の違いは，前主と後主の地位の実体的な牽連性の有無にあるほか，前者は法定当事者変更の一つとして位置付けられるように，要件・効果については不十分ながら法が定めているところでもある。

(1) 訴訟承継　訴訟係属中に従前の当事者から訴訟外の第三者へと紛争主体の実体的変更が生じる場合があり，これを訴訟承継という。この場合，従来の訴訟追行の結果を新当事者（承継人という）が引き継ぐことになる。

広く訴訟承継には，二つの場合がある。包括承継の際に生ずる「当然承継」と特定承継の場合に関する「申立承継」（一般的な呼称ではないが後述するように承継の仕方が当然承継と異なる）である。後者には，任意に加入する「参加承継」(49)と，強制加入となる「引受承継」(50)とがある。狭い意味での訴訟承継とは，この「参加承継」と「引受承継」とを意味する。

基準時後の承継人（包括承継人および特定承継人）については判

決効が拡張される旨の規定（115 I③）があるが，基準時前の承継人についてはそうした規定もなく，紛争の主体が交代している場合には，もはや従来の当事者間の訴訟では，紛争の解決に何ら役立たない。他方で，承継人を当該訴訟に加入させるにしても，これまでの当事者間による訴訟追行の結果を一切引き継がないとすることは，相手方当事者の有利な既得的地位を侵害し，衡平でない（訴訟経済からみても好ましいことではない）。

① 当然承継　承継人が法律上当然に当事者となり，従前の当事者の地位を実体的にも手続的にも引き継ぐ場合である。紛争主体の変更が自動的に訴訟に反映される。その限りでは，元来，訴訟手続に加入するのに何らの申立ても必要としないことになる。こうした当然承継の関係は，現行法上は訴訟手続の中断・受継（151頁以下参照）の規定から推知することができる。たとえば，当事者の死亡（124 I①），法人の合併（124 I②），受託者の任務終了（124 I④），当事者の資格喪失（124 I⑤），選定当事者の資格喪失（124 I⑥）などの場合がある。実体的には，前主の地位を包括的に承継する場合といえる。したがって，前主の訴訟追行結果に全面的に拘束される点では，異論がない。訴訟費用の負担も承継する（申立承継の場合には，承継の関係はない）。

　もっとも，訴訟当事者のうち少なくともいずれかの側が，訴訟係属後に死亡や吸収合併等により消滅した場合には，訴訟が終了する場合もある。これは，当事者地位の混同（二当事者対立の原則に反することとなるため）や訴訟対象となっている権利の一身専属性（その結果として，承継人が存在しないとされるため）による。後者については，多くの判例がみられる（最判昭51・7・27民集30・7・724〔*237*〕，養子縁組取消訴訟で養親死亡の事案など）。判例は，権利の一身専属性という実体的な性格によって問題の解決を処理

しようとする立場である。しかし，紛争主体の移転は主として当事者適格の変動とも絡み，すぐれて訴訟法的な評価（当事者間の公平・訴訟経済など）にかかわるものであることを否定できないので，形式的に実体権の性格だけであらゆるケースを割り切ることに対しては強い批判もある（最大判昭45・7・15民集24・7・804〔*238*〕）。

実務では，相続承継の場合において，後述する「申立承継」と同様に，「申立て」を当事者から徴求する例がある。ただ，裁判所が「申立て」の許否をするわけではない。

② 申立承継　訴訟で係争中となっている物件ないし権利関係（係争物という）の譲渡の場合に端的に現れるように，当該訴訟で問題とされた権利関係等を特定的に承継（特定承継）する場合，当事者の変動をもたらすには，参加承継の申立てないしは引受承継の申立てのいずれかが必要となる。特定承継に関しては，49条と50条さらには51条は合わせていわゆる訴訟承継主義を採用したものと理解される。従来の定説的な理解では，旧当事者の形成してきた手続結果を承継人は全面的に受け継ぐ（49条の文言上は，権利の承継人が訴訟参加した場合について，時効中断効や出訴期間遵守効についてのみ定めたものとなっている。しかし，これは一つの典型的な効果を定めたものと理解されている〔通説・判例（大判昭16・10・8民集20・1269)〕）。権利承継であれ義務承継であれ，承継人が任意に係属中の当該訴訟に参加してくる場合を「承継参加」（訴訟参加）といい，「訴訟引受け」とは強制的に引き込む場合をいう（49・50・51。旧法は権利承継につき訴訟参加を，義務承継につき訴訟引受けのみを定めていた）。いかなる者が参加承継でき，いかなる者に対して引受承継ができるかについては，特定承継における承継原因の基準ないしその範囲として議論がある。従来の議

論は，適格承継説に立つ。すなわち，承継制度の目的は，紛争主体の変動を当事者の変動に導くことにより，現にある訴訟の紛争解決効率を高めることにあるものとし，したがって当事者適格を前主より伝来的に取得した場合に承継原因を認める。しかし，伝来的取得という意味内容が明確でないうえ，承継の前後で請求内容が変化する場合も少なくない（たとえば，最判昭41・3・22民集20・3・484〔*239*〕，建物収去土地明渡請求訴訟が係属中に，被告が建物を賃貸に出し，そこに住み込んだ借家人の場合）。そこで，「紛争の主体たる地位」の移転だとか，「当事者適格の依存性」などの基準が提唱されている。

こうした承継原因の問題を中心に，訴訟承継に関しては，近時様々な議論がみられる。まず，115条1項3号にいう口頭弁論終結後の承継人（221頁以下参照）の範囲との関係が問題である。これをパラレルに扱うのが，かつての通説であったが，今日では，訴訟係属中の手続加入についての承継と既判力拡張の場面での承継とは一応区別されている。あるいはまた，任意に訴訟に加入する参加承継と強制的に引き込まれる引受承継とでは承継原因が異なるのではないかといった議論や，承継原因をより広くとらえつつ，その訴訟追行には，常には一律全面的な制約をしないとして，旧手続の利用の可否問題（要件論）と旧手続の効果承継問題（効果論）を切断する見解なども主張されてきている。

なお，承継原因のないことが事実審理後に判明したとしても，承継が遡って不適法となるのではなく，請求に理由がないものとして請求棄却判決がなされる（却下判決をすべきであるとの見解もある）。もっとも，参加の理由自体からも承継関係が認められないときは，やはり判決により参加申出を不適法却下すべきである（引受承継では引受申立ての却下決定で処理される〔50〕）。

承継の効果については，基本的にはそれまでになされた訴訟追行の結果を引き継ぐものとしても，それまで何ら手続に関与していない新たに当事者となった者の手続保障の観点からは，拘束を受けない余地を認めることは十分に考えられるところである。そこで，訴訟承継の余地を広く認める要件論を展開しつつ，他方では拘束力に絞りをかけるなどの効果論を導く考え方も示されている。あるいは積極的に自らが手続加入する参加承継では拘束力を広く認めるが，強制的に手続加入させられる引受承継では拘束力を限定するべきではないかとの区別の視点もある。

上告審で申立承継をなしうるかは問題である。判例は消極に解している（最決昭37・10・12民集16・10・2128〔*240*〕）。争いはあるが，上告審は法律審として事実審理が許されないものとされている点からすると，やむをえないところであろう。

(a) 参加承継　参加申出の相手方については，49条によれば，47条の規定によって訴訟参加をなすものとされている。かつての判例は，47条参加につき，既存の当事者の一方が参加人の請求をたとえ争わないとしても，参加人は原告・被告双方を相手方として請求を定立したうえで参加申出をなすことを要求していた（257頁参照。最大判昭42・9・27民集21・7・1925〔*223*〕）。参加承継の場合においても同様の申出をなすべきかが問題となった。かつて原告・被告双方を相手方とすべきであるとする裁判例もあったが，実質において新たな訴えの提起であり，争いがない者を形式的に相手方とする実益もなく，紛争の実相に相応した片面的な参加申出を適法とすべきであるとの多数説を受け，現行法では，明文で片面的申立てを容認する（49・47Ⅰ）。

また，従前の当事者の一方が脱退（258頁以下参照）しない場合，47条の規定により必要的共同訴訟の訴訟共同の手続規律（40）が

準用されることとなる。もっとも，立法論としては，引受承継とのバランスから40条が妥当しないものとする余地はある。

(b) 引受承継　　引受申立権者は従前からの当事者であるが，問題はその者が訴訟の目的となった権利ないし債務の被承継人（前主）に該当する場合に，引受申立てをする利益があるかという点である。消極に解する裁判例もあるが，むしろ積極に解するのが判例の立場である（最判昭52・3・18金法837・34〔*241*〕）。確かに，通例は，相手方当事者が自らの利益において引受申立てをする場合であろうが，前主には引受申立てする利益が全くないとまでいうことはできないであろう。

参加承継とは異なり，必要的共同訴訟の規律の準用はなく，同時審判の申出がある共同訴訟に関する規律（41）の準用がある（50Ⅲ）。基本的には，通常共同訴訟と同じ手続規律（共同訴訟人独立の原則）に服するものと解されるが，弁論の分離は許されないし控訴審では併合強制が存する。ただ，参加承継との統一的理解を強調する立場からは，両者の差異を合理的に説明できないとの問題が生じよう。ただ，承継人と承継人の相手方との訴訟が強制的に従前の訴訟に追加されただけであるとみることによって，かろうじて通常共同訴訟の手続規律をベースとする現行法も正当化できよう。

なお，訴訟引受けの決定があれば，改めて同時審判の申出をするまでもない。強制的な第三者の訴訟引込み（273頁参照）の問題とも絡んで，今後の展開が期待される分野の一つである。

引受承継の効果についても，相手方当事者との公平の観点から，これまでの定説的な理解では，参加承継と同様に，引受承継においても訴訟承継として従前の訴訟の手続形成の結果に承継人は拘束されるとした。ただ，引受承継後は，前主が当事者として残存

していても，承継人には自由な訴訟追行が保障される。

> **当事者恒定主義と当事者恒定の仮処分**
>
> 係争物の譲渡をめぐる立法の仕方として，訴訟承継主義に対置するのは当事者恒定主義である。かつて，ローマ法およびこれを継受したドイツ普通法では訴えの提起後の係争物の譲渡そのものが許されていなかった（譲渡禁止主義）。しかし，経済活動が活発化すると，訴訟の長期化による譲渡禁止が取引の自由への不当な制約と感じられ始める。そこで，ドイツ法では譲渡の自由は認めたうえで，いわゆる当事者恒定主義を採用し，今日に至っている。これは，従前の当事者が基本的にはなお訴訟追行権を失わず，その者に対する判決の効力が承継人にも拡張されるということで利益調整をはかる。わが国でも明治36年の民事訴訟法改正草案（法典調査会案）は，この立場を採用した。確かに，訴訟承継主義には多くの問題がある。実体的な変動が訴訟に反映されるまでのタイムラグをどうするか。そもそも反映されなかった場合はどうなるのか。もっとも当事者恒定主義にも難点がある。ことに，係争物の譲渡によって生じた実体関係の変動が当該訴訟手続で顧慮されるのかどうかという点である。立法論・解釈論の双方からの検討の深化がまたれる。
>
> そうした中で，現行の訴訟承継主義の難点を是正する方法の一つとして，仮処分の当事者恒定効を利用することがかなり以前から行われてきた。つまり，訴訟承継主義の下では，訴訟係属中の係争物譲渡などによる実体関係の変動を当該訴訟に反映させなければならない。ところが，実体関係の変動が不明なままで訴訟手続が進行し判決がなされることもありうる。この場合には，承継人に対して判決効は拡張されないというのが一般的な見解である。そこで，こうした訴訟承継主義の限界を補うものとして実務上編み出されてきたのが，当事者恒定を目的とした仮処分（最判昭46・1・21民集25・1・25〔*242*〕）の利用である。そして，民事保全法では，これを一部はさらに強化したうえで明文化している（民保58・62・64）。こうした仮処分の利用によって実体的な変動を訴訟の上では無視する当事者恒定の効果が認め

られている。ただ、これによって訴訟承継主義の欠陥が完全に修復されたわけでもない。たとえば、被告側を恒定するために原告側が余分な負担を強いられ、一方で原告側恒定のための手段が差し当たって被告側に与えられていないという根本的な問題は、何ら解決されていない。

(2) 任意的当事者変更　単に当事者を誤っていたとして正当な当事者に変更する場合は、任意的当事者変更となる（原告の意思に基づくという意味のほか、法律の明文の規定に基づかないものという意味でこのように呼ばれ、訴訟承継とは区別される）。広い意味では前述した従来の当事者が第三者に対して提起する場合の訴えの主観的追加的併合を含むが、ここでは新当事者が旧当事者と完全に交替する場合をいう。たとえば、ある会社の代表者個人に対して代金請求訴訟を提起したが、審理の結果、会社の取引であることが判明した場合に、個人から会社に当事者を変更する場合である。もっとも、新旧当事者間に同一性があれば、むしろ当事者の表示の訂正（78頁参照）で処理できる。これは任意的当事者変更とはいわない。

この行為の性質や効果をめぐっては議論がある。通説は、新訴の提起と旧訴の取下げとの複合行為とみる。こうした行為を独立した形で認めるのは、印紙の流用という別訴にはないメリットがあるからである。このため、従前の訴訟追行の結果については原則として新当事者に及ばないものとみる（訴訟承継との違いが問題となる）。審級の利益を保障する観点から、原則として第一審に限られる。

(3) 第三者の訴訟引込み　広くは、訴訟係属中に訴訟外の第三者を当事者として訴訟へ強制的に引き込み、紛争を一挙に解決しようとする場合すべてをいう。法がこれを定めている場合もあ

る(引受承継など)。他方,近時,いわゆる引込理論として提唱されているのは,原告の提訴によって追い込まれた被告側のイニシァティブによる第三者の引込みのタイプである。ことに,債権者から訴えられた保証人が主債務者に対する求償訴訟を併合提起する場合には実益も大きい(これを認める立法例もある)。しかし,従来そうした場合は,訴訟告知や補助参加の問題として処理されてきており,解釈論として認められるかについては消極的な見方が強い。これには,実務が当事者の併合申立権について厳しい立場をとってはいるものの,別訴提起後の関連事件の併合に関しては当事者の言い分を踏まえて裁判所が比較的容易に応じているといった事情が背景にある。しかし,当事者の申立てによる併合といういわば直接ルートを認めず,別訴を提起して,その後に裁判所が弁論を併合(事件の併合)するという間接ルートならば許容されるものとしても,具体的にどのような場合にそれができ,またそうすべきかについては,同じく要件の問題が生じよう(もっとも,現行法の下では弁論の併合〔152〕などは基本的には裁判所の裁量事項である)。その場合には,訴訟に強制的に巻き込まれることとなる第三者側の事情や引き込もうとする側の引込みを正当化する利益の有無などが問題となってこよう。判例が不適法とみる訴えの主観的追加的併合(251頁)とは慎重に切り分けて検討する必要がある。

第 6 章

不服申立手続

➡**最高裁判所の外観**
　最高裁判所提供

本章では，まず，未確定の裁判に対する上訴の制度が解説され，具体的には，判決に対する上訴である控訴および上告の手続と，決定・命令に対する上訴である抗告の手続とが取り上げられる（Ⅰ）。

次に，通常の方法による上訴が許されない場合に，当事者に最高裁判所の憲法判断を受ける機会を保障するための特別上訴（特別上告，特別抗告および許可抗告）の制度と，確定した裁判に重大な誤りがある場合にそれを取り消して事件を再審理する手続である再審の制度とが解説される（Ⅱ）。

I 上　訴

1──上訴制度

(1) 上訴の意義・種類　① 上訴の意義　裁判官も人間である以上，事実認定または法の解釈適用を誤る可能性を常に有している。また，敗訴当事者が判決を誤ったものと考えがちになるのは自然の理であろう。そこで，一度なされた裁判について，上級審裁判所の異なる裁判官の前で再審理を行ってもらえる機会を与え，内容的・手続的に誤った原裁判を正して，当事者の権利救済をはかる一方，国民の司法に対する信頼をも確保することが必要となる。そこで認められたのが，上訴制度である。すなわち，上訴とは，未確定の原裁判について，上級審裁判所に対して，その取消しまたは変更を求めてなされる不服申立てをいう。上訴は，未確定の裁判に対するものであるから，確定裁判に対する不服申立てである再審の訴えや確定妨止効をもたない特別上訴（301頁以下参照）は上訴に含まれず，上級審に対する申立てであることが必要であるから，同一審級内の不服申立てである各種の異議（支払督促に対する督促異議や手形判決・少額訴訟判決に対する異議など。316頁以下参照）も上訴ではない。

② 上訴の種類　現行法の認めている上訴の種類は，控訴，上告（上告受理申立てを含む），抗告の3種類である。前二者は終局判決に対する上訴であり，控訴は事実審への上訴，上告は法律審への上訴である。抗告は決定および命令に対する上訴である。このように上訴の種類は原裁判の形式に対応しているので，上訴人は原裁判に適合した上訴を選んで申し立てなければならない。

I 上訴 277

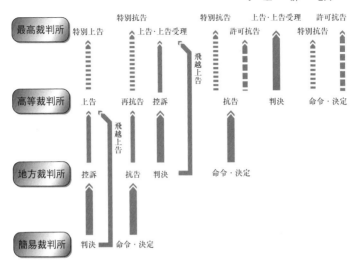

ただ，裁判機関がその問題について本来なすべき裁判とは異なった形式の裁判（違式の裁判）をしてしまった場合には，現になされた裁判の形式を基準として上訴の方法が定まるが（328Ⅱ参照），上訴審の審判の範囲は，本来の裁判に対応する不服申立事由に限定される（補助参加の許否が判決で判断された場合に，上告審の審判は特別抗告事由に限定されるとするのは，最判平7・2・23判時1524・134〔*243*〕）。

(2) **上訴の目的** 上訴制度の目的としては，まず「当事者の権利の救済」ないし「正しい裁判の確保」が挙げられる。控訴および抗告については，原裁判の基礎とされた事実認定・法律判断の両面にわたり裁判の全体が批判の対象となるので，このことが正面から妥当する。

これに対して，上告においては，このような目的に加えて「法令の解釈適用の統一」もまた制度の付随的な目的として考えられる。すなわち，上告審は原則として重要な法令違背のみを取り扱

う法律審であり，特に唯一最高の裁判所である最高裁判所が上告裁判所として判断を下せば，下級審の法令の解釈適用を統一することができる（特に上告受理制度はこの側面を明確にした〔293頁以下参照〕）。高等裁判所が上告審であるときは，相対的にこの側面が弱まるが，なお最高裁判所への移送により法の統一にも配慮がされている（324参照）。ただ，上告の主たる目的を，法令の解釈適用の統一と考えるのは適当でなく，上告といえども当事者の申立てに基づきその費用で追行される制度である以上，当事者の権利の救済または正しい裁判の確保が制度の主目的と考えられる。ただ，上訴により，原審の勝訴当事者（被上訴人）の利益保護が遅延するという側面もあり，具体的な制度の構成に当たっては，そのバランスがはかられなければならない。

(3) **上訴の要件**　　上訴人の不服申立てに理由があるか否か（上訴審の本案）を判断する前提として，上訴は適法でなければならない。上訴が不適法であるときは，本案の判断に立ち入らずに却下される。各上訴に共通の適法要件として，①原裁判が不服申立てのできる裁判であること，②法定の期間・方式に合致して上訴が提起されていること，③上訴人に上訴の利益があること（次頁以下参照），④上訴をしない旨の合意ないし上訴権の放棄（284）がないこと，⑤上訴権の濫用がないこと（上訴権濫用を認めて上訴を却下した例として，最判平6・4・19判時1504・119〔*244*〕）などがある。

このほかに，諸外国では，事件の性質・重大性や一定の不服額を上訴の要件としていることが多い（これを上訴制限という）。上訴の目的が敗訴当事者の利益保護であるといっても，上訴の提起は同時に相手方（勝訴当事者）の権利実現ないし紛争の迅速な解決を阻害するおそれがあることを考えると，両当事者の利益の衡

量により，上訴制限が必要とされる場合はあろう。現行民事訴訟法では，従来からあった濫用的上訴に対する金銭納付命令制度のほか（303・313），新たに上告受理の制度（293頁参照）を設けて最高裁判所に対する上告を一定の場合に制限した（ただし，他方で許可抗告の制度を設けて決定手続に関する上訴の機会を拡大している点にも注意を要する）。

2──控　訴

(1) 控訴の意義　控訴は，第一審の終局判決に対して，その取消し・変更を求めて第二審裁判所にする上訴である。不服申立ての理由として，法令違反に限らず，事実認定の不当も問題にでき，控訴審は第2の（かつ最終の）事実審となる。控訴の申立人を控訴人，相手方を被控訴人と呼ぶ（原審の当事者でない者の控訴適格につき，横浜地判平11・11・10判時1720・165〔**245**〕）。

控訴の対象となるのは，簡易裁判所または地方裁判所の第1審終局判決に限られ（281 I），高等裁判所の第1審判決に対しては，上告しか許されない（311 I）。終局判決以外の中間判決に対しては独立に控訴はできず，終局判決に対する控訴の機会に付随的にその点についても控訴審の判断を受けうるに止まる（283）。また，終局判決であっても，訴訟費用の負担の裁判に対しては独立して控訴をすることはできない（282）。

控訴率は別表（次頁参照）のとおりであるが，最近はおおむね20％前後の水準にある。一般の事件よりも控訴率が高いのは，土地に関する事件や離婚等の人事訴訟事件などとされる。なお，控訴をする権利は，その発生後に限り，これを放棄できる（284,規173）。

(2) 控訴の利益　控訴を提起して，第一審判決に対する不服

地裁判決に対する控訴率(%)

1950（昭和25）	22.1
1955（昭和30）	32.5
1960（昭和35）	33.4
1965（昭和40）	29.3
1970（昭和45）	26.7
1975（昭和50）	29.9
1980（昭和55）	21.6
1985（昭和60）	20.1
1990（平成 2）	24.7
1995（平成 7）	21.3
2000（平成12）	20.3
2005（平成17）	24.7
2010（平成22）	21.3
2015（平成27）	22.1
2020（令和 2）	18.6

＊ 司法統計年報をもとに作成。

の当否について控訴審の判決を求める当事者の利益を，控訴の利益または不服の利益という。控訴の利益の存在は控訴の適法要件のうち最も重要な一つであり，これを欠く控訴は却下される。同様に，上告の利益および抗告の利益がそれぞれの上訴の適法要件とされる。

控訴の利益は，第一審判決によって不利益を受け，判決に不服を有する当事者に認められる。全部勝訴した当事者には控訴の利益はない（ただ，口頭弁論に関与していない裁判官の判決など民事訴訟の根幹に関わる重大な違法があった場合は例外とする判決として，最判令5・3・24民集77・3・803）。他方，控訴人の第一審における本案の申立ての全部または一部が排斥された場合には，常に控訴の利益が認められる。したがって，請求の全部認容の場合には被告が，全部棄却の場合には原告が，一部認容の場合には原告・被告の双方が控訴の利益を有する。これに対して，請求が全部認容された原告または請求の全部棄却を得た被告には，原則として控訴の利益は認められない（形式的不服説）。ただ，原判決の確定によって，より有利な判決を求める機会が失われる場合，たとえば一部請求の全部認容判決について残額請求として第一審での請求額を拡張する場合（名古屋高金沢支判平元・1・30判時1308・125〔**246**〕）や，離婚請求の棄却判決に対して被告が離婚を求める反訴を提起する場合（人訴

25Ⅱ参照）などには，控訴の利益を認める見解が有力である。予備的請求を認容した判決に対して被告のみが控訴したときは，主位的請求には原告のみが控訴の利益をもつので，その部分は審判の対象とならない（最判昭58・3・22判時1074・55〔*247*〕）。

次に，訴え却下判決に対する被告の控訴の利益については，却下の理由となった訴訟要件に応じて考える必要がある。その訴訟要件の欠缺が将来にわたっておよそ治癒しえないものであるときは（法律上の争訟性の欠如など），却下判決は被告にとって請求棄却判決と同等に有利なので，被告に控訴の利益を認める必要はない。逆に，将来欠缺の治癒がありうる場合には（訴訟能力の欠缺など），請求棄却判決を求めて控訴する利益が被告に認められてよい（訴えの利益との関係で，最判昭40・3・19民集19・2・484）。

最後に，判決理由中の判断については，たとえ不服があっても控訴の利益はない。理由中の判断には，原則として判決効は認められず，どの理由によって勝訴したかは判決の法的効果に影響しないからである（最判昭31・4・3民集10・4・297〔***248***〕）。したがって，弁済の抗弁と消滅時効の仮定的抗弁を提出していた被告が時効により勝訴しても，弁済を主張して控訴する利益は認められない。判決理由が憲法判断にかかわる場合でも同様である。ただ，予備的な相殺の抗弁によって被告が勝訴した場合には，その判決により自らの自働債権の消滅が既判力により確定されるので（114Ⅱ），被告にも控訴の利益が認められる。

判決理由中の憲法判断 マスコミ等で下級裁判所の判決理由中の憲法判断が話題になることがある。たとえば，内閣総理大臣のした靖国神社の参拝が信教の自由に反するものとして国家賠償請求訴訟が提起された場合に，当該参拝が憲法に反するものであるとしながら，原告に損害はないとして控訴裁判所が請求

を棄却する判断をすることがある。この場合には，被告（国）は全面勝訴しているので，上告の利益はなく，他方，原告側は違憲の判断を確定させるために上告はしないということがありうる。このような結論は，上訴の利益について判決の結論を重視する民事訴訟法の仕組み，さらに遡れば憲法判断に具体的事件性を求める現行憲法の仕組みに由来するもので，現行法上はやむをえない帰結である。ただ，このような重要な憲法問題について最高裁判所の判断を迅速に得るという観点からは，憲法訴訟に関する独自の制度が必要と感じられるかもしれない。他方，そのような重要な判断を，判決の結論に影響しない理由中ですべきでないとの立場もある。

(3) 附帯控訴 ① **意義** 被控訴人は，控訴人の控訴によって既に開始されている控訴審手続を利用して，控訴審の審判の範囲を自己に有利に拡張する申立てとして，附帯控訴をすることができる。すなわち，控訴人の控訴だけでは，原判決が被控訴人にとって有利に変更されることはないが（不利益変更禁止の原則〔289頁参照〕），控訴審の審理につきあわされる立場にある被控訴人にも自己に有利な原判決の変更の可能性を認める方が公平だからである。また，原判決で全部勝訴している被控訴人も，附帯控訴により，訴えの変更ないし反訴の提起をすることができると解されているが（最判昭32・12・13民集11・13・2143，最判昭58・3・10判時1075・113〔*249*〕参照），近時は訴えの変更等は附帯控訴の有無とはかかわりなくできるとする見解が有力である。

② **手続** 附帯控訴は，控訴審の口頭弁論終結時までは，被控訴人が控訴権を放棄したり，控訴期間を徒過した場合にもすることができる（293Ⅰ）。附帯控訴の方式・手続は控訴に関する規定による（293Ⅲ，規178）。附帯控訴により，控訴審における審判の範囲は拡張され，被控訴人の不服の当否も審判の対象となる。

なお，附帯控訴はあくまでも相手方の控訴によって開始された手続に付随してなされる従属的なものなので，相手方の控訴の取下げ・却下によって控訴審手続が終了した場合は，その効力を失う（附帯控訴の従属性。293Ⅱ本文）。ただ，被控訴人が独立に控訴を提起できるときになされた附帯控訴は，独立の控訴として扱われ，相手方の控訴の取下げ・却下があっても控訴審手続が続行される（独立附帯控訴という。293Ⅱ但書）。

(4) 控訴の提起　① 手続　控訴の提起は，控訴期間内に，第一審裁判所に控訴状を提出して行わなければならない（286Ⅰ。ただし，オンライン申立て〔132の10・132の11〕の規定の適用がある）。控訴期間は，控訴人が電子判決書の送達を受けた日から2週間の不変期間である（285。ただし，追完が認められることがある〔123頁以下参照〕。第一審の訴訟手続が公示送達で行われていた場合に控訴の追完を認めた例として，最判平4・4・28判時1455・92〔**250**〕）。控訴状には，当事者・法定代理人のほか，第一審判決の表示とそれに対して控訴をする旨の記載が必要であるが（286Ⅱ），不服申立ての範囲や理由の記載は不要で，記載があっても準備書面としての意味をもつにすぎない（規175）。控訴が不適法で不備を補正できないことが明らかであるときは，第一審裁判所が決定で控訴を却下する（287）。適法な控訴が提起された場合，第一審の裁判所書記官は遅滞なく訴訟記録の管理を控訴裁判所に引き継ぐ（規174）。控訴裁判所の裁判長は訴状に準じて控訴状を審査し（288），適式と認めれば被控訴人にこれを送達する（289）。

② 効果　控訴の提起があれば，控訴期間が経過しても原判決は確定しない（確定遮断の効果。116Ⅱ）。したがって，給付判決にも執行力は発生しないが，仮執行宣言が付されていれば，控訴によってその執行力が当然に停止されるわけではなく，判決取消

し・変更の事情がないとはいえないとき，または執行により著しい損害が生じるおそれのあるときに，執行が停止されうるに止まる (403 I ③)。また，控訴の提起により，事件の係属は，第一審裁判所を離れて控訴審に移る (移審の効果)。確定遮断および移審の効果は，控訴人の不服申立ての範囲にかかわらず，原判決で判断された全部の事項について生じる (控訴不可分の原則)。したがって，控訴人が不服を申し立てていない部分も独立に確定することはなく，控訴人は控訴手続中に不服申立ての範囲を拡張できるし，被控訴人も附帯控訴により自らに不利な部分を審理の対象とすることができる。

③ **取下げ** 控訴人は控訴審の終局判決まではいつでも，事件記録の存する裁判所に対して控訴を取り下げることができる (292 I，規 177)。控訴は取下げにより遡ってその効力を失い，控訴審手続は終了して，原判決が確定する。その方式・効果は訴えの取下げに準じるが (292 II)，訴えの取下げとは異なり，控訴の取下げにより原判決が確定するので，被控訴人の同意は必要でない (292 II は 261 II を準用していない)。

(5) 控訴審の審理 控訴審の審理の対象は，原判決に対する不服の当否であり，不服の範囲は控訴人と被控訴人の申立てにより特定される。控訴審の審理の方法は，第一審と無関係に最初から審理をやり直す (覆審制) のではなく，第一審で収集された資料を基礎として，そこに控訴審で新たに収集された資料を加えたうえで，不服の当否が判断される (続審制。これは控訴審でも資料の収集が許される点で，資料を第一審のものに限定して原判決を審査する事後審制とも異なる)。よって，控訴審の口頭弁論は，第一審で終結した弁論を続行するものであり，当事者には第一審で提出しなかった攻撃防御方法を提出する機会が与えられる (弁論の更新

権)。しかし，更新権を無制限に認めると，当事者の第一審軽視を招き，審理の重点が控訴審に移って訴訟遅延のおそれがある。そこで，現行民事訴訟規則では，控訴人は控訴提起後50日以内に，原判決の取消し・変更を求める具体的な理由を記載した書面（控訴理由書）を提出しなければならず（規182），被控訴人にも，裁判長は相当の期間内に反論書の提出を命じうるものとした（規183）。また，一般的な形で攻撃防御方法の提出期間の裁定制度が設けられ（301Ⅰ），右期間を徒過した当事者は裁判所に対しその理由を説明しなければならない（301Ⅱ）。

> **控訴審の事後審化**　本文でみたように，法律上，控訴審は続審とされている。しかし，近時の実務運用においては，その事後審化が進んでいるとされる。すなわち，控訴審において新たな攻撃防御方法，とりわけ新たな証拠調べが認められる場合は少なく，かなりの割合で第1回の口頭弁論期日で控訴審の弁論が終結されているとされる（1回結審の運用）。たとえば，高等裁判所が控訴審となる事件の平均の人証（証人および尋問された当事者）数は，昭和58年の1.1人から一貫して減少し，令和4年には0.03人となり，数十分の一となっている。また，令和4年では，人証調べが行われなかった事件は高裁控訴事件全体の98.4％に上っている。このような運用の原因としては，かつては当事者の主張立証が無限定になされ，第一審で取り調べた人証も再び取り調べるという覆審的運用がされていたが，近時の運用では，現行法により第一審の審理が充実したことと相まって，控訴理由が実質的に問題となりうる点に争点を絞り込んで集中的に審理がされ，その結果，人証数が大幅に減少したと説明がされる。ただ，このような運用の真の原因はむしろ控訴審の負担過重の回避にあるのではないかという批判もあり，控訴審での充実した審理が担保されているか，慎重な検証を要するところであろう。

控訴審手続には，一般に第一審手続に関する規定が準用される

(297,規179)。控訴審での口頭弁論の範囲は,当事者の不服の範囲,すなわち当事者が原判決の変更を求める限度に限られ(296Ⅰ),控訴人がまず自らの不服の範囲について陳述しなければならない。ただし,その範囲は弁論終結に至るまでいつでも変更することができ,被控訴人も,附帯控訴によって弁論の範囲を拡張できる(282頁参照)。なお,控訴審は3名の合議体で審判されるのが原則であるが(裁18ⅠⅡ・26Ⅱ③Ⅲ),知的財産関係事件の控訴については,東京高等裁判所(知的財産高等裁判所)は,5名の合議体で構成することができ(310の2),大合議体(特別部)による早期の判例統一を可能としている(55頁コラム参照)。

　口頭弁論は第一審の弁論の続行であるが,第一審の訴訟資料・証拠資料を控訴審でも利用するためには,直接主義の要請(131頁参照)から,それを控訴審の口頭弁論でも陳述する必要がある(296Ⅱ)。これを弁論の更新と呼ぶ。その際,実務上は「原判決事実欄摘示のとおり」といった陳述がなされることも多いが,これでは事実欄に記録のない主張は陳述されたことにはならないので注意が必要である(逆に,実際には主張されていなかった事実につき,最判昭61・12・11判時1225・60〔*251*〕)。第一審でなされた訴訟行為は控訴審でも効力を有し(298Ⅰ),訴えの変更,反訴,当事者参加,補助参加なども控訴審でできるし,争点整理手続の効果も維持される(298Ⅱ)。反訴の提起および選定当事者の請求追加については,相手方の審級の利益を守るため,原則としてその同意を要するが(300),審級の利益を考慮する必要がないような例外的な場合には同意は不要である(最判昭38・2・21民集17・1・198〔*206*〕)。また,控訴審でも和解を勧試することができ,和解で終了する事件が控訴審の全事件の3分の1前後を占めている(次頁表参照)。

Ⅰ 上　訴　　287

高裁控訴審の終結状況(%)

	判　決	和　解	取下げ	その他
1955 (昭和30)	47.6	19.9	30.7	1.8
1960 (昭和35)	48.6	21.1	28.9	1.5
1965 (昭和40)	48.0	25.1	25.5	1.4
1970 (昭和45)	44.4	31.5	22.8	1.3
1975 (昭和50)	46.5	34.7	17.5	1.3
1980 (昭和55)	42.8	40.2	15.7	1.3
1985 (昭和60)	49.4	35.5	13.3	1.7
1990 (平成 2)	47.0	40.5	11.1	1.4
1995 (平成 7)	53.4	35.5	9.2	1.9
2000 (平成12)	57.1	33.3	8.0	1.6
2005 (平成17)	59.0	32.2	6.3	2.5
2010 (平成22)	57.4	29.7	10.4	2.5
2015 (平成27)	57.2	31.6	7.7	3.5
2020 (令和 2)	57.3	31.5	6.5	4.7

＊ 司法統計年報をもとに作成。

(6) 控訴審の判決　① 控訴却下　控訴の適法要件が欠けていることが明らかなときには（控訴期間の経過後に控訴が提起された場合や控訴の利益がない場合など），第一審裁判所が決定で控訴を却下するか（287），控訴裁判所が口頭弁論を経ないで判決で控訴を却下することができる（290）。また，控訴状の送達ができないとき等には，控訴状却下の命令がされる（289Ⅱ）し，期日呼出費用の納付がないときは決定で控訴が却下される（291）。

② 控訴棄却　控訴人の不服申立てを理由なしとして原判決を維持するときには，控訴棄却の判決をする。原判決の判断をすべて相当と認める場合のほか，その理由は不当であっても，他の

理由でその結論を正当化できる場合も，やはり控訴を棄却する (302)。たとえば，原判決は債権不成立と判断して請求を棄却したが，控訴審は債権の成立は認めたものの，弁済を認定したような場合である。しかし，理由の変更が判決の効力に影響する場合，たとえば，原判決では相殺の予備的抗弁により勝訴した被告が，弁済などそれ以外の主位的理由でも勝訴できると判断されたときは，控訴裁判所は，原判決を取り消して改めて請求を棄却すべきである（114Ⅱ参照）。なお，控訴が引き延ばし目的の濫用的なものであったときは，手数料の10倍以下の制裁金の納付を命じることができる (303)。控訴棄却の判決が確定すれば，原判決が確定する。

③ 控訴認容　原判決を不当と認めるとき，または原審の判決の手続が法律に違反しているときには（判決言渡期日の告知がない場合〔最判昭27・11・18民集6・10・991（*252*）〕など），控訴を認容して原判決を取り消さなければならない (305・306)。原審の訴訟手続が法律に違反し瑕疵が補正できない場合も同様である（308Ⅱ参照）。控訴認容判決（一部取消判決も含む）は，控訴審の判決全体の2割強になっている（次頁表参照）。

原判決が取り消されると，その時点で原告の訴えに対する裁判所の応答がなくなるので，別に何らかの措置を講じる必要が生じる。続審制の下では原則として，控訴裁判所が第一審に代わって自ら訴えに対する裁判をする（自判）。ただ，原判決が訴え却下判決のときには，審級の利益を尊重するため事件を第一審に差し戻すのが原則であるが（必要的差戻し），事件につきさらに弁論をする必要がないときは自判できる (307)。

また，事件につきなお弁論を尽くす必要があると特に認められるときには事件を原審に差し戻すことができる（308Ⅰ。この場合

の差戻しの要否が原則として控訴裁判所の裁量に委ねられることは，最判昭55・12・9判時992・49参照）。差戻判決が確定すると，事件は第一審に移審するが，従来の訴訟手続は，それが取消しの理由とされていない限り，差戻し後の手続においても効力を有する（308Ⅱ参照）。差戻し後の裁判所は，控訴審判決が取消しの理由とした法律上・事実上の判断に拘束される（裁4）。なお，管轄違いを理由に原判決を取り消すときは，事件を管轄第一審裁判所に移送しなければならない（309）。

高裁控訴審での取消判決率（%）

1950（昭和25）	26.9
1955（昭和30）	20.2
1960（昭和35）	22.4
1965（昭和40）	24.3
1970（昭和45）	25.4
1975（昭和50）	27.2
1980（昭和55）	22.4
1985（昭和60）	22.1
1990（平成 2）	21.8
1995（平成 7）	22.6
2000（平成12）	23.7
2005（平成17）	26.2
2010（平成22）	23.9
2015（平成27）	23.6
2020（令和 2）	22.6

＊　司法統計年報をもとに作成。

　原判決の取消し・変更は，不服申立ての範囲に限られる（304）。控訴人の不服申立てがない部分については，原判決を不当と認めても，控訴人の有利には変更できない（利益変更禁止の原則）。また，附帯控訴がない限り，控訴人の不利益に原判決を変更することも許されない（不利益変更禁止の原則）。したがって，一部認容判決に対して原告だけが控訴した場合に，控訴審は全部棄却の判決をすることはできない。また，被告の相殺の抗弁を認めて請求を棄却した原判決に対して，原告のみが控訴をしたときには，控訴審が請求債権を不成立と判断した場合でも，自働債権について不利益な判断となる（114Ⅱ）ので，原判決を取り消すことは許さ

れない（最判昭61・9・4判時1215・47〔*253*〕。一部請求の場合につき，最判平6・11・22民集48・7・1355〔*254*〕参照）。この不利益変更禁止の原則は，処分権主義の控訴審における現れであるから，処分権主義が適用されないような訴訟（人事訴訟など）には妥当せず（離婚訴訟における財産分与の裁判についてこの原則の適用がないとするのは，最判平2・7・20民集44・5・975〔*255*〕），また裁判権など職権調査にかかる訴訟要件を欠く場合にも，原告のみの控訴に際して，原審の一部認容判決を取り消して訴えを却下できる（不服申立ての対象とされなかった部分について，控訴後に訴えの利益が失われた場合には，職権で原判決を取り消し，訴え却下の判決がされる。最判平15・11・11民集57・10・1387〔*256*〕）。

3──上　　告

(1) 上告の意義　　上告は，終局判決に対してなされる法律審への上訴である。控訴審判決に対してなされるのが原則であるが（311Ⅰ），高等裁判所が第一審である場合や（特許178，公選203など），当事者間に飛越上告の合意がある場合には（311Ⅱ・281Ⅰ但書），例外的に，第一審判決に対してただちに上告できる。なお，控訴審判決後に中断・受継があった場合には，受継決定のみの破棄を求めて終局判決に対して上告できる（最判昭48・3・23民集27・2・365〔*257*〕）。上告は，法律審への上訴であるので，上告裁判所は原判決を専ら法令に違背するか否かの観点から審査するものであり，原判決の審査に際しては，原判決が適法に確定した事実に拘束される（321Ⅰ）。当事者が新たな事実主張および証拠提出をすることは，たとえ口頭弁論が開かれた場合でも，許されない。

　上告率は次頁表のとおり，おおむね30％前後で一定している

高裁判決に対する上告率(%)		
1950 (昭和25)		29.9
1955 (昭和30)		27.5
1960 (昭和35)		33.6
1965 (昭和40)		34.2
1970 (昭和45)		30.5
1975 (昭和50)		29.4
1980 (昭和55)		29.0
1985 (昭和60)		30.0
1990 (平成 2)		33.2
1995 (平成 7)		31.4
2000 (平成12)	上告	20.5
	上告受理	17.8
2005 (平成17)	上告	25.5
	上告受理	29.5
2010 (平成22)	上告	25.4
	上告受理	29.2
2015 (平成27)	上告	26.0
	上告受理	31.9
2020 (令和 2)	上告	24.9
	上告受理	30.4

* 司法統計年報をもとに作成。
注) 2000年・2005年・2010年・2015年・2020年については上告・上告受理の申立件数をそれぞれ控訴審判決数で除したものである。一つの判決に両方の申立てがされる場合があるが、上告・上告受理を併行して申し立てた件数を1件として扱った場合の2020年の上告率は、36.6% となる（家原尚秀＝池原桃子・判時2498・16参照）。

最高裁での破棄判決率(%)		
1950 (昭和25)		1.5
1955 (昭和30)		3.4
1960 (昭和35)		3.7
1965 (昭和40)		4.8
1970 (昭和45)		6.6
1975 (昭和50)		3.4
1980 (昭和55)		1.8
1985 (昭和60)		1.7
1990 (平成 2)		1.2
1995 (平成 7)		2.1
2000 (平成12)	上告	1.6
	上告受理	0.8
2005 (平成17)	上告	0.7
	上告受理	2.2
2010 (平成22)	上告	0.3
	上告受理	2.3
2015 (平成27)	上告	0.2
	上告受理	0.9
2020 (令和 2)	上告	0.0
	上告受理	1.6

* 司法統計年報をもとに作成。
注) 2000年・2005年・2010年・2015年・2020年については、破棄判決を判決および決定の総数で除した率である。上告・上告受理の併行申立てを1件とした場合の2020年の破棄率は1.4% とされる（家原＝池原・判時2498・16参照）。

が、上告の成功率（破棄判決の上告審判決・決定総数に対する比率）は、最高裁判所では2%前後であるのが現状である。

(2) 上告理由 上告人は上告に当たり必ず上告理由を主張しなければならず、その主張を欠く上告は不適法として却下される。上告理由としては、憲法違反、重大な手続法規違反で判決への影響の有無を問わない絶対的上告理由、高等裁判所に対する上

告について原判決に影響を及ぼすことが明らかな法令違反（相対的上告理由）が規定されている。旧法では法令違反を一般的に上告理由として認めていた（旧394）が，最高裁判所に対する上告については上告受理制度（次頁参照）の対象として上告理由からは除いたものである。

① 憲法違反（312 I）　最高裁判所に対する法令違反の主張は，後述のように（(3)参照），上告受理制度に服するが，憲法違反については，最高裁判所が憲法判断の権限を有する終審裁判所である（憲81）ことに鑑み，なお通常の上告理由として維持したものである。

② 絶対的上告理由（312 II）　除斥原因がある裁判官の判決関与，専属管轄違反，代理人の代理権の欠缺，判決の理由不備・理由の食違いなどである。適法な弁論の更新がない場合や（最判昭33・11・4民集12・15・3247〔*123*〕），弁論に関与していない裁判官が判決に関与した場合も（最判昭32・10・4民集11・10・1703〔*258*〕）これに含まれる。なお，他の事由との均衡からして，理由不備は判決に主文を導き出す理由の全部・一部を欠く場合，理由の食違いは前後矛盾して全く理由の体をなしていない場合を指し，それに至らない程度の瑕疵は相対的上告理由または上告受理の問題になると解される（最判平11・6・29判時1684・59〔*259*〕参照）。また，再審事由（338）の多くは絶対的上告理由と重複するが，証拠の偽造など重複しないものについてはやはり相対的上告理由に止まる（最判昭38・4・12民集17・3・468〔*260*〕）。

③ 相対的上告理由（312 III）　ここにいう法令違反には，法律，政令，省令，規則の違反はもちろん，条例や外国法・国際条約の解釈適用に誤りがある場合や，正当事由・公序良俗違反など一般条項へのあてはめの誤りも含まれる。また，経験則違反も，

上告理由となる場合がある。法令違反には，原判決中の請求の当否の判断に関する誤りと，その基礎となった訴訟手続に関する誤りとがある。法令の正しい解釈適用は裁判所の職責であるから，判断上の過誤については上告理由における主張がなくとも，上告裁判所の審理の対象となるが（322参照），手続上の過誤については，職権調査事項以外は，上告理由に基づいてのみ調査される（320）。憲法違反の場合は，判決の結論が異なっていた可能性があれば，上告理由となるが，法令違反については，判決への影響の蓋然性・明白性がなければならない。

(3) **上告受理の申立て**　上告をすべき裁判所が最高裁判所である場合には，法令違反は上告理由とはならず，法令違反を主張する当事者は上告受理の申立てをしなければならない。旧法においては，これも上告理由となっていたのを，制限したものである。このような上告制限がなされた理由としては，最高裁判所の負担が余りに過重となり，重要な事件の審理が十分に行えず，事件処理の遅延が著しくなったことが挙げられる。法的に重要な問題が含まれている事件に制限して上告を受理することによって，限定された最上級審の資源を有効に活用し，最高裁判所の憲法審・法律審としての機能を高めることをめざしたものと評価できる。令和4年には，上告受理につき判断された事件のうち，98％は不受理とされている。上告事件の審理期間も，平成9年の9.5か月から令和4年には3.4か月と大幅に短縮している（上告受理事件の審理期間は，令和4年で3.6か月）。

そこで，当事者は，原判決に最高裁判所の判例（これがない場合は，大審院や高等裁判所の判例）と相反する判断がある事件その他の法令の解釈に関する重要な事項を含むと認められる事件について，上告審として事件を受理するよう申し立てることができ，

最高裁判所は，上記の要件に該当する場合は，上告受理の決定をすることができる（318Ⅰ）。上告受理決定があったときは，上告があったものとみなされ（318Ⅳ），上告と同様に取り扱われることになる（一部の申立理由が重要でないと考えられるときは，そのような事由を排除して受理決定がされる〔318Ⅲ，規200〕）。上告受理の要件が認められないときは，上告不受理決定がされる。これにより，従来多かった経験則違反などに名を借りて原審の事実認定を攻撃するような上告はそもそも受理されなくなっている。

上告受理の手続は，原則として上告提起の手続（(4)参照）に準じるものである（318Ⅴ，規199Ⅱ。296頁図参照）。具体的には，上告受理の申立期間は，上告同様，2週間であり，受理申立てには判決の確定遮断の効果がある。なお，上告の提起と上告受理の申立てとを1通の書面ですることもできるが，その場合はその旨を明示しなければならない（規188）。原裁判所（高等裁判所）の裁判長は申立書を審査し（ただし，上告受理の要件を審査できないことにつき，最決平11・3・9判時1672・67〔*261*〕参照），電子上告受理申立て通知書を送達し，その送達から50日以内に受理申立人は上告受理申立て理由書を提出しなければならない（規189Ⅰ・194・199Ⅱ）。その後，事件は最高裁判所に送付され，最高裁判所が前述のように上告受理決定または不受理決定を行うことになる。受理・不受理の決定に対しては，不服申立ては許されない。受理決定後の手続は，通常の上告事件の場合と同じであるが，前述のように受理決定時に排除された理由は上告理由とはならない（318Ⅳ参照）。

(4) 上告の提起　上告裁判所は，簡易裁判所が第一審の事件については管轄高等裁判所であり，地方裁判所または高等裁判所が第一審の事件については最高裁判所である（311）。ただし，高

等裁判所が上告裁判所であるときに，法令の解釈に関するその高裁の意見が判例と相反するような場合には（規203），決定で事件を最高裁判所に移送しなければならない（324）。なお，取消差戻しを命じる控訴審判決に対しても，ただちに上告できる。

　上告の提起は，上告状を上告期間内に原裁判所に提出してすることを要する（314 I。ただし，オンライン申立ての規定〔132の10・132の11〕の適用がある）。上告期間は，原判決送達後2週間の不変期間である（313・285）。上告状の記載は控訴状の記載に準じる（313・286 II）。上告提起を受けて，原裁判所の裁判長が上告状の審査をし，上告状の補正命令・却下命令をするほか（314 II），上告が不適法でその不備が補正できないときは（上告期間の徒過や上告の利益の不存在など），原裁判所が決定で上告を却下する（316 I ①）。原裁判所は，前述のように上告を却下しないときは，電子上告提起通知書を当事者に送達する（規189 I）。上告の提起（または上告受理の申立て）により仮執行宣言付判決の執行力が当然に停止されるわけではなく，原判決の破棄の原因となるべき事情および執行により償うことができない損害を生ずるおそれのあることについて疎明があったときに，執行が停止されうるに止まる（403 I ②）。

　上告人が上告状に上告理由を記載していないときは，電子上告提起通知書の送達から50日以内に上告理由書を提出しなければならない（315 I，規194）。上告理由書には，具体的に，法令違反の事由，違反法令の条項，手続法違反の事実，判例違反の場合の判例などを示し，また絶対的上告理由については，312条2項各号の具体的条項および該当事実を記載する（315 II，規190〜193）。上告理由書の記載に不備があるときは，原裁判所は決定で補正命令を発する（規196 I。ただし，上告理由の記載がないときは，補正命

上告手続の流れ

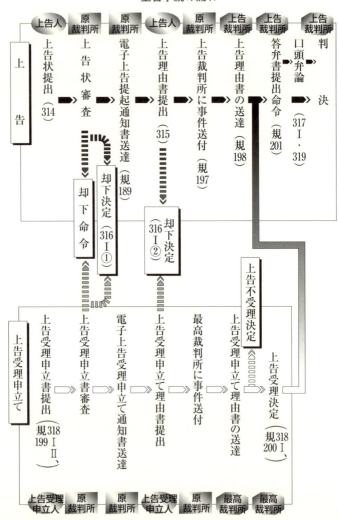

令を経ずにただちに上告を却下すべきことにつき，最決平 12・7・14 判時 1723・49〔*262*〕)。上告理由書の提出がないときや，補正命令に従った補正がなされないときには，決定により上告は却下される (316 I ②，規 196 II)。上告却下決定に対してはもはや上訴はできず (最決昭 46・11・10 判時 653・89〔*263*〕)，特別抗告が許されるに止まる。上告が適法であるときは，事件は上告裁判所に送付される (規 197)。事件はこの送付により，上告審に移審する。

(5) **上告審の審理**　上告裁判所は，不適法な上告または上告理由に該当しない上告を決定で却下または棄却する (317)(最高裁判所における決定による終局は，令和 4 年で，全事件の 98.9% を占める)。それ以外の場合は，上告理由書の副本を被上告人に送達し (規 198)，相当の期間を定めて答弁書の提出を命じることができる (規 201)。上告審の審理は，職権調査事項を除き (322)，上告理由に基づき不服申立ての限度でのみ行われる (320)。上告審では書面審理が原則であり，上告理由書，答弁書その他の書類により上告を理由なしと認めるときは，口頭弁論を開かずに判決で上告を棄却できる (319) が，上告を認容する場合には必ず口頭弁論を開かなければならない (ただし，不適法でその不備を補正できない訴えについての本案判決を上告審が破棄して訴えを却下する場合など当事者に新たな攻撃防御の機会を付与する必要がおよそない場合には，口頭弁論を経る必要はない。最判平 14・12・17 判時 1812・76〔*264*〕，最判平 18・9・4 判時 1948・81〔*265*〕，最判平 19・1・16 判時 1959・29〔*266*〕など)。

(6) **上告審の判決**　上告審での終局判決には，上告却下，上告棄却および上告認容・原判決破棄の各判決がある。上告理由の存在を認めた場合 (325 I) に原判決を破棄しなければならないほか，判決に影響を及ぼすことが明らかな法令違反があると最高裁

判所が認めた場合（325Ⅱ）も，破棄できるとされる（職権破棄）。上告受理の理由とされていない法令違反を審理の過程で発見した場合にも，最高裁判所に破棄の権限を認める趣旨である。破棄の際には，自判，原裁判所への差戻しまたは同等の他の裁判所への移送がなされる（325Ⅰ・326）。上告審では，事実審理ができないので，差戻しが原則となる。

① 差戻し　差戻しを受けた原裁判所は，事件について改めて口頭弁論を開いて審判する（325Ⅲ前段）。これは従前の口頭弁論の続行であり，弁論の更新が必要である。ただ，差戻しを受けた裁判所は，破棄判決が理由とした事実上・法律上の判断に拘束される（破棄判決の拘束力。325Ⅲ後段，裁4）。その趣旨は，控訴裁判所が同一の判断に固執すると，何度差し戻しても事件が解決せず，審級制度の理念に反する点にある。破棄判決の事実上の判断に拘束されるのは，職権調査事項に関する事実審理がなされた場合である（最判昭36・11・28民集15・10・2593〔*267*〕）。また，破棄判決の拘束力は理由中の判断にも及び，再度の上告裁判所をも拘束する（最判昭46・10・19民集25・7・952〔*268*〕）が，あくまでも破棄理由となった事項にのみ生じ，差戻審が他の法的論点や新たな事実認定に基づき差戻し前と同一の結論に至ることは妨げられない（最判昭43・3・19民集22・3・648〔*269*〕）。なお，原判決に関与した裁判官は，差戻審の判決には関与できない（325Ⅳ）。

② 自判　原判決の確定した事実だけで原判決に代わる裁判をできるときや事件が裁判所の権限に属しないときには，上告審でも自判しなければならない（326）。控訴を認容し，第一審判決を取り消し，事件を一審に差し戻す場合には事件は確定しないが，控訴を却下・棄却したり，第一審判決を取り消して，確定事実に基づき訴えに直接応答する場合には，事件は終局的に確定する。

4——抗　告

(1) 抗告の意義・種類　① **抗告の意義**　抗告は，決定および命令に対する独立の上訴である。終局判決前の中間的な裁判に対して不服がある場合は，終局判決に対する上訴とともに判断を受けるのが原則である (283)。しかし，手続の進行に付随し，またはそれから派生するような事項の解決をすべて控訴審・上告審まで持ち越すのは，手続を煩雑にし，審理を遅延させる。そこで，事件の本案との関係が薄く，分離して判断することが可能であり，かつ迅速に確定すべきような手続事項については，簡易な上訴を許して早急に決着をつけるのが適切である。ここに抗告制度の存在理由がある。このほか，終局判決に至らずに決定・命令で事件自体が終了する場合 (訴状却下命令など) や，判決の名宛人とはならない第三者に対する裁判 (第三者に対する文書提出命令など) についても，終局判決に対する上訴とは別個に抗告による不服申立てを保障する必要がある。

② **抗告の種類**　抗告の種類としては，通常抗告と即時抗告がある (ほかに，特殊な抗告として，執行抗告〔民執10〕や保全抗告〔民保41〕がある)。通常抗告は，抗告期間の定めがなく，抗告の利益がある間はいつでも提起できる。即時抗告は，法律が特に定めている場合に限り認められ，迅速な解決の必要性から1週間の抗告期間 (不変期間) が定められている一方で (332)，その提起は原裁判の執行を当然に停止する効力を有する (334 I)。通常抗告は当然には執行停止の効力をもたず，執行停止の裁判を別個に要する (334 II)。

(2) 抗告のできる裁判　抗告はすべての決定・命令に対して許されるわけではなく，以下の場合に限られる。

① 口頭弁論を経ずに訴訟手続に関する申立てを却下した決定または命令（328Ⅰ）　　移送申立て，忌避申立て，期日指定の申立て，受継の申立てなどを却下した裁判がこれに当たる。

② 決定または命令では裁判できない事項につきなされた決定または命令（違式の裁判〔277頁〕，328Ⅱ）

③ その他法律が個別的に認めている場合　　訴訟上の救助に関する決定（86）や訴状却下命令（137Ⅲ・137の2Ⅶ）などであり，規定されているのはいずれも即時抗告を許す場合である。

なお，これらに該当する場合であっても，(a)不服申立てが明文で禁止されている裁判（忌避決定や管轄指定決定など），(b)抗告以外の不服申立方法が認められている裁判（民事保全命令など），(c)受命裁判官・受託裁判官の裁判（これについてはまず受訴裁判所に異議申立てをなし，その異議についての裁判に対して抗告が許される。329），(d)最高裁判所および高等裁判所の裁判（裁7②）に対しては，抗告は許されない。

(3) 抗告手続　　抗告の利益を有する当事者または第三者は，抗告を提起できる（訴訟救助決定に対して訴訟の相手方当事者が即時抗告をすることができるとするのは，最決平16・7・13民集58・5・1599〔270〕）。厳格な当事者対立構造はとられないが，原裁判の変更により不利益を受ける者が相手方当事者となりうる。抗告は，抗告状を原裁判所に提出して提起する（331・286）。抗告状の写しを相手方に送付するかは裁判所の裁量に委ねられるが，原決定を取り消す場合は相手方に対する攻撃防御の機会を与える必要がある（最決平23・4・13民集65・3・1290参照）。抗告が不適法でその不備を補正できないことが明らかな場合には，原裁判所は抗告を却下できる（331・287）。また，抗告人は抗告提起後14日以内に，原裁判の取消し・変更を求める具体的事由を記載した書面（抗告

理由書)を提出しなければならない(規207)。

抗告があると,原裁判による自縛性が排除され,原裁判所または裁判長は自ら抗告の当否を審査して,理由があると認めれば,原裁判を更正しなければならない(再度の考案。333)。更正があれば抗告の目的は達せられ,抗告手続は終了する。ただし,更正決定に対しては別途抗告が許されうる。原裁判所等が抗告の理由なしと認めれば,その旨の意見を付して事件を抗告裁判所に送付する(規206)。これにより,事件は抗告審へ移審する。

抗告審の手続には,控訴審に関する規定が準用される(331本文,規205本文)。抗告審では口頭弁論を開く必要はないが,口頭弁論を開かない場合は,抗告人,相手方その他の利害関係人を審尋することができる(335)。抗告審では,控訴審同様,新たな事実主張や証拠の提出が認められ,決定によって終結する。

(4) 再抗告　　再抗告は,抗告審の決定に対して,憲法違反または決定に影響を及ぼすことが明らかな法令違反を理由とするときに限り許される(330)。高等裁判所の決定に対しては一般の抗告はできないので(裁7②),再抗告は,当初の決定・命令が簡易裁判所による場合に限られる。再抗告は,判決に対する上告に類似するので,上告に関する規定が準用される(331但書,規205但書)。ただ,再抗告の抗告理由書は,電子抗告提起通知書の送達から14日以内に提出しなければならない(規210Ⅰ)。

Ⅱ 特別上訴と再審

1 ——特別上訴

(1) 特別上訴の意義　　最高裁判所は,すべての憲法問題につ

いて終審として判断する権限を有する（憲81）。このような判断を受ける機会を当事者に保障するため，通常の不服申立てが許されないか，それが尽きて最高裁判所の判断が受けられない場合に（高等裁判所が上告審や抗告審である場合など），憲法問題を理由とする不服を最高裁判所に申し立てる方途を開いたのが，特別上告および特別抗告の制度である（特別上告・特別抗告について，実質的に法令違反にすぎないとして，原裁判所が申立てを却下することはできない。最決平11・3・9判時1673・87，最決平21・6・30判時2052・48）。また，高等裁判所がした決定・命令に対しては，最高裁判所に抗告できないのが原則であるが（300頁参照），例外的に抗告を認めたのが許可抗告の制度である。これらは上訴の章に規定されてはいるが，その提起は原裁判の確定を遮断しないので（116参照），定義上本来の上訴ではない（276頁参照。なお，許可抗告が確定遮断効をもたないことを明らかにした規定として，非訟56Ⅳ参照）。

(2) **特別上告** 特別上告は，高等裁判所が上告審としてした終局判決に対して認められる（327Ⅰ）。特別上告の理由は，原判決に憲法解釈の誤りがあることその他憲法の違反があることに限られる。この点で，通常の上告が法律審への不服申立てであるのに対し，特別上告は憲法審への不服申立てであるといえる（ただ，その審理の過程で法令違反を発見した場合は，職権で破棄判決をすることができる（327Ⅱ・325Ⅱ）。その例として，最判平18・3・17判時1937・87）。特別上告の手続には，その性質に反しない限り，上告に関する規定が準用される（327Ⅱ，規204）。特別上告の提起により，原判決の確定は妨げられないが，裁判所は執行停止の仮の処分を命じることができる（403Ⅰ①）。

(3) **特別抗告** 特別抗告は，通常の不服申立てができない決定または命令に対して認められる（336Ⅰ）。最初から不服申立

てが許されない場合のほか、高等裁判所の裁判であるため抗告ができない場合も含まれる（許可抗告は憲法違反を理由とできない〔337Ⅲ〕点に注意を要する）。抗告理由は、特別上告と同じく憲法違反で、抗告期間は5日の不変期間である（336Ⅱ）。特別抗告の手続については、その性質に反しない限り、特別上告に関する規定が準用される（336Ⅲ、規208）。

(4) 許可抗告　前述のとおり、従来は高等裁判所の決定または命令に対しては、特別抗告を除き、一切抗告は認められていなかったが、現行法は新たに許可抗告の制度を創設した（337。その合憲性につき、最決平10・7・13判時1651・54〔***271***〕）。それによると、高等裁判所の決定または命令に対しては、その高等裁判所が許可した場合に限り、最高裁判所に抗告することが認められる（ただし、高等裁判所が再抗告審として決定した場合やもともと抗告等が認められない裁判の場合を除く。後者につき、最決平22・8・4判時2092・98）。許可の基準は、判例違反その他の法令の解釈に関する重要な事項を含む場合であり、上告受理の基準とパラレルである。抗告期間は5日の不変期間であり（337Ⅵによる336Ⅱの準用）、抗告の許可があったときは、抗告があったものとみなされる（337Ⅳ）。最高裁判所は原裁判に影響を及ぼすことが明らかな法令違反のある場合に、原裁判を破棄できる（337Ⅴ）。

民事執行法や民事保全法の制定等に伴い、決定にも重要な事項を含むものが増えてきている状況に鑑み、決定等の裁判についても法令の解釈統一をはかったものである。一方では上告受理制度で最高裁判所の負担を軽減するとともに、抗告の側面では多少の負担を増加する結果となっても（なお、許可の判断は上告受理の場合とは異なり、原審である高等裁判所がすることにも注意を要する）、法令解釈適用の統一の必要を認めたものといえる。許可抗告の事

件数は、改正直後の平成10年が新受9件であったのが、その後はおおむね20件台から50件台の水準で推移しており（令和5年には21件）、従来の実務上・理論上の問題を解決する重要判例が相次いでいる。なお、保全抗告事件について許可抗告が適用になるか疑義があったが、その適用を認める最高裁判所の決定が出されている（最決平11・3・12民集53・3・505〔*272*〕）。

2——再　審

(1) 再審制度の意義　再審は、確定した終局判決に対して、その訴訟手続に重大な瑕疵があったことやその判決の基礎資料に犯罪に相当する違法行為があったことなどを理由として、その判決の取消しと事件の再審判を求める非常の不服申立てである。終局判決が確定して訴訟手続が終了した以上、その判決が尊重されなければ当事者の法的利益の安定した保護ははかられず、訴訟制度の目的は達成されないが、他方でその判決に重大な瑕疵がある場合にまでなお判決を覆せないというのでは、かえって正義に反し、裁判に対する信頼も損われる。そこで、これらの相反する要請を調和するために、確定判決に法定の重大な事由（再審事由）が存在するときに限り、（当然無効とはせずに）訴えという明確な形式で、判決の取消しを認めるのが再審制度である。

(2) 再審事由　再審は、338条1項に限定的に列挙されている再審事由を主張する場合に限って許される。ただ、再審事由ごとに訴訟物があるわけではなく、取消しを求められた確定判決ごとに1個の訴訟物を構成し、再審事由は攻撃方法にすぎないと解される。また、再審事由に該当しうる瑕疵があっても、当事者が既に上訴によりそれを主張していた場合、またはこれを知りながら（現実の了知を必要とすることは、最判平4・9・10民集46・6・

553〔*273*〕），上訴で主張しなかったような場合には（最判昭39・6・26民集18・5・901〔*274*〕），再審事由として主張することはできない（再審の補充性。338Ⅰ但書）。

再審事由のうち，1号から3号までは絶対的上告理由（312Ⅱ）にも該当し，4号から8号までは判決の基礎資料に異常な欠陥や変更があった場合，9号および10号は判断そのものに重大な瑕疵のあった場合で，判決主文に影響を及ぼす可能性が必要である。再審事由としては，特に3号の代理人の授権の欠缺が重要である。これは，拡大的に解釈され，有効な訴状の送達がない場合（前掲最判平4・9・10〔*273*〕）や，送達受領者と受送達者の間に事実上の利害関係の対立がある場合（最決平19・3・20民集61・2・586〔*25*〕）など当事者に保障されるべき手続関与の機会が与えられなかった場合における一般的な再審事由として機能している（第三者との関係でも，最決平25・11・21民集67・8・1686参照）。なお，刑事訴訟とは異なり，新証拠の発見は再審事由とならない。

なお，4号から7号までは，犯罪またはこれに準じる行為のあったことに基づく再審事由であるが，これらの場合には，その行為について有罪判決または過料の裁判が確定したか，証拠不十分以外の理由（恩赦，時効，情状による起訴猶予処分など）で確定裁判を得られなかったことが必要である（338Ⅱ。有罪判決確定の意義につき，最判昭43・8・29民集22・8・1740〔*275*〕，最判平11・11・30判時1697・55〔*276*〕参照）。

(3) 再審訴訟の要件　再審は確定した終局判決に対してのみ許される。訴訟上の和解に対して，再審の訴えは提起できない（大判昭7・11・25民集11・2125。訴訟上の和解の瑕疵を争う方法については，199頁以下参照）。中間的裁判に再審事由があるときには，終局判決に対して再審訴訟を提起できる（339）。

再審の訴えは，代理権欠缺（338 I ③。手続保障の欠缺を含む）および既判力の抵触（338 I ⑩）の場合には，期間制限はなく，いつでも提起できるが，その他の再審事由の場合には，当事者が再審事由を知った日から 30 日の不変期間内に提起することを要し，また判決確定後（またはその後の再審事由発生後）5 年を経過したときは再審訴訟は許されない（342）（5 年の起算点につき，最判昭 52・5・27 民集 31・3・404〔*277*〕，最判平 6・10・25 判時 1516・74〔*278*〕参照）。

再審原告は，確定判決の効力を受け，その取消しを求める利益を有する者である。通常は敗訴当事者であるが，口頭弁論終結後の承継人ないし訴訟担当の場合の被担当者（221 頁以下参照）も判決効を受けるので，再審訴訟を提起する適格を有する（最判昭 46・6・3 判時 634・37〔*279*〕）。また，判決効の及ぶ第三者に本案の当事者適格がないような場合でも，その者が判決の取消しに固有の利益を有する限り，共同訴訟的補助参加による再審の提訴が認められる（45 I。なお，最判平元・11・10 民集 43・10・1085〔*280*〕は，検察官に対する認知判決について他の相続人が原告として提起した再審の訴えを不適法とする）。さらに，会社訴訟などで対世効を受ける第三者は，その判決にかかる訴訟に独立当事者参加の申出をして再審の訴えを提起することができる（最決平 25・11・21 民集 67・8・1686，最決平 26・7・10 判時 2237・42）。

(4) **再審訴訟の審理・判決**　再審訴訟の手続には，その性質に反しない限り，その審級の訴訟手続に関する規定が準用される（341，規 211 IV）。管轄は再審の対象とされる判決を下した裁判所に専属するが，同一事件について審級の異なる裁判所がした判決に対して，再審の訴えを併合提起する場合には，上級裁判所があわせて管轄する（340。ただ，控訴審が本案判決をしたときは，第一審

判決に対して再審の訴えを提起できない。338Ⅲ)。再審訴訟の提起は訴状の提出により（ただし，オンライン申立ての規定〔132の10・132の11〕の適用がある），訴状には具体的な再審事由の記載を要し（343），不服申立てにかかる判決の写し・画像情報を添付・提出する（規211ⅠⅡ）。審理は訴状に掲げられた再審事由の範囲内でのみ行われるが，提訴の制限期間内であれば，再審事由を追加変更できる（344）。再審の訴えの提起により，確定判決の執行は当然に停止しないが，裁判所は執行停止の仮の処分を命じることができる（403Ⅰ①）。

現行法において，再審訴訟の審理は，再審事由の審理段階と本案の審理段階に2段階化された。再審の訴えを不適法と認めるときは，裁判所は決定で訴えを却下する（345Ⅰ）。訴えを適法と認めれば，再審事由の存否を審理し，再審事由がなければ決定で請求を棄却する（345Ⅱ）。この場合に，同一の事由を理由として再度再審訴訟を提起することは許されない（345Ⅲ）。再審事由があるときは，再審開始決定をし（346Ⅰ）（その場合は必ず相手方を審尋する。346Ⅱ），引き続き不服申立ての限度で本案の審理を行い（348Ⅰ），その結果原判決を不当とする場合は，原判決を取り消し，これに代わる判決をするが（348Ⅲ），原判決の結論を相当とするときは，再審請求を棄却する（348Ⅱ）。なお，再審請求棄却決定・開始決定に対しては，即時抗告が許される（347）。

(5) 準再審　即時抗告によって不服申立てができる決定・命令が確定した場合，これらにつき再審事由に該当する事由があるときは，再審の訴えに準じて再審の申立てが許される（349，規212）。これを，準再審という。最高裁判所のした決定・命令に対しても，この申立ては許される（最大決昭30・7・20民集9・9・1139〔***281***〕）。

第7章

簡略な手続

➡督促事件処理システムの端末

本章では，第6章までに述べた地方裁判所以上での通常の訴訟手続に対して，その特則である簡略な手続について解説する。

具体的には，経済的な価値が比較的小さな事件を管轄する簡易裁判所において行われる訴訟手続の特則（Ⅰ），その中でも訴額60万円以下の少額事件について，平成8年改正の目玉として新設された少額訴訟の制度（Ⅱ），令和4年改正で創設された法定審理期間訴訟手続の制度（Ⅲ），さらには簡易な債務名義の付与を許す督促手続の制度（Ⅳ）が扱われる。

I 簡易裁判所の手続

1——手続の特則

　簡易裁判所は，少額軽微な紛争を簡易な手続で迅速に解決することをその任務とするので（270），地方裁判所における第一審手続に対して，以下のようにいくつかの特則が設けられている（事物管轄については，65頁以下，許可代理等については，91頁参照）。

　(1)　口頭による提訴が認められ（271・273），口頭弁論も書面によって準備する必要はない（276）。一般の人には困難な書面の作成を不要とするものである。実際には司法書士などの関与により，書面で訴えが提起され，準備書面も提出されることが多いが，訴状の定型書式の活用などにより，これらの規定の趣旨を生かす試みもなされている。

　(2)　訴えの提起においては，請求原因に代えて紛争の要点を明らかにすれば足りる（272）。厳格な訴訟物の特定を不要とするものである。

　(3)　当事者が期日に出頭しない場合には，第一回期日に限らず（地方裁判所における第一回期日での陳述擬制については，141頁以下参照），続行期日でも，準備書面等の陳述が擬制され（277），証拠調べについても，証人や鑑定人の尋問に代えて，書面の提出で済ませることができ（278，規171），書面審理の道が開かれているし，ウェブ尋問の要件も緩和されている（277の2，規170の2）。

　(4)　口頭弁論に係る電子調書の記録の省略（規170Ⅰ）や電子判決書の簡略化（280）も可能である。電子調書の記録を省略する場合には，証人尋問の内容や検証の結果を録音・録画した電磁

的記録を作成しておき，上訴の場合など，必要に応じて当事者の申出により電磁的記録の複写を許さなければならない（規170Ⅱ）。

(5) 金銭請求訴訟で，被告が原告の主張を争わない場合には，裁判所は，被告の資力等の事情を考慮して，5年以内の期限猶予または分割払いを命じる決定をすることができる（275の2）。従来は，一度調停に付して，調停に代わる決定をしていたが，平成15年改正により直接裁判所が決定できることにしたものであり，「和解に代わる決定」と呼ばれる。当事者は決定の告知から2週間以内に異議を述べることができ，異議申立てにより決定は失効する。異議がないときは，決定は裁判上の和解と同一の効力を有する。

(6) 裁判所は，和解の補助または事件に関する意見の聴取のため，司法委員を審理に関与させることができる（279，規172）。国民の司法参加の一環であり，近年はこの制度を活用する動きがある（司法委員の資格等については，最高裁判所の司法委員規則が定める）。司法委員の関与があった事件は，令和5年で2万515件あり，全事件の5.6％を占める。

2——訴え提起前の和解

民事上の紛争につき，訴えを提起することなく，当事者が簡易裁判所に直接和解の申立てをし，成立した和解に確定判決と同一の効力を認める制度である（即決和解とも呼ばれる。275）。金銭以外の給付請求など執行証書によることができない場合の簡易な債務名義の取得方法として，一定の利用がされている（令和5年で1,867件）。和解申立ては，請求の趣旨・原因のほか，争いの実情を表示して相手方の普通裁判籍所在地の簡易裁判所になされる（275Ⅰ）。裁判所が両当事者を呼び出して，合意が成立すれば，

和解条項を電子調書に記録する（規169）。この電子調書は確定判決と同一の効力を有する（267）。和解が不調に終わった場合（当事者不出頭の場合は和解不調が擬制される〔275Ⅲ〕）は和解手続は終了するが，両当事者の申立てがあるときは，裁判所はただちに訴訟としての弁論を命じ，この場合には和解申立ての時に訴えの提起があったものとみなされる（275Ⅱ）。

Ⅱ 少額訴訟

1——意　義

Ⅰでも見たように，簡易裁判所は，戦前の区裁判所とは全く理念を異にする新たな制度として，軽微な事件を市民に根差した民主的な裁判所で，簡易・迅速・安価に処理することを目的とした制度として発足した。しかしながら，それにふさわしい手続の特則が必ずしも十分なものではなかったうえ，最高裁判所や地方裁判所の負担軽減のために簡易裁判所の事物管轄が順次拡大されてきたことなどから，簡易裁判所はむしろ小型地裁化の道を歩んできた。しかるに，一般市民が身近な紛争を解決する手段として裁判制度が有効に機能することは，国民の司法への信頼を維持回復するために不可欠な事柄と言える。そこで，平成8年改正では，小規模な紛争について，一般市民が安価な負担で，迅速かつ効果的な解決を裁判所において求めることができるようにすることを目的として，少額訴訟制度が創設された。これは当初，訴額30万円以下の請求について，原則として1回の口頭弁論期日で審理を完了し，審理終了後ただちに判決を言い渡し，かつ不服申立てを制限するもので，抜本的な手続の簡易化をはかったものと言え，

平成8年改正の目玉としてその運用が注目されてきたところ，その評価は高く，司法制度改革の中でもその活用が提言され，訴額上限は現在60万円に引き上げられている。

> **少額訴訟の実情**　少額訴訟は立法当時の予想を超えて利用された。平成10年は8,348件であったが，同14年には1万7,181件の申立てがあった。事件の種類としては，敷金返還，売買代金，貸金請求，賃金請求，交通事故損害賠償(物損)などが多いようである。たとえば，敷金などについては，従来は家主の請求が不当なものであると感じても，借家人は訴訟によってまでその返還を求めることがなかったのが，少額訴訟に訴えているものと見られ，本制度のめざした実効的な少額の権利救済という目的が相当に達成されていると考えられる。一期日審理の原則もおおむね全うされているようであり，また少額訴訟判決に対する異議の申立ても少ない（おおむね1~2%に止まる）。最高裁判所が行った利用者のアンケートでも，おおむね好評と言える。このような制度の成功を受けて，本文で述べたように，平成15年改正により訴額の上限が60万円に引き上げられている。その後も利用は増加を続け，平成17年の新受事件は2万3,584件でピークとなったが，その後減少に転じ，令和5年は7,339件となっている。

2——対象事件

少額訴訟の対象となる事件は，訴額が60万円以下の金銭支払請求に関する訴えである（368Ⅰ本文）。ただ，同一の簡易裁判所において同一の年に，少額訴訟による審判を求めることができるのは，合計10回に制限されている（368Ⅰ但書，規223）。クレジット業者等特定の者がこの制度を独占的に利用して，結局これが債権回収の手続と化し，一般市民の利用を阻害するのを防止する趣旨である。したがって，少額訴訟による審判を求める申述を原

告がする際には，その簡易裁判所においてその年に少額訴訟による審判を求めた回数を届け出なければならず（368Ⅲ），虚偽の届出をした者は10万円以下の過料に処せられる（381）。

3——通常手続への移行

少額訴訟による審判は，原告がそれを求めた場合にのみなされ（368Ⅰ），その旨の申述は訴え提起の際にされなければならない（368Ⅱ）。立案段階では，訴額要件等を満たす事件を自動的に少額訴訟に付する案も検討されたが，少額訴訟手続の特殊性（手続保障の減縮）に配慮して，原告に第1次的な選択権を与えることにしたものである。他方，被告は，最初の口頭弁論期日において応訴行為をするまでは，訴訟を通常の手続に移行させる旨の申述をすることができ（373Ⅰ，規228），その申述があった場合には訴訟は自動的に通常手続に移行する（373Ⅱ）。被告にも手続選択権を認めて，当事者間のバランスをはかったものである。そして，当事者のこのような選択権を実質的に保障するため，裁判所書記官が期日呼出時に手続内容を説明した書面または電磁的記録を送付するほか，裁判官が手続の冒頭にその主要な特徴を教示することにしている（規222）。少額訴訟の円滑な進行については，特にこれらの教示が重要とされる。また，裁判所も，少額訴訟の要件を満たさないとき，被告に対する送達が公示送達による必要があるとき，少額訴訟による審判を相当でないと認めるときなどには，事件を通常手続に移行させる決定をしなければならない（373Ⅲ）。

4——審　　理

少額訴訟は，少額事件について特に簡易・迅速な手続を用意し，それにより少額事件の実効的な解決をはかるための制度であるか

ら，審理の場面における特則が重要な意味をもつ。まず，証拠調べは即時に取り調べることができる証拠に限定して（371），証拠調べのために期日の続行を要するような事態にならないよう配慮している。また，証人尋問についても，宣誓を不要とし（372 I），尋問順序を裁判官の裁量に委ね（372 II），尋問事項書（規225）や尋問に係る電子調書（規227）を不要として簡易化をはかったうえ，いわゆる電話会議システムによる尋問も認めている（372 III，規226）。これにより，ウェブ尋問よりもさらに簡便に遠隔地に住む証人も取調べができ，迅速かつ充実した審理が可能となる。このような手続の簡易化の総合として（その他にも，反訴の禁止〔369〕などがある），少額訴訟は，特別の事情がある場合を除き，第一回の口頭弁論期日において，審理を完了しなければならないという一期日審理の原則が定められている（370 I）。そのため，当事者は，第一回期日前または第一回期日中に，すべての攻撃防御方法を提出するのが原則とされる（370 II）。

5——判　　決

少額訴訟における判決は，相当でないと認める場合を除き，口頭弁論の終結後ただちに言い渡す（374 I）。これにより，一期日審理の原則と合わせて，審理・判決が1回の期日で全部なされることになり，当事者の便宜に資する。口頭弁論終結後ただちに言い渡されるため，電子判決書を作成する時間はないので，判決言渡しは，例外的に，電子判決書に基づかないですることができる（374 II）。この場合は，254条2項が準用され，電子判決書に代えて，主文，請求・理由の要旨を記録した電子判決書に代わる電子調書を裁判所書記官に作成させる（調書判決）。電子判決書またはそれに代わる電子調書には少額訴訟判決と表示し（規229），請求

認容判決には職権で仮執行宣言を付さなければならない（376。強制執行の際も単純執行文は不要とされる〔民執25但書〕）。なお，その執行についても簡易化をはかるため，平成16年改正の結果，少額訴訟判決をした簡易裁判所の裁判所書記官に対し少額訴訟債権執行の申立てができるものとされている（民執167の2以下）。

また，請求認容判決について，裁判所は，被告の資力その他の事情を考慮して特に必要があると認めるときは，弁済の猶予または分割払いを命じることができる（375Ⅰ）。これは，少額事件では特に費用や労力の点で割に合わない強制執行を避けて，被告の任意弁済による実効的な救済を可能とすることを目的としている。原告が少額訴訟を選択したことから，このような猶予・分割について包括的な黙示の同意を付与したものと擬制することにより正当化される。弁済の猶予・分割は判決言渡しの日から3年を超えることができず，分割払い等で弁済を完了したときは提訴後の遅延損害金が免除される一方，支払懈怠があったときの期限の利益の喪失について定めがされる（375Ⅱ）。

6——不服申立て

少額訴訟の終局判決に対しては，控訴をすることはできず（377），その判決をした裁判所に異議を申し立てることができる（378Ⅰ）。支払猶予などの定めに関しては，不服申立てはできない（375Ⅲ）。異議は，電子判決書またはそれに代わる電子調書の送達から2週間以内に申し立てなければならず，書面によるなど，その方式・手続については手形小切手判決に対する異議の規定が準用されている（378Ⅱ，規230）。適法な異議があったときは，訴訟は口頭弁論終結前の状態に復し，通常訴訟手続による審判に移行する（379Ⅰ）が，反訴の禁止等の規制は残る（379Ⅱ）。ただし，

仮執行宣言の執行力を停止するには，別個に執行停止の仮の処分を要する（403 I ⑤）。異議後の電子判決書またはそれに代わる電子調書には少額異議判決と表示するが（規231），その判決に対しては控訴をすることができない（380 I）。この点は手形小切手訴訟とも大きく異なる点であり，少額訴訟は原則として一審限りで終了するものとして，簡易・迅速な最終的解決を可能とした（その代わりに，移行申立て等により両当事者に通常訴訟の選択権を認めている）。ただ，憲法違反の問題があるときに特別上告を提起することは，少額異議判決に対しても妨げられない（380 II）。

> **手形・小切手訴訟**　手形・小切手債権は，商取引の決済手段として活用されており，迅速かつ簡易な取立てが特に強く期待される種類の債権である。そこで，訴訟手続においても，それを簡易迅速に処理する特別手続が用意されている。これが手形訴訟および小切手訴訟であり，大正15年改正で廃止された為替訴訟を昭和39年に復活させた制度である。その手続は，前述の少額訴訟に類似したものであるが，①対象が手形による金銭支払請求およびそれに付帯する法定利率による損害賠償請求に限られる点（350），②証拠調べが書証または電子データに限定されている点（352），③被告の手続移行申立権が認められていない点（353参照），④異議後の判決に対しては控訴・上告が認められる点などにおいて，少額訴訟の規律とは異なっている。ただ，最近は銀行の口座振替や電子記録債権など取引の決済手段が多様化し，手形・小切手の利用が激減してきたため，その事件数も急減している（平成6年で約8,800件あったが，令和5年は24件にとどまる。なお，電子記録債権〔いわゆる電子手形〕については，手形訴訟に相当する特別の訴訟手続は設けられていない）。

III 法定審理期間訴訟手続

1 ── 意 義

　現行法においては審理期間を法定するような訴訟手続はなく，当事者にとって裁判所の判決がされるまでの期間を予測することは困難である。ただ，このような審理期間の予測不能は，訴訟手続の利用を当事者が躊躇する大きな原因になっているとみられる。また，令和4年改正で民事訴訟手続の全面IT化が図られたが，IT化はそれ自体が目的ではなく，あくまでも訴訟を利用しやすくするための1つの手段にすぎない。その意味では，IT化を活用して，いかに裁判を利用しやすくし，効率化するかが重要な課題である。その意味で，ITを駆使しながら，審理期間を予測可能なものとし，かつ審理そのものを迅速にすることによって，訴訟手続を利用しやすいものにすることは，まさにIT化の主眼とも言うことができよう。

　そこで，令和4年改正で創設された新たな制度が法定審理期間訴訟手続である。この制度は，両当事者の合意により，最初の期日から5か月以内に争点整理を終え，6か月以内に口頭弁論を終結し，7か月以内に判決言渡しをするといった形で，審理期間をあらかじめ法定しておく手続である。これにより，審理期間および判決時期についての当事者の予測可能性を確保し，迅速な裁判を期待できるものとし，ひいては訴訟の利用を促進しようとしたものである。

2——要　件

　法定審理期間訴訟手続は，原則としてすべての民事訴訟事件が対象となるが，例外として，消費者契約関係訴訟や個別労働関係民事訴訟については，この手続は利用できない（381の2Ⅰ）。審理期間の法定は，証拠が偏在し，かつ，訴訟対応力が脆弱な当事者にとっては，十分な訴訟準備ができないまま敗訴してしまうおそれが否定できないので，当事者間の力に定型的な格差があるような事件，すなわち，個人・事業者間の消費者契約に関する訴えや労働者・事業者間の個別労働関係民事紛争に関する訴えは，定型的にその対象から除外したものである。

　さらに，個別事案において，「事案の性質，訴訟追行による当事者の負担の程度その他の事情に鑑み」，この手続により審理裁判することが「当事者間の衡平を害し，又は適正な審理の実現を妨げると認めるとき」にも，法定審理期間訴訟手続によることはできない（381の2Ⅱ）。上記のような定型的に除外される訴訟類型以外であっても，除外の実質的な理由（証拠の偏在，当事者間の力の格差等）が認められる事件はあり，そのような場合はやはりこの手続の対象とすることは相当でないため，個別事件における裁判所の判断により除外を認めるものである。この結果，契約関係でない個人・事業者間の訴訟や法人同士であっても原告・被告間の力の格差が大きいような訴訟等では，個別の判断により手続の利用が排除されるし，また適正な訴訟準備が困難であることの多い本人訴訟においても，この手続の利用は通常想定できない。

　また，この手続を利用するためには，当事者の申出が前提となり（381の2Ⅰ），その場合，当事者双方の申出か，一方の申出と相手方の同意が必要となる（381の2Ⅱ）。このような手続によっ

て適切に処理できるかどうかは当事者が最もよく判断できる立場にあるし，円滑な手続のためには当事者自身の意欲や準備が必要不可欠になることから，その利用を両当事者の判断に委ねたものである。なお，申出や同意に際しては，予想される主要な争点や争点ごとの証拠，訴訟に至る経緯の概要等を記載した書面の提出が求められる（規231の3）。審理期間の予測可能性を高めるという制度趣旨から，通常はこのような申出は審理の早期，少なくとも第1回の争点整理手続期日までにされることが想定されるが，審理の途中段階からこの手続に入ることも妨げられない。

以上のような要件を充たす場合に，裁判所は，法定審理期間訴訟手続により審理および裁判をする旨の決定をすることになり（381の2Ⅱ），裁判所にこの手続をするかどうかの裁量は与えられていない。

3── 手　続

法定審理期間訴訟手続は，その名のとおり，各審理の期間が細かく法定されている。すなわち，まず，裁判長は，この手続による審理裁判をする旨の決定の日から2週間以内に口頭弁論または弁論準備手続の期日を指定しなければならない（381の3Ⅰ）。そして，裁判長は，第1回期日において，訴訟の進行について必要な事項につき協議し（規231の4），第1回期日から6か月以内に口頭弁論を終結する期日を指定し，さらにその弁論終結期日から1か月以内に判決言渡期日を指定しなければならない（381の3Ⅱ）。これにより，この手続によるとの決定をしてから，最大7か月＋2週間で判決言渡しに至ることになる。なお，いずれの期間も「以内」とされており，裁判長が事案に応じてこれより短い期間を設定することも可能である。

そして，以上のようなスケジュールを実現するため，当事者は，第1回期日から5か月以内に攻撃防御方法を提出しなければならず（381の3Ⅲ），証拠調べも6か月以内に終えなければならない（381の3Ⅴ）。それを可能にするため，当事者は，準備書面においては主要な争点に関連する事実のみを簡潔に記載しなければならず（規231の5），証拠申出においても必要な証拠を厳選しなければならない（規231の6）。なお，これらの期間についても，裁判所は，当事者双方の意見を聴いて，より短い期間にすることも可能である（381の3ⅢおよびⅤの各括弧書参照）。

加えて，裁判所は，争点整理期間終了までに，当事者双方との間で，争点および証拠の整理の結果に基づき，この手続の判決において判断すべき事項を確認するものとされ（381の3Ⅳ），その確認の結果を電子調書に記録する（規231の7）。そして，この手続の判決（法定審理期間訴訟判決。規231の9）の理由においても，その確認した事項に係る判断の内容を記録することで足りる（381の5）。この手続が当事者にイニシアティブを与えるものであることから，裁判所が判断を示すべき事項についても当事者に主体的に決定させ，かつ，口頭弁論終結期日から判決言渡しまでを1か月以内と法定していることから，裁判所の判決もそのような事項に集中して説得的な判断を示すことで足りるとされたものである。

4──手続移行・不服申立て

以上のように，この手続は当事者の合意により第1回期日から判決まで7か月以内という迅速な審理を可能にしようとするものであるが，それが拙速な審理となり，当事者の手続保障を阻害してはならない。そこで，法律はこの制度の利用について慎重な配

慮をしており，いったん要件を充たしてこの手続に入ったとしても，なお手続を通常手続に移行したり，その判決に不服を申し立てたりすることが可能とされている。

まず，当事者の双方または一方はいつでも訴訟を通常の手続に移行させる旨の申出をすることができ，その申出があると，裁判所は訴訟を通常手続により審理裁判する旨の移行決定をしなければならない（381の4Ⅰ①）。この手続にいったん同意したものの，予期しない事態等が発生することもあり，いったん同意すると通常手続に戻れないとすると，当事者はこの手続の選択に慎重にならざるを得ず，ほとんど利用されなくなるおそれがある。また，この手続が両当事者の合意に基礎を置く例外的なものであり，その協力がなければ適切な実施は困難と考えられることから，一方当事者が移行を求める場合には，それを許してよいと考えられるためである。なお，移行申出は，口頭弁論終結に至るまで，いつでもすることができる。

また，提出された攻撃防御方法や審理の現状に照らして，裁判所がこの手続による審理裁判が困難と認めたときも，やはり通常手続に移行する決定をしなければならない（381の4Ⅰ②）。仮に双方当事者がこの手続によることを求めているとしても，法定期間内に適切な審理判断ができないような場合には，裁判所の職権で通常手続による可能性を認めるべきだからである。

さらに，判決が出された場合も，不服申立ては控訴によるのではなく（381の6），電子判決書の送達の日から2週間の不変期間内の異議によるものとされる（381の7Ⅰ）。審理期間が6か月以内と法定されているため，文書提出命令や鑑定等の証拠調べは事実上制限されるので，審級の利益のためには同一審級において通常手続による再審理を認めることが相当であり，その方がこの手

続を選択しやすくなるとも考えられるため，不服申立ては異議によることとしている。そして，適法な異議申立てがあれば，訴訟は口頭弁論終結前の程度に復し，その後は同一審級で通常手続による審理を受けることとなる（381の8Ⅰ）。異議後の手続でされた判決に対しては，通常の控訴・上告が可能である。

Ⅳ 督促手続

1——意 義

金銭その他の給付請求権について，債務者が請求権の存在を争わないことが予想される場合に，簡易迅速な手続で債務名義（支払督促）を付与するのが，督促手続の制度である。クレジットなど少額債権の取立てのため，極めてよく利用されている（近時はやや減少傾向にあるが，令和5年でも24万3,628件で，通常訴訟の37万6,555件の3分の2近くとなる）。ただ，「債務者の言い分を聴くことなく」発令するなど債務者の手続保障には問題がありえ，消費者保護的な視点からの配慮が不可欠となる。なお，督促手続では，申立人を債権者，相手方を債務者と呼ぶ。

2——管轄および対象となる請求

督促手続は，請求の価額にかかわらず，債務者の普通裁判籍所在地の簡易裁判所の裁判所書記官に対して申立てをするのが原則である（383）。合意管轄は認められない。督促手続の対象は，請求が金銭その他の代替物または有価証券の一定数量の給付を目的とするものであり，債務者に対して，支払督促を日本国内で，公示送達によらずに送達できることが要件である（382）。その強力

さに鑑み，現状回復が容易で，かつ債務者に十分な手続保障の与えられる場合にその利用を限定する趣旨である。

3── 支 払 督 促

支払督促申立てについては，原則として訴えに関する規定が準用されるが（384，規232），債務者を審尋しないで（386 I），裁判所書記官が発する。旧法では裁判所の裁判（決定）でされることになっていたが，定型的な判断であり，事後的に裁判所のレビューを経る機会も設けられているので，裁判官の負担軽減の趣旨もあって現行法では裁判所書記官の職分とされた（それに伴い，名称も支払命令から支払督促に改められた）。382条の要件を欠いていたり，申立ての趣旨だけからも請求の不当なことが明らかな場合などには，申立ては却下され（385 I），不服のある債権者は告知から1週間以内に異議を申し立てることができる（385 III）。却下事由がないときは，請求の内容的な当否については審理せずに，電子支払督促を作成し，債務者に送達する（388 I）。支払督促の効力は債務者に送達された時に生じる（388 II）。

債権者は，債務者への電子支払督促の送達から2週間経過後は，裁判所書記官に仮執行宣言の付与を求めることができる（391 I）。ただ，仮執行宣言の申立てが可能になってから30日以内に債権者がこの申立てをしないときは，支払督促は失効する（392）。債務者の異議申立てがないときは，仮執行宣言がなされ，仮執行宣言付電子支払督促は当事者に送達される（391 II。債権者の同意があるときは，その者への送付で代えることができる）。債務者がその送達後2週間以内に異議申立てをしないときには，督促手続は終了し，支払督促は確定判決と同一の効力を有する（396）。ただし，支払督促は裁判所書記官の処分であるので，執行力は有するが

(民執22④。執行文は不要である。民執25但書)、既判力は有しない（現行民事訴訟法制定時の民執35Ⅱの改正で、従来の支払命令に関する部分が削除されている）。

4——督促異議

督促異議は支払督促に対する債務者の唯一の不服申立方法で、請求の当否について、通常訴訟による審判を求める申立てである。これには、仮執行宣言前の異議と宣言後の異議とがある。督促異議申立ては、支払督促の発令後いつでもできるが、仮執行宣言があったときは、仮執行宣言付電子支払督促の送達から2週間以内にしなければならない（393）。督促異議は、支払督促を発した裁判所書記官の所属する簡易裁判所に申し立てる（386Ⅱ）。裁判所は、不適法な異議を却下し（394）（第三者が補助参加人としてした督促異議が不適法であることにつき、浦和地判平11・6・25判タ1025・284〔*283*〕）、異議が適法であるときは、訴額に応じて、支払督促申立て時に簡易裁判所または管轄地方裁判所に訴え提起があったものとみなされるが、地方裁判所に提訴が擬制されたときは、訴訟記録の管理が管轄地方裁判所に引き継がれる（395、規237）。

仮執行宣言前に適法な督促異議の申立てがあれば、支払督促は異議の限度で効力を失う（390）。他方、仮執行宣言後の督促異議は支払督促の確定を阻止するが、支払督促に基づく強制執行の停止・取消しの効力をもたず、そのためには執行停止の仮の処分を要する（403Ⅰ③）。督促異議後の訴訟手続は、通常の第1審手続と同様、請求の当否を審判の対象とするが、仮執行宣言後は異議によっても支払督促は失効しないので、請求を理由ありとするときは、支払督促を認可する判決がなされる（最判昭36・6・16民集15・6・1584〔*284*〕）。

オンラインによる督促手続 　督促手続は，その定型性・簡易性・大量性から，コンピュータによる機械的処理になじみやすい。そこで，平成8年改正では，いわゆるOCR方式の申立てによりコンピュータ（電子情報処理組織）を用いて督促手続を取り扱うことを可能とした（平成16年改正前397）。さらに，平成16年改正では，技術的な進歩に応じて，督促手続全体をインターネットによりオンライン化することを可能とした（令和4年改正前397-401）。このような督促手続のオンライン化は，民事訴訟手続全体のオンライン化の試行とも言えたが，令和4年改正に伴い，すべての民事訴訟手続がオンライン化されたため，その特則性の多くを失った。現在の規定では，オンラインによる支払督促の申立てについては，東京簡易裁判所が指定簡易裁判所として取り扱うこと（397），督促異議が出た場合には通常の管轄裁判所に提訴が擬制されること（398），システム送達につき債権者の同意を前提にメール通知の発生時に送達の効力が生じること（399）といった特則が定められているにとどまる。

事項索引

あ 行

e事件管理 …………………………… 32
e提出 ………………………………… 32
e法廷 ………………………………… 32
異　議 ……………………………… 276
遺産確認訴訟 ……………… 107, 245
違式の裁判 ………………………… 277
移　審 ……………………………… 284
移　送 ………………………… 71, 76
一期日審理の原則 ………………… 315
一事不再理 ………………………… 212
一部請求 …………………… 210, 213
一部認容判決 ……………………… 210
一部判決 …………………… 194, 210
違法収集証拠 ……………………… 155
インカメラの手続 ………… 183, 191
インターネット ……………………… 41
ウェブ会議 ………………… 138, 174
訴　え ………………………………… 36
　――の客観的併合 ……………… 230
　――の交換的変更 ……………… 233
　――の主観的選択的併合 ……… 250
　――の主観的追加的併合 ……… 251
　――の主観的併合 ……………… 230
　――の主観的予備的併合 ……… 250
　――の種類 ………………………… 36
　――の選択的併合 ……………… 231
　――の単純併合 ………………… 230
　――の提起 ………………………… 41
　――の併合 ………………… 47, 230
　――の変更 ………… 47, 233, 236
　――の予備的併合 ……………… 230
　係争中の―― …………………… 233
訴え提起前の照会および証拠収集の
　　処分 ……………………… 39, 145
訴え提起前の和解 ………… 4, 311
訴えの取下げ ……………………… 201
　――契約 ………………………… 202
　――の擬制 ……………………… 201
訴えの利益 ………………… 103, 202
　確認訴訟の―― ………………… 105
　給付訴訟の―― ………………… 103
　形成訴訟の―― ………………… 107
ADR ………………………………… 6, 7
応訴管轄 …………………………… 68
ODR ………………………………… 7
オンライン申立て ………… 32, 41

か 行

外国判決の承認・執行 …………… 29
回　避 ………………………… 72, 75
下級裁判所 ………………………… 55
確定遮断の効果 …………………… 283
確定判決 …………………………… 212
確認訴訟（確認の訴え）………… 37
　――の訴訟物 …………………… 49
確認の利益 ………………………… 105
確認判決 …………………………… 37
家事事件手続法 …………………… 4
家事審判 …………………………… 15
家庭裁判所 ………………………… 55
仮定的主張 ………………………… 147
仮執行宣言 ………………… 214, 224
仮処分 ……………………………… 272
簡易裁判所 ……………… 55, 294, 310
　――の手続の特則 ……………… 310
管　轄 ……………………………… 64
間接事実 ………… 112, 156, 159, 168
間接証拠 …………………………… 155
間接反証 …………………… 166, 168
鑑　定 ……………………………… 175

鑑定書	176	経験則	112, 154, 157, 162, 168, 292
鑑定証人	175	形式的確定力	212
鑑定人	175	形式的形成訴訟	38
期　間	121	形式的証拠力	155
期　日	119	形式的当事者概念	108
――の指定	119	刑事訴訟記録	186
――の変更	119, 120	形成訴訟（形成の訴え）	37
期日指定・変更の申立権	76	――の訴えの利益	107
基準時	219	――の訴訟物	49
基準時後の承継人	266	形成判決	38, 215
擬制自白	149, 157, 159	形成力	199, 208, 215
羈束力	224	係争物	268
既判力	37, 208, 212, 239	欠席判決	149
――の拡張	221	決　定	125, 127, 226, 299
――の客観的範囲	47, 216	原因判決	210
――の時的限界	219	厳格な証明	154
――の双面性	213	検　証	187
忌　避	72, 73	検証物	187
忌避権の濫用	75	現代型訴訟	25, 224
忌避事由	74	顕著な事実	157, 160
客観的証明責任	163	原　本	178
救済訴訟	36	権利根拠規定	164
旧訴訟物理論	47	権利自白	158, 206
給付訴訟（給付の訴え）	36	権利主張参加	256
――の訴訟物	48	権利障害規定	164
将来の――	104, 105	権利消滅（滅却）規定	164
給付判決	37	権利保護請求権説	19
求問権	76, 114	権利保護保険	24
境界確定訴訟	38	合意管轄	63, 68
行政訴訟	3	行為期間	122
共同訴訟	76, 240	公開主義	127
共同訴訟参加	254	交換的変更	233
共同訴訟的補助参加	263	合議制	56
共同訴訟人独立の原則	248	攻撃防御方法	134, 140, 146
許可抗告	303	抗　告	276, 299
許可代理	91	抗告理由書	301
組合の当事者能力	81	交互尋問	173
クラス・アクション	27, 241, 243	公示送達	45, 124
計画審理	133, 137, 252	更正決定	200

事項索引　*329*

更正権……………………………86	――の覊束力……………224
公正証書……………………… 5	――を受ける権利……………17
控　訴………………… 276, 279	裁判外の和解…………………… 4
――の提起…………………283	裁判外紛争解決制度…………… 6
――の取下げ………………284	裁判官…………………………56
――の利益…………………279	裁判権………………………… 7
控訴不可分の原則……………284	裁判権免除……………………61
控訴理由書……………………285	裁判所…………………………54
公知の事実…………………160	――のサーバー……………140
高等裁判所…………………55, 294	裁判上の自白……… 158, 159, 206
口頭主義…………………127, 130	裁判上の和解…………………… 4
口頭弁論……… 114, 127, 146, 297	裁判所書記官…………………59
――の一体性………………128	裁判所調査官…………………55
――の準備…………………139	裁判籍…………………………66
――の全趣旨………………156	財産権上の訴えの――………67
口頭弁論期日…………………119	裁判長…………………………56
口頭弁論に係る電子調書……143, 149	裁判費用……………………225
公文書…………………………177	債務名義………… 5, 214, 311, 323
抗　弁……………………98, 164	詐害防止参加………………256
抗弁事項……………………100	差置送達………………………44
公務秘密文書………………180	差戻し………………… 289, 298
公務文書……………………183	残額請求……………………213
コートマネージャー…………60	参加承継………………… 266, 270
国際裁判管轄………………28, 61	参加的効力…………………262
人事訴訟等の――……………62	参加人………………………253
国際的な二重起訴……………53	参加の利益…………………254
固有期間……………………122	暫定真実……………………167
固有必要的共同訴訟…………244	三面訴訟……………………76, 255
	事案解明義務（責任）………190
さ 行	私鑑定………………………177
	時機に後れた攻撃防御方法……134
債権者代位訴訟……………87, 222	時効の完成猶予………………54
再抗告………………………301	自己拘束力…………… 125, 209, 224
最高裁判所………………… 55, 57, 294	事後審制……………………284
再　審………………… 276, 301	自己利用専用文書……………180
再審事由………… 204, 292, 304	事　実………… 157, 158, 161, 162
再訴禁止効……………47, 202, 204	――の確認…………………105
裁定管轄………………………68	事実効………………………218
裁定期間……………………122	事実自白……………………206
裁　判………………………225	

事実上の推定	168	自由心証主義	155, 156, 160, 161, 171
事実審	276	集中証拠調べ	136
事実推定（法律上の）	167	集中（継続）審理	132
事実認定	152, 160, 161	自由な証明	154
——の上告審との関係	162	主観的証明責任	163
——の資料	156, 161	受　継	151
——の適法性	161	取効的訴訟行為	146, 147
システム送達	45	主尋問	173
私　知	154	受託裁判官	57
執行抗告	299	受命裁判官	143
執行証書	5, 214	主張共通の原則	111, 240, 248
執行力	199, 208, 214, 283	主張事実	174
——の主観的範囲	222	主張責任	163
狭義の——	214	受命裁判官	57
広義の——	214	主要事実	112, 157, 159, 168
実質的証拠力	155, 177	準再審	307
実体判決	194	準主要事実	113
実体法	10	準当事者	115
指定管轄	68	準独立当事者参加	255, 257
自　白	158	準備書面	131, 139, 148, 310
——の拘束力	111	準備的口頭弁論	141
自縛力	125, 224	少額訴訟	312
支払督促	324	少額訴訟債権	316
自　判	288, 298	消極的の確認の訴え	37, 106
事物管轄	65	消極的釈明	115, 117
私文書	177	承継参加	268
司法委員	311	承継人	267
司法権の限界	11, 103	証言拒絶権	172
氏名冒用訴訟	78	証　拠	154
釈　明	110, 114, 130, 175	——の採否	170, 171
釈明義務	116	——の整理	142
釈明権	114, 116	——の偏在	27
釈明処分	115	——の申出	170
遮断効	212	証拠共通の原則	
遮蔽措置	174		111, 161, 171, 240, 248
主位請求	230	上　告	276, 290
終局判決	194, 204, 208, 276	——の利益	280
——の確定	194	上告期間	295
住所・氏名の秘匿措置	42	上告棄却	297

事項索引　*331*

上告却下	297
上告受理	293
上告審	297
上告理由	291
上告理由書	295
証拠決定	171
証拠原因	154
証拠調べ	170
証拠資料	110, 154, 156, 171, 286
証拠制限契約	147
証拠能力	155, 157
証拠方法	154
証拠保全	188
証拠力	155
証書真否確認の訴え	37
上　訴	276
——の種類	276
——の追完	124
——の目的	277
——の利益	278
上訴制限	278
証　人	172, 175
証人義務	172
証人尋問	173, 174
消費者契約	63
抄　本	178
証　明	152
——の対象	157
——を要しない事実	157
証明効	218
証明責任	156, 162, 163
——の転換	166
——の分配	163, 164, 168
証明度	170
職分管轄	64
職務期間	122
職務上の当事者	87
書　証	155, 160, 177
除　斥	72, 76
職権主義	110
職権証拠調べ	63
職権進行主義	110, 119
職権探知	15, 100
職権探知主義	9, 111, 158, 206
職権調査事項	100
処分権主義	9, 25, 36, 51, 110, 195, 221, 290
処分証書	177
書面主義	203
書面尋問	173
書面審理	141, 310
書面による準備手続	141, 143
自力救済	18
シンガポール条約	7
信義則（信義誠実の原則）	134
審級管轄	65
進行協議期日	139, 144, 252
人事訴訟	3, 84, 111
——の国際裁判管轄	62
新実体法説	48
人　証	154
審　尋	301
真正期間	122
新訴訟物理論	47
審　判	15
審問請求権	77
新様式判決書	136
審理（の）計画	133, 137, 252
審理の現状に基づく判決	149
随時提出主義	134
請　求	47
——の拡張	234
——の基礎	234
——の基礎の同一性	234
——の原因	42, 211
——の減縮	203, 234
——の趣旨	42
——の認諾	158, 195, 205, 208

——の複数	230	訴　訟	9, 14
——の併合	230	——の終了	194, 196
——の放棄	158, 195, 205, 208	——の審理	98
——の目的物所持者	222	——の非訟化	15, 16
請求棄却	209	訴　状	41
請求認容	210	——の送達	44
制限訴訟能力者	83	訴訟委任	94
制限付自白	158	訴状却下命令	300
正　本	178	訴訟救助	23
成立の真正	155	訴訟共同	244
責任追及訴訟	87	訴訟記録の閲覧・謄写・複写	76
責問権	76, 110, 125, 126	訴訟係属	52
——の喪失	9, 126	訴訟契約	147
——の放棄	126	訴訟行為	146
積極的確認の訴え	37, 106	訴訟告知	264, 274
積極的釈明	115, 117	訴訟参加	253
絶対的上告理由	64, 130, 292	訴訟指揮	124, 148
先行自白	158	訴訟指揮権	124
専属管轄	69	訴訟承継	266, 273
選定書	242	訴訟承継主義	272
選定当事者	241	訴訟上の合意	147
選定当事者制度	234	訴訟上の請求	47
選定の取消し	242	訴訟上の代理	87
全部判決	194	訴訟上の和解	4, 195, 305
専門委員	118, 197	——と既判力	199
相　殺	146, 218	——の瑕疵	199
相殺権	220	株主代表訴訟における——	200
相対的上告理由	292	訴訟資料	110, 127, 286
送　達	44	訴訟代理	87, 91
争　点	27	訴訟代理権	94
争点および証拠の整理手続	141	訴訟代理人	91
争点効	217, 218	訴訟担当	87, 109
送付嘱託	40, 178	訴訟追行権	108
双方審尋主義	130, 150	訴訟手続	
訴　額	65	——のIT化	32
即時抗告	299, 307	——の中断・中止	130
続審制	284, 288	——の停止	150
訴　権	18	訴訟能力	79, 83, 281
訴権論	18	訴訟判決	99, 101, 194, 210

訴訟引受け……………………… 268
訴訟費用……………………22, 225
訴訟物……………………9, 46, 103
訴訟物理論………………………47
訴訟法律行為…………………… 146
訴訟無能力者……………………83
訴訟要件……………………82, 98, 99
　──の調査……………………… 100
訴訟要件審理と本案判決との関係
　……………………………… 102
即決和解……………………… 4, 311
疎　明…………………………… 152

た 行

大規模訴訟……………………… 251
第三者による訴訟追行……………87
第三者の訴訟担当………87, 109, 221
第三者の訴訟引込み……… 271, 273
代償請求……………………… 105, 230
対世効…………………… 215, 223
対　席…………………………… 130
対席判決主義…………………… 149
多数当事者訴訟………………25, 240
多数当事者紛争………………… 252
脱　退…………………………… 258
脱漏判決………………………… 211
団体訴権…………………………26
単独行為………………………… 147
単独制……………………………56
知的財産………………………… 183
　──に関する訴訟……………… 119
知的財産権……………………… 118
知的財産高等裁判所………………55
知的財産事件管轄…………………68
知的財産事件の特則………………55
地方裁判所………………………55
中間確認の訴え………………… 239
中間期間………………………… 122
中間判決……………… 148, 194, 210

仲　裁…………………………… 5
仲裁人…………………………… 5
仲裁判断………………………… 5
仲裁法…………………………… 6
中　止…………………… 150, 152
中　断…………………… 150, 151
調査の嘱託……………………… 188
調　停…………………………… 3
調停委員………………………… 4
調停官……………………………57
調停に係る電子調書……………… 4
直接事実…………… 112, 155, 157
直接主義………………… 131, 286
直接証拠………………………… 155
陳述書…………………………… 174
追加的変更……………………… 233
追完（訴訟行為の）………123, 124
追　認……………………………85
通常期間………………………… 122
通常共同訴訟…………… 241, 248
通常抗告………………………… 299
定期金賠償判決の変更の訴え…… 220
停　止…………………………… 150
ディスカバリー………………… 174
提訴予告通知………………………39
手形・小切手訴訟……………… 317
適時提出主義…………………… 133
手数料……………………………22, 225
テレビ会議………………………32
電子計算機の故障……………… 123
電子情報処理組織…………… 140, 326
電子調書
　口頭弁論に係る──……… 143, 149
　調停に係る──……………… 4
　弁論準備手続に係る──……… 142
　和解に係る──……… 5, 197, 214
電子調書判決…………………… 208
電磁的記録に記録された情報…… 143
電磁的記録を記録した記録媒体… 138

電子的方法 …………………… 176
電子メール …………………… 45
電子呼出状 …………………… 120
伝聞証拠 ……………………… 155
電話会議 ……………… 32, 142, 144
統一的請求権論 ……………… 48
当事者 ………………………… 75
　——の確定 …………… 77, 79
　——の欠席 …………… 149
　——の複数 …………… 240
　——の変更 ………… 240, 266
　正当な—— …………… 108
当事者権 ……………………… 76
当事者恒定主義 ……………… 272
当事者参加 …………… 253, 254, 286
当事者主義 …………………… 110
当事者照会制度 ……… 139, 144, 190
当事者尋問 …………………… 174
当事者適格 … 78, 80, 102, 108, 245, 269
当事者能力 …………………… 79
同時審判の申出 ……………… 250
当然承継 ……………… 267, 266
当然脱退 ……………………… 242
答弁書 ……………… 139, 148
謄　本 ……………………… 178
督促異議 …………………… 325
督促手続 …………………… 323
　オンラインによる—— …… 326
特定承継人 …………………… 266
特別裁判籍 …………………… 67
特別上告 …………………… 302
特別上訴 …………… 276, 301
特別代理人 …………………… 89
独立当事者参加 …………… 255
独立附帯控訴 ……………… 283
土地管轄 …………………… 66
飛越上告 …………………… 290
トリオフォン ……………… 142
取立訴訟 ……………… 87, 222

な　行

二重訴訟（二重起訴）………… 204
　——の禁止 ……… 47, 52, 53, 107
二当事者対立 ………………… 194
　——の原則 …………… 76
任意管轄 ……………………… 69
任意代理 ……………… 87, 91
任意的口頭弁論 ……………… 127
任意的訴訟担当 ……… 88, 109, 241
任意的当事者変更 …… 266, 273
納付命令 ……………………… 44

は　行

陪席裁判官 …………………… 59
破棄判決の拘束力 …………… 298
波及効 ………………………… 224
判　決
　——の確定 …………… 212
　——の基準時 ………… 212
　——の更正 …………… 209
　——の自縛力 ………… 209
　——の脱漏 …………… 211
　——の標準時 ……… 212, 219
　——の変更 …………… 210
判決効 ……………… 212, 241, 247
　——の客観的範囲 …… 216
　——の主観的範囲 …… 221
　——の相対性 ………… 221
　訴訟上の信義則と—— … 217
判決事項 ……………………… 50
判決主文 ……………… 210, 218
判決書 ……………… 136, 310
判決理由 ……………… 162, 218
　——中の判断の拘束力 …… 217
犯罪被害者保護法 …………… 233
反射効 ………………………… 222
反　証 ……………… 156, 164, 285
反　訴 ……………… 237, 315

事項索引　*335*

反対尋問……………………… 173
判例法…………………………… 11
引受承継………………… 266, 271, 274
非訟事件…………………… 15, 16
必要的共同訴訟……………… 241, 244
必要的口頭弁論……………… 127
秘匿決定……………………… 43
秘密保持命令………………… 56, 183
評価根拠事実………………… 170
評価障害事実………………… 170
表見法理……………………… 90
付加期間……………………… 122
不起訴の合意………………… 99, 147
副位請求……………………… 230
覆審制………………………… 284
不真正期間…………………… 122
付随的裁判…………………… 127
附帯控訴……………………… 282
付帯請求……………………… 230
付調停………………………… 10
普通裁判籍…………………… 66
物　証………………………… 154
不変期間……………………… 122
不法行為地の裁判籍………… 67
付郵便送達…………………… 45
不利益変更禁止の原則……… 282, 289
文　書………………………… 155, 177
文書送付の嘱託……………… 187
文書提出命令………………… 27, 178, 299
併行審理……………………… 132
ペイジー……………………… 41
変更判決……………………… 210
弁護士強制主義……………… 86, 91, 225
弁護士代理の原則…………… 91
弁護士法違反の訴訟行為の効力…… 93
弁護士報酬…………………… 23, 225
弁　論→口頭弁論
　──の更新………………… 132, 286, 298
　──の制限………………… 135, 148

　──の分離………………… 148
　──の併合………………… 148, 240
弁論権………………………… 77
弁論兼和解…………………… 21, 136
弁論主義
　…9, 25, 100, 110, 111, 158, 170, 221
弁論準備手続………………… 141, 142
弁論準備手続期日…………… 119
弁論準備手続に係る電子調書…… 142
弁論能力……………………… 86
法　規………………………… 154, 158
放棄・認諾…………………… 207
報告証書……………………… 177
報告の請求…………………… 188
法人格なき社団・財団……… 80
法曹一元制…………………… 57
法定管轄……………………… 68
法定期間……………………… 122
法定証拠主義………………… 160
法定序列主義………………… 133
法定審理期間訴訟手続…… 33, 139, 318
法定審理期間訴訟判決……… 321
法定訴訟担当………………… 87, 109
法定代理……………………… 88
法定代理権…………………… 90
法　服………………………… 227
法律上の推定………………… 166
法律上の争訟………………… 11
法律審………………………… 276, 290, 302
法律扶助……………………… 23, 93
法律要件的効力……………… 223
法律要件分類説……………… 164, 168, 189
保佐人………………………… 91
補充送達……………………… 44
補助参加……… 248, 253, 259, 274, 286
　──の利益………………… 260
　株主代表訴訟の被告役員への
　　会社の──……………… 261
補助事実……………… 112, 156, 157, 159

補助人	91
補正命令	44
保全抗告	299
保全手続	2, 153
本案	98
本案判決	98, 102, 194
本証	156, 164
本訴	237
本人訴訟	22, 91

ま 行

3つのe	32
未特例判事補	59
民事裁判権	7, 60
民事訴訟	2, 19, 60
民事訴訟法典	29
民事調停法	4
民事紛争	2
命令	125, 226, 276, 299
メールアドレス	45
申立権	125
申立事項	47, 50
申立承継	266, 268
申立てのオンライン化	41

や 行

約款による合意管轄	69, 70

唯一の証拠	171
郵便に付する送達	45
猶予期間	122
与効的訴訟行為	146, 202
呼出し	120
予備的主張	148
予備的請求	230
予備的反訴	238

ら 行

ラウンドテーブル法廷	136
利益変更禁止の原則	289
立証趣旨→証明責任	
立証責任	163
立証の必要	164
理由付否認	158
類似必要的共同訴訟	244, 247
労働契約	63
労働審判	17

わ 行

和解	3, 196
——に代わる決定	198, 311
和解期日	119
和解に係る電子調書	5, 197, 214

337

判 例 索 引

〔　〕内に，*123*，百選15という形で表記されているものは，『基本判例 民事訴訟法〔第 2 版補訂〕』(2010 年，有斐閣)，『民事訴訟法判例百選〔第 6 版〕』(2023 年，有斐閣) に登載されている項目番号を示す。

大判明 31・2・24 民録 4・2・48	171
大判明 43・10・19 民録 16・713	123
大判大 7・7・11 民録 24・1197	123
大判大 11・2・20 民集 1・52〔*137*〕	159
大連判大 12・6・2 民集 2・345〔*18*〕	38
大判大 13・6・13 法律新聞 2335・15	123
大決昭 5・6・28 民集 9・640	89
大判昭 7・11・25 民集 11・2125	305
大判昭 8・2・7 民集 12・159	134
大判昭 8・2・9 民集 12・397〔*132*〕	158
大判昭 8・11・7 民集 12・2691	107
大判昭 10・4・30 民集 14・1175	241
大判昭 10・10・28 民集 14・1785〔*58*，百選 4〕	78
大判昭 11・3・11 民集 15・977〔*59*，百選 5〕	78
大判昭 13・2・15 法学 7・6・805	185
大判昭 15・3・13 民集 19・530	105
大判昭 15・7・26 民集 19・1395	262
大判昭 16・5・3 全集 8・18・617〔*83*〕	101
大判昭 16・10・8 民集 20・1269	268
最判昭 23・5・18 民集 2・5・115	120
最判昭 24・4・12 民集 3・4・97	124
最判昭 25・6・23 民集 4・6・240〔*81*〕	94
最判昭 25・7・11 民集 4・7・316〔*138*〕	159
最判昭 26・3・29 民集 5・5・177〔*151*〕	172
最判昭 27・8・22 民集 6・8・707〔*117*〕	124
最大判昭 27・10・8 民集 6・9・783	11
最判昭 27・11・18 民集 6・10・991〔*252*〕	288
最判昭 27・11・27 民集 6・10・1062〔*102*，百選 47〕	111
最判昭 28・5・14 民集 7・5・565〔*142*〕	161
最判昭 28・5・29 民集 7・5・623	121
最判昭 28・12・24 裁判集民 11・595	126
最判昭 29・2・11 民集 8・2・429〔*122*〕	126

最判昭 29・6・11 民集 8・6・1055〔*67*, 百選 A4〕……………………… 83
大阪地判昭 29・6・26 下民集 5・6・949〔*57*〕……………………………… 78
最判昭 30・1・28 民集 9・1・83〔*53*, 百選 3〕……………………………… 74
最判昭 30・7・5 民集 9・9・985〔*134*, 百選 52〕………………………… 159
最大決昭 30・7・20 民集 9・9・1139〔*281*〕……………………………… 307
最判昭 30・9・30 民集 9・10・1491……………………………………… 207
最判昭 30・12・26 民集 9・14・2082〔*89*〕……………………………… 105
最判昭 31・4・3 民集 10・4・297〔*248*, 百選 105〕…………………… 281
最判昭 31・6・19 民集 10・6・665〔*121*〕……………………………… 126
最判昭 31・9・13 民集 10・9・1135〔*148*〕……………………………… 169
最判昭 32・2・28 民集 11・2・374〔*202*, 百選 31〕…………………… 233
最判昭 32・6・7 民集 11・6・948〔*182*, 百選 76〕…………………… 214
最判昭 32・6・25 民集 11・6・1143〔百選 A19〕………………………… 161
最大判昭 32・7・20 民集 11・7・1314〔*90*〕……………………………… 106
最判昭 32・10・4 民集 11・10・1703〔*258*〕……………………………… 292
最判昭 32・12・3 民集 11・13・2009〔*149*〕……………………………… 169
最判昭 32・12・13 民集 11・13・2143〔百選 A39〕……………………… 282
最判昭 33・3・7 民集 12・3・469〔*140*〕………………………………… 159
最判昭 33・3・13 民集 12・3・524〔*34*〕………………………………… 52
最判昭 33・7・8 民集 12・11・1740〔*106*, 百選 43〕………………… 114
最判昭 33・7・25 民集 12・12・1823〔*74*, 百選 15〕………………… 89
最判昭 33・11・4 民集 12・15・3247〔*123*〕……………………… 132, 292
最判昭 34・9・17 民集 13・11・1372〔*139*〕……………………………… 159
最判昭 34・9・17 民集 13・11・1412〔*146*〕……………………………… 166
最判昭 35・2・12 民集 14・2・223〔*133*〕……………………………… 158
最大決昭 35・7・6 民集 14・9・1657〔*7*〕………………………………… 16
最判昭 36・6・16 民集 15・6・1584〔*284*〕……………………………… 325
最判昭 36・8・31 民集 15・7・2040……………………………………… 247
東京地八王子支判昭 36・8・31 下民集 12・8・2144…………………… 64
最判昭 36・11・28 民集 15・10・2593〔*267*〕…………………………… 298
最判昭 37・4・6 民集 16・4・686〔*176*〕………………………………… 203
最判昭 37・8・10 民集 16・8・1720〔*181*〕……………………………… 214
最決昭 37・10・12 民集 16・10・2128〔*240*〕…………………………… 270
最判昭 37・12・18 民集 16・12・2422〔*64*, 百選 8〕………………… 81
最判昭 38・2・21 民集 17・1・182〔*79*, 百選 17〕…………………… 94
最判昭 38・2・21 民集 17・1・198〔*206*〕…………………………… 238, 286
最判昭 38・4・12 民集 17・3・468〔*260*〕……………………………… 292
最判昭 38・10・15 民集 17・9・1220〔*17*〕……………………………… 38
最大判昭 38・10・30 民集 17・9・1266〔*78*, 百選 18〕……………… 93

最大判昭 39・3・25 民集 18・3・486〔*15*〕 …………………………………… 62
最判昭 39・5・12 民集 18・4・597〔*156*, 百選 68〕 …………………………… 178
最判昭 39・6・26 民集 18・5・901〔*274*〕 …………………………………… 305
最判昭 39・6・26 民集 18・5・954〔*109*, 百選 49〕 …………………………… 118
最判昭 39・7・10 民集 18・6・1093〔*201*〕 ……………………………… 233, 235
最判昭 39・10・13 民集 18・8・1619〔*52*〕 …………………………………… 73
最判昭 40・3・4 民集 19・2・197〔*205*, 百選 32〕 …………………………… 237
最判昭 40・3・19 民集 19・2・484 ………………………………………………… 281
最判昭 40・3・26 民集 19・2・508〔*186*〕 …………………………………… 215
最判昭 40・4・2 民集 19・3・539〔*194*〕 ……………………………………… 220
最大決昭 40・6・30 民集 19・4・1089〔*8*, 百選 1〕 ………………………… 16
最大決昭 40・6・30 民集 19・4・1114 …………………………………………… 16
最判昭 40・9・17 民集 19・6・1533〔*28*, 百選 81〕 ………………………… 49
名古屋地決昭 40・9・30 判時 435・29 ……………………………………… 194, 202
最判昭 41・1・27 民集 20・1・136〔*147*, 百選 A18〕 ……………………… 169
最判昭 41・3・18 民集 20・3・464〔*87*, 百選 19〕 ………………………… 104
最判昭 41・3・22 民集 20・3・484〔*239*, 百選 104〕 ……………………… 269
最判昭 41・7・14 民集 20・6・1173〔*60*〕 …………………………………… 78
最判昭 41・9・8 民集 20・7・1314〔*103*〕 …………………………………… 111
札幌高決昭 41・9・19 高民集 19・5・428〔*47*, 百選 A2〕 ………………… 68
最判昭 41・9・22 民集 20・7・1392〔*135*, 百選 51〕 ……………………… 159
最判昭 41・11・22 民集 20・9・1914 …………………………………………… 150
最判昭 41・11・25 民集 20・9・1921〔*211*〕 ………………………………… 245
最判昭 42・2・24 民集 21・1・209〔*118*〕 ……………………………… 46, 124
東京地判 42・3・28 判タ 208・127〔*126*〕 …………………………………… 147
最判昭 42・6・30 判時 493・36〔*85*〕 ………………………………………… 101
最大判昭 42・9・27 民集 21・7・1925〔*223*〕 ………………………… 257, 270
最大判昭 42・9・27 民集 21・7・1955〔*76*, 百選 A6〕 ……………………… 93
最判昭 43・2・15 民集 22・2・184〔*174*, 百選 89〕 ……………………… 200
最判昭 43・2・16 民集 22・2・217〔*144*, 百選 60〕 ……………………… 165
最判昭 43・3・8 民集 22・3・551〔*218*, 百選 A28〕 ……………………… 250
最判昭 43・3・15 民集 22・3・607〔*207*, 百選 94〕 ……………………… 241
最判昭 43・3・19 民集 22・3・648〔*269*, 百選 110〕 ……………………… 298
最判昭 43・3・28 民集 22・3・707〔*141*, 百選 A16〕 ……………………… 159
最判昭 43・4・11 民集 22・4・862〔*183*〕 …………………………………… 214
最判昭 43・6・21 民集 22・6・1297〔*77*〕 …………………………………… 93
最判昭 43・8・20 民集 22・8・1677〔*143*〕 ………………………………… 162
最判昭 43・8・27 判時 534・48〔*175*, 百選 A3〕 …………………………… 201
最判昭 43・8・29 民集 22・8・1740〔*275*〕 ………………………………… 305

最判昭 43・9・12 民集 22・9・1896〔*217*, 百選 90〕	248
最大判昭 43・11・13 民集 22・12・2510〔*40*〕	54
最判昭 43・12・20 判時 546・69〔*216*〕	205, 247
最判昭 43・12・24 民集 22・13・3454〔*107*, 百選 A15〕	114
最判昭 44・2・27 民集 23・2・441〔*9*〕	23
最判昭 44・6・24 民集 23・7・1156〔*110*〕	118
最判昭 44・6・24 判時 569・48〔*190*, 百選 79〕	219
最判昭 44・6・26 民集 23・7・1175	81
最判昭 44・7・8 民集 23・8・1407〔*187*, 百選 81〕	215
最判昭 44・7・10 民集 23・8・1423〔*1*, 百選 14〕	11
最判昭 44・7・15 民集 23・8・1532〔*222*〕	257
最判昭 44・10・17 民集 23・10・1825〔*125*, 百選 87〕	147, 202
最判昭 45・1・22 民集 24・1・1	263
最判昭 45・3・26 民集 24・3・165〔*172*〕	188
最判昭 45・4・2 民集 24・4・223〔*99*, 百選 28〕	108
最判昭 45・6・11 民集 24・6・516〔*108*, 百選 48〕	115
最大判昭 45・7・15 民集 24・7・804〔*238*, 百選 A35〕	268
最大判昭 45・7・15 民集 24・7・861〔*93*, 百選 A8〕	106
最判昭 45・10・22 民集 24・11・1583〔*232*, 百選 98〕	262
最大判昭 45・11・11 民集 24・12・1854〔*71*, 百選 12〕	88
最判昭 45・12・15 民集 24・13・2072〔*75*, 百選 16〕	90
最判昭 46・1・21 民集 25・1・25〔*242*〕	272
名古屋高金沢支決昭 46・2・8 下民集 22・1=2・92〔*11*〕	23
仙台高判昭 46・3・24 行集 22・3・297〔*62*〕	80
大阪高判昭 46・4・8 判時 633・73〔*197*, 百選 A27〕	221
最判昭 46・4・23 判時 631・55〔*124*〕	135
最判昭 46・6・3 判時 634・37〔*279*, 百選 112〕	306
最判昭 46・6・22 判時 639・77〔*86*〕	101
最判昭 46・6・25 民集 25・4・640〔*128*, 百選 86〕	148, 204
最判昭 46・6・29 判時 636・50〔*101*, 百選 A13〕	111
新潟地判昭 46・9・29 下民集 22・9=10 別冊・1	169
最判昭 46・10・7 民集 25・7・885〔百選 A29〕	247
最判昭 46・10・19 民集 25・7・952〔*268*〕	298
最決昭 46・11・10 判時 653・89〔*263*〕	297
最判昭 46・11・25 民集 25・8・1343〔*35*, 百選 70〕	52
最判昭 47・2・15 民集 26・1・30〔*92*, 百選 21〕	106
最判昭 47・6・2 民集 26・5・957〔*65*〕	81
最判昭 47・11・9 民集 26・9・1513〔*91*, 百選 A9〕	106
最判昭 48・3・23 民集 27・2・365〔*257*〕	290

判例索引　*341*

最判昭 48・4・5 民集 27・3・419〔*29*, 百選 69〕……………………………… 50
最判昭 48・4・24 民集 27・3・596〔*221*, 百選 103〕……………………… 53, 257
最判昭 48・6・21 民集 27・6・712〔*196*, 百選 82〕……………………… 221
大阪高決昭 48・7・12 下民集 24・5～8・455〔*152*〕……………………… 172
最判昭 48・7・20 民集 27・7・863〔*225*, 百選 101〕……………………… 258
最判昭 48・10・11 判時 723・44〔*10*〕……………………………………… 23
最判昭 48・10・26 民集 27・9・1240〔*61*, 百選 6〕……………………… 78
福岡高決昭 48・12・4 判時 739・82……………………………………… 180
最判昭 49・2・5 民集 28・1・27〔*45*〕……………………………………… 66
東京高決昭 49・4・17 下民集 25・1～4・309〔*227*〕……………………… 260
最判昭 49・4・26 民集 28・3・503〔*189*, 百選 80〕……………………… 217
最判昭 50・3・13 民集 29・3・233〔*226*〕………………………………… 258
最判昭 50・7・21 判時 791・76〔*114*〕…………………………………… 121
最判昭 50・10・24 民集 29・9・1417〔*130*, 百選 54〕…………………… 153
最判昭 50・11・28 民集 29・10・1554……………………………………… 63
最判昭 50・11・28 民集 29・10・1797〔*177*〕…………………………… 204
最判昭 51・3・30 判時 814・112〔*230*, 百選 A30〕……………………… 261
最判昭 51・6・17 民集 30・6・592〔*111*〕………………………………… 118
最判昭 51・7・19 民集 30・7・706〔*69*, 百選 11〕……………………… 88
最判昭 51・7・27 民集 30・7・724〔*237*〕………………………………… 267
最判昭 51・9・30 民集 30・8・799〔*188*, 百選 74〕……………………… 217
最判昭 51・10・21 民集 30・9・903〔*199*, 百選 85〕…………………… 223
札幌高決昭 51・11・12 判タ 347・198〔*55*〕……………………………… 75
最判昭 52・3・18 金法 837・34〔*241*〕…………………………………… 271
最判昭 52・4・15 民集 31・3・371〔*136*〕………………………………… 159
最判昭 52・5・27 民集 31・3・404〔*277*, 百選 A42〕…………………… 306
福岡高決昭 52・7・13 高民集 30・3・175〔*158*〕………………………… 180
東京高判昭 52・7・15 判時 867・60〔*131*〕……………………………… 155
最判昭 52・7・19 民集 31・4・693〔*178*, 百選 A27〕…………………… 205
大阪高決昭 53・3・6 高民集 31・1・38〔*155*〕…………………………… 177
最判昭 53・3・23 判時 885・118〔*150*〕…………………………………… 171
最判昭 53・3・23 判時 886・35〔*200*, 百選 84〕………………………… 223
東京高判昭 53・7・26 高民集 31・3・484…………………………………… 221
最判昭 53・9・14 判時 906・88〔*198*, 百選 83〕………………………… 222
東京高決昭 54・3・19 下民集 32・9～12・1391…………………………… 180
最判昭 54・7・31 判時 944・53〔*119*〕…………………………………… 124
札幌高決昭 54・8・31 下民集 30・5～8・403……………………………… 172
東京高判昭 54・10・18 下民集 33・5～8・1031〔*169*〕………………… 185
最判昭 55・1・11 民集 34・1・1〔*2*, 百選 2〕…………………………… 12

最判昭 55・1・18 判時 956・50 ……………………………………………247
仙台高判昭 55・1・28 高民集 33・1・1〔*235*〕 ……………………… 264, 266
最判昭 55・2・7 民集 34・2・123〔*104*, 百選 42〕………………… 114
最判昭 55・2・22 判時 962・50〔*84*〕 …………………………………… 101
仙台高判昭 55・5・30 判タ 419・112〔百選 103〕……………………… 258
最判昭 55・9・26 判時 985・76〔*68*〕 …………………………………… 85
最判昭 55・10・23 民集 34・5・747〔*192*, 百選 72〕……………… 220
最判昭 55・10・28 判時 984・68〔*116*〕 ……………………………… 123
最判昭 55・12・9 判時 992・49…………………………………………289
最判昭 56・2・16 民集 35・1・56〔*145*〕 …………………………… 165
最判昭 56・3・20 民集 35・2・219〔*113*〕 …………………………… 120
最判昭 56・4・7 民集 35・3・443〔*4*〕 ………………………………… 12
最判昭 56・9・11 民集 35・6・1013………………………………………245
最判昭 56・9・24 民集 35・6・1088〔*120*, 百選 39〕……………… 125
最判昭 56・10・16 民集 35・7・1224〔*13*〕 …………………………… 62
最大判昭 56・12・16 民集 35・10・1369〔*88*, 百選 20・A17〕…… 104
最判昭 57・3・9 判時 1040・53〔*31*〕 ………………………………… 51
最判昭 57・3・30 民集 36・3・501〔*193*, 百選 A23〕……………… 220
最判昭 57・4・27 判時 1046・41〔*105*〕 ……………………………… 114
最判昭 57・7・1 民集 36・6・891〔*215*〕 ……………………………… 245
最判昭 57・9・7 判時 1062・85〔*115*〕 ……………………………… 121
最判昭 58・2・8 判時 1092・62〔*212*〕 ……………………………… 245
最判昭 58・3・10 判時 1075・113〔*249*〕 …………………………… 282
最判昭 58・3・22 判時 1074・55〔*247*, 百選 106〕………………… 281
最判昭 58・10・18 民集 37・8・1121〔*19*〕 …………………………… 39
仙台高判昭 59・1・20 下民集 35・1〜4・7〔*82*, 百選 A5〕……… 95
東京高決昭 59・9・17 高民集 37・3・164………………………………… 180
最判昭 60・3・15 判時 1168・66〔*224*〕 ……………………………… 257
名古屋高判昭 60・4・12 下民集 34・1〜4・461〔*21*, 百選 30〕… 42
東京高判昭 60・6・25 判時 1160・93〔*236*〕 ………………………… 265
最判昭 60・7・19 民集 39・5・1266〔*63*〕 …………………………… 81
最判昭 60・9・17 判時 1173・59〔*23*〕 ………………………………… 44
最判昭 60・12・20 判時 1181・77〔*12*〕 ……………………………… 26
東京地決昭 61・1・14 判時 1182・103〔*51*〕 ………………………… 72
最判昭 61・3・13 民集 40・2・389〔*96*, 百選 22〕………………… 107
最判昭 61・4・11 民集 40・3・558〔*203*〕 …………………………… 234
大阪地決昭 61・5・28 判時 1209・16……………………………………… 180
最判昭 61・5・30 民集 40・4・725〔*30*〕 ……………………………… 50
最判昭 61・7・17 民集 40・5・941〔*191*, 百選 78〕……………… 220

最判昭 61・9・4 判時 1215・47〔*253*, 百選 107〕	290
最判昭 61・9・4 判時 1217・57〔*208*〕	241
最判昭 61・12・11 判時 1225・60〔*251*〕	286
最判昭 62・2・6 判時 1232・100〔*32*, 百選 A22〕	51
最判昭 62・7・17 民集 41・5・1402〔*219*, 百選 91〕	251
最判昭 63・2・25 民集 42・2・120〔*234*〕	264
最判昭 63・3・15 民集 42・3・170	53
名古屋高金沢支判昭 63・10・31 判タ 696・207	248
東京地判昭 63・12・20 判時 1324・75〔*27*〕	48
名古屋高金沢支判平元・1・30 判時 1308・125〔*246*, 百選 A37〕	280
最判平元・3・7 判タ 699・183〔*231*〕	262
最判平元・3・28 民集 43・3・167〔*213*, 百選 95〕	245
最判平元・9・8 民集 43・8・889〔*5*〕	12
最判平元・11・10 民集 43・10・1085〔*280*〕	306
最判平元・11・20 民集 43・10・1160〔*41*〕	61
最判平元・12・8 民集 43・11・1259〔*129*〕	153
東京高決平 2・1・16 判タ 754・220〔*228*〕	260, 261
最判平 2・7・20 民集 44・5・975〔*255*〕	290
最決平 3・2・25 民集 45・2・117〔*54*〕	74
大阪地決平 3・4・2 判タ 757・152	261
最判平 3・12・17 民集 45・9・1435〔*38*, 百選 35①〕	53
東京高判平 3・12・17 判時 1413・62	258
最判平 4・4・28 判時 1455・92〔*250*〕	46, 283
浦和地判平 4・5・29 判タ 813・283	83
最判平 4・9・10 民集 46・6・553〔*273*, 百選 111〕	46, 304, 305
最判平 4・10・29 民集 46・7・1174〔*173*, 百選 59〕	190
最判平 5・2・18 民集 47・2・632〔*204*〕	71, 236
最判平 5・2・25 民集 47・2・643	104
最判平 5・2・25 判時 1456・53	42
最判平 5・9・7 民集 47・7・4667〔*6*〕	12
最判平 5・11・11 民集 47・9・5255〔*127*〕	147
最判平 6・2・10 民集 48・2・388〔*179*〕	206
最判平 6・4・19 判時 1504・119〔*244*〕	278
最判平 6・5・31 民集 48・4・1065〔百選 10〕	81
最判平 6・9・27 判時 1513・111〔*220*, 百選 100〕	257
最判平 6・10・25 判時 1516・74〔*278*〕	306
最判平 6・11・22 民集 48・7・1355〔*254*, 百選 108〕	290
最判平 7・2・23 判時 1524・134〔*243*, 百選 A41〕	277
最判平 7・3・7 民集 49・3・893〔*97*〕	107

最判平 7・3・7 民集 49・3・919〔*20*〕 …………………………………… 39
最判平 7・3・7 民集 49・3・944 ………………………………………… 247
東京地判平 7・6・23 判タ 900・249 ……………………………………… 265
最判平 7・7・18 民集 49・7・2717〔*3*〕 ………………………………… 12
最判平 7・12・15 民集 49・10・3051〔*195*, 百選 73〕……………… 221
最判平 8・2・22 判時 1559・46〔*112*〕 ………………………………… 118
最決平 8・2・26 民集 50・2・274 ………………………………………… 261
東京高判平 8・3・25 判タ 936・249〔*73*〕 ……………………………… 88
東京高判平 8・4・8 判タ 937・262〔*37*〕 ……………………………… 53
最判平 8・5・28 判時 1569・48〔*22*〕 …………………………………… 44
最判平 8・6・24 民集 50・7・1451〔*16*〕 ……………………………… 62
名古屋高決平 8・7・11 判時 1588・145 ………………………………… 261
東京高判平 8・11・27 判時 1617・94〔*72*〕 …………………………… 88
最判平 9・3・14 判時 1600・89〔*180*, 百選 A24〕…………………… 212
最大判平 9・4・2 民集 51・4・1673〔*210*〕 …………………………… 244
最判平 9・7・17 判時 1614・72〔百選 46〕……………………………… 118
東京高決平 9・9・2 判時 1633・140 ……………………………………… 261
最判平 9・11・11 民集 51・10・4055〔*14*〕 …………………………… 62
最判平 10・2・27 民集 52・1・299〔*70*〕 ……………………………… 88
最判平 10・3・27 民集 52・2・661 ………………………………… 223, 245
最判平 10・6・12 民集 52・4・1147〔*184*, 百選 75〕………………… 214
最判平 10・6・30 民集 52・4・1225〔*185*, 百選 36〕…………… 53, 214
最決平 10・7・13 判時 1651・54〔*271*〕 ……………………………… 303
最判平 10・9・10 判時 1661・81〔*24*, 百選 37①②〕…………… 44, 45
東京高決平 10・10・19 判時 1674・78〔*49*〕 …………………………… 72
最判平 11・1・21 民集 53・1・1〔*94*, 百選 25〕……………………… 106
最決平 11・3・9 判時 1672・67〔*261*〕 ………………………………… 294
最決平 11・3・9 判時 1673・87 …………………………………………… 302
最決平 11・3・12 民集 53・3・505〔*272*〕 …………………………… 304
最判平 11・3・25 民集 53・3・580〔*100*〕 …………………………… 108
東京地決平 11・4・1 判タ 1019・296〔*48*〕 …………………………… 69
最判平 11・6・11 判時 1685・36〔*95*, 百選 24〕……………………… 106
浦和地判平 11・6・25 判タ 1025・284〔*283*〕 ………………………… 325
最判平 11・6・29 判時 1684・59〔*259*〕 ……………………………… 292
最判平 11・11・9 民集 53・8・1421〔*214*〕 ……………………… 39, 245
横浜地判平 11・11・10 判時 1720・165〔*245*〕 ……………………… 279
最決平 11・11・12 民集 53・8・1787〔*159*, 百選 66〕……………… 181
最判平 11・11・30 判時 1697・55〔*276*〕 …………………………… 305
最判平 11・12・16 民集 53・9・1989 …………………………………… 88

最判平 12・2・24 民集 54・2・523〔*98*, 百選 23〕	107
最決平 12・3・10 民集 54・3・1073〔*154*, 百選 A20〕	172, 184
最判平 12・3・24 民集 54・3・1126〔*80*〕	94
最判平 12・4・7 判時 1713・50	118
最判平 12・7・7 民集 54・6・1767〔*209*, 百選 96〕	244
最決平 12・7・14 判時 1723・49〔*262*〕	297
津地判平 12・9・7 判タ 1080・226	202
最決平 12・10・13 判時 1731・3〔*44*〕	66
最決平 12・12・14 民集 54・9・2709〔*160*〕	181
最決平 12・12・14 民集 54・9・2743〔*167*〕	184
最決平 13・1・30 民集 55・1・30〔*229*〕	260, 261
最判平 13・2・22 判時 1742・89〔*157*〕	179
最判平 13・2・22 判時 1745・144	260, 261
最判平 13・4・26 判時 1750・101〔*168*〕	184
最判平 13・12・7 民集 55・7・1411〔*161*〕	181
最判平 14・1・22 判時 1776・67〔*233*, 百選 99〕	263～265
最判平 14・1・22 判時 1777・151	255
最判平 14・2・22 民集 56・2・348	247
最判平 14・2・22 判時 1779・22	12
最判平 14・3・25 民集 56・3・574	247
最判平 14・6・7 民集 56・5・899〔*66*〕	82
最判平 14・10・15 判時 1807・79	248
最判平 14・12・17 判時 1812・76〔*264*〕	297
東京高決平 15・5・22 判タ 1136・259〔*50*〕	72
東京高判平 15・7・29 判時 1838・69〔*33*〕	51, 220
最判平 15・11・11 民集 57・10・1387〔*256*〕	290
最判平 16・2・24 判時 1854・41	195
最判平 16・3・25 民集 58・3・753〔*36*, 百選 26〕	52, 106, 237
最決平 16・4・8 民集 58・4・825〔*46*〕	67
最決平 16・5・25 民集 58・5・1135〔*170*, 百選 67〕	187
最判平 16・6・3 判時 1869・33	238
最判平 16・7・6 民集 58・5・1319	245
最決平 16・7・13 民集 58・5・1599〔*270*〕	300
東京高判平 16・8・31 判時 1903・21	211
最判平 16・10・18 金法 1743・40	221
最判平 16・11・26 民集 58・8・2393〔*162*〕	181
東京高判平 17・5・25 判時 1908・136	82
最判平 17・7・22 民集 59・6・1837〔*171*〕	187
最決平 17・7・22 民集 59・6・1888〔*166*〕	184

最決平 17・10・14 民集 59・8・2265〔*165*, 百選 A21〕 …………… 182
最決平 18・2・17 民集 60・2・496〔*163*〕 …………………………… 181
最判平 18・3・17 判時 1937・87 ……………………………………… 302
最判平 18・4・14 民集 60・4・1497〔*39*〕 ……………………… 53, 238
最判平 18・7・21 民集 60・6・2542〔*42*〕 ………………………… 61
最判平 18・9・4 判時 1948・81〔*265*〕 …………………………… 297
最決平 18・9・11 民集 60・7・2622 ………………………………… 147
最決平 18・10・3 民集 60・8・2647〔*153*, 百選 64〕 …………… 172
最判平 19・1・16 判時 1959・29〔*266*〕 ………………………… 297
最決平 19・3・20 民集 61・2・586〔*25*, 百選 38〕 …………… 44, 305
最決平 19・3・23 民集 61・2・619 …………………………………… 213
最判平 19・3・27 民集 61・2・711〔*56*〕 ………………………… 78, 90
最判平 19・5・29 判時 1978・7 ……………………………………… 104
最決平 19・11・30 民集 61・8・3186〔*164*〕 …………………… 182
最判平 20・7・10 判時 2020・71 ……………………………………… 214
最判平 20・7・17 民集 62・7・1994〔百選 92〕 …………………… 246
最判平 20・7・18 民集 62・7・2013〔*43*, 百選 A1〕 …………… 65
最決平 20・11・25 民集 62・10・2507〔*164-2*, 百選 65〕 …… 182
最判平 21・1・15 民集 63・1・46〔*171-2*〕 ……………………… 188
知財高判平 21・1・28 判時 2045・134〔*169-2*〕 ……………… 185
最判平 21・4・17 判時 2044・74 ……………………………………… 106
最判平 21・6・30 判時 2052・48 ……………………………………… 302
最判平 21・9・15 判時 2058・62 ……………………………………… 12
最判平 21・12・18 民集 63・10・2900 ……………………………… 107
最判平 22・6・29 民集 64・4・1235 ………………………………… 81
最判平 22・7・16 民集 64・5・1450 ………………………………… 255
最決平 22・8・4 判時 2092・98 ……………………………………… 303
最判平 22・10・8 民集 64・7・1719 ………………………………… 107
最判平 22・10・14 判タ 1337・105〔百選 50〕 …………………… 118
最判平 22・10・19 金判 1355・16 …………………………………… 50
最判平 23・2・15 判時 2110・40 ……………………………………… 108
最決平 23・4・13 民集 65・3・1290 ………………………………… 300
最判平 23・5・18 民集 65・4・1755 ………………………………… 66
最決平 23・10・11 判時 2136・9 …………………………………… 181
最判平 24・12・21 判時 2175・20 …………………………………… 105
最判平 25・4・19 判時 2194・13 ……………………………………… 183
最判平 25・11・21 民集 67・8・1686〔百選 113〕 ………… 305, 306
最決平 26・2・27 民集 68・2・192〔百選 9〕 ……………………… 81
最決平 26・7・10 判時 2237・42〔百選 A31〕 …………… 258, 306

最決平 26・11・27 民集 68・9・1486 …………………………………… 141
最判平 28・6・2 民集 90・5・1157〔百選 13〕 …………………………… 88
最判平 28・12・8 判時 2325・37 …………………………………………… 104
最決平 29・10・5 民集 71・8・1441〔百選 A7〕 ………………………… 93
最判平 30・6・1 民集 72・2・88〔百選 61〕 …………………………… 170
最判平 30・10・11 民集 72・5・477〔百選 55〕 ………………………… 153
最判平 30・12・21 民集 72・6・1368〔百選 27〕 ……………………… 188
最決平 31・1・22 民集 73・1・39 ………………………………………… 187
最決令 2・3・24 民集 74・3・455 ………………………………………… 187
最決令 2・3・24 判タ 1480・144 ………………………………………… 186
最判令 2・9・3 民集 74・6・1557 ………………………………………… 108
最判令 2・9・11 民集 74・6・1693〔百選 35②〕 ……………………… 53
最決令 3・3・18 民集 75・3・822 ………………………………………… 172
最判令 4・4・12 判タ 1499・71 …………………………………………… 118
最判令 4・6・24 判タ 1504・39 …………………………………………… 106
最判令 5・3・24 民集 77・3・803 ………………………………………… 280
最決令 6・10・16 裁時 1850・1 …………………………………………… 187

条文索引

民事訴訟法

§1 ……………………………29
§2 ……………………21, 134
§3 ……………………………29
§3の2 ………………………62
§3の3 …………………62, 63
§3の4 ………………………70
§3の5 …………………63, 64
§3の6 ………………………62
§3の7 ……………63, 69, 70
§3の8 ………………………63
§3の9 ………………………63
§3の11 ………………………64
§3の12 ………………………64
§4 ……………………………67
§5 ……………………………67
§6 ………………………55, 68
§6の2 …………………55, 68
§7 …………………………68, 232
§8 ………………………65, 66
§9 ……………………………66
§10 ……………………………68
§11 …………………68, 69, 147
§12 ……………………………69
§13 ………………69, 70, 232
§14 ………………………70, 101
§15 ………………………64, 101
§16 …………64, 65, 71, 76, 236
§17 ……………69~71, 76, 125
§18 ………………………65, 125
§19 ………………………65, 72
§20 ………………………69, 70
§20の2 …………………70, 71
§21 ……………………………72
§22 ………………………72, 224
§23 ………………………73, 76
§24 ………………………73, 76
§25 ………………………74, 75
§26 ……………………74, 152
§27 ……………………………73
§28 ………………80, 83, 89, 147
§29 ………………………80, 242
§30 ………88, 234, 241~243
§31 ……………………………84
§32 ………………………84, 90
§33 ……………………………84
§34 ……………………85, 122
§35 ………………………89, 90, 153
§36 ………………………90, 95, 242
§37 ……………………………90
§38 ……………68, 99, 241, 242
§39 …………………………248
§40 ……244, 255, 258, 263, 264, 270, 271
§41 ……………………249, 271
§42 ………………………52, 259
§43 …………………………262
§45 ………………261~263, 306
§46 …………………………262
§47 ………52, 53, 99, 255~258, 270
§48 …………………………258
§49 ……………………266, 268, 270
§50 ……………………266, 268, 269, 271
§51 ……………………259, 268
§52 ………………………52, 255
§53 ………………………52, 264, 265
§54 ……………………22, 88, 91, 95
§55 ……………………94, 95, 197, 201
§56 ……………………………94
§57 ……………………………86
§58 ……………………………95

§59	95, 122	§109 の 3	45
§60	87	§110	45
§61	22, 225	§111	45
§63	145	§112	45, 122
§67	225	§114	47, 216, 218, 239, 281, 288, 289
§71	60	§115	75, 221, 241, 267, 269
§75	99, 100	§116	283, 302
§76	147	§117	28, 51, 220
§82	23	§118	29, 213
§83	23	§120	125
§85	23	§122	226
§86	300	§123	226
§87	127, 226	§124	86, 91, 95, 151, 267
§87 の 2	33, 138, 146	§125	151
§88	57	§126	125, 151
§89	4, 33, 57, 138, 197	§127	151
§90	9, 76, 126, 147	§128	151
§91	76, 129, 153	§129	124, 151
§91 の 2	32, 76	§130	152
§92	129	§131	124, 152
§92 の 2	22, 33, 118, 138, 197	§132	150
§92 の 3	33, 138	§132 の 2	22, 39, 40, 145
§92 の 4	118	§132 の 3	40
§92 の 6	73	§132 の 4	39, 40
§92 の 8	55, 119	§132 の 6	40
§92 の 9	73, 119	§132 の 7	40
§93	76, 120, 121, 124, 125	§132 の 10	32, 41, 140, 178, 283, 295, 307
§94	76, 120	§132 の 11	32, 41, 42, 283, 295, 307
§96	122, 124	§133	33, 43, 131, 140
§97	46, 122, 123	§133 の 2	33, 43
§98	44	§133 の 3	33
§99	91	§133 の 4	33, 43
§101	44	§134	41, 42, 47, 77
§102 の 2	44	§134 の 2	37, 105
§103	44	§135	37, 104
§104	44	§136	47, 99, 230, 232, 236
§106	44	§137	44, 122, 125, 300
§107	45	§137 の 2	44, 300
§109 の 2	45		

§138	44, 76
§139	46
§140	46, 128
§141	46, 226
§142	47, 52, 99, 103, 107
§143	47, 99, 126, 131, 233, 235, 239
§144	234, 243
§145	52, 99, 131, 218, 239
§146	52, 99, 131, 237, 239
§147	54
§147の2	22, 133, 252
§147の3	133, 252
§148	125, 127
§149	76, 114〜116, 125, 175
§151	115, 125, 156, 175
§152	100, 127, 135, 148, 232, 240, 248, 274
§153	125, 148
§155	86
§156	21, 134
§157	114, 125, 134, 144, 160, 172
§157の2	135
§158	130, 131, 141, 149
§159	149, 159
§160	32, 127, 149, 155
§161	127, 131, 135, 137, 139, 141, 149, 171
§162	122, 134, 139, 140, 143
§163	21, 40, 137, 139, 145
§164	21, 137, 139, 141
§165	21, 137, 139, 141〜144
§166	21, 137, 139, 141, 150
§167	21, 134, 137, 139, 141, 144
§168	21, 128, 137, 139, 141, 142
§169	21, 128, 130, 137, 139, 141, 142
§170	21, 33, 114, 122, 137〜139, 141〜143, 149, 150, 159, 174
§171	21, 57, 137, 139, 141, 143
§172	21, 137, 139, 141, 143
§173	21, 137, 139, 141, 144
§174	21, 134, 137, 139, 141, 144
§175	21, 137, 139, 141〜143
§176	21, 137, 139, 141, 143, 144
§176の2	139, 141, 143
§177	21, 137, 139, 141, 143
§178	21, 134, 137, 139, 141, 144
§179	158, 174
§180	170
§181	171
§182	133, 170
§183	130, 149
§185	33, 57, 125, 138
§186	188
§187	33, 138
§188	154, 155
§190	172
§191	172
§192	172, 176
§193	172, 176
§194	172
§195	132
§196	172, 180
§197	172, 180
§198	153
§201	172
§202	173
§203	173
§203の2	174
§203の3	174
§204	32, 138, 173, 174
§205	173
§206	125
§207	175
§208	175
§210	174, 175
§211	91, 174
§212	176
§213	171, 175

条文索引　*351*

§214	176	§258	47
§215	33, 138, 176	§259	47, 224, 225
§215の2	177	§260	225
§215の3	138, 176	§261	10, 131, 147, 202〜204, 207, 284
§216	176	§262	47, 99, 103, 201, 204
§217	175	§263	150, 201
§218	176	§264	139, 198
§219	178	§265	198
§220	179, 180, 182, 183, 186	§266	147, 207
§221	170, 179	§267	5, 10, 32, 147, 158, 198, 205, 208, 312
§222	179		
§223	178, 179, 183, 184	§268	25, 252
§224	175, 185	§269	25, 56, 58, 252
§225	185	§269の2	56, 58, 252
§226	178, 185, 187	§270	310
§228	155, 177, 178	§271	310
§231	177	§272	310
§231の2	32, 186	§273	310
§231の3	32, 186	§275	4, 311, 312
§232	187	§275の2	198, 311
§232の2	33, 138, 188	§276	310
§233	187	§277	141, 310
§234	188	§277の2	33, 310
§236	89	§278	310
§237	188	§279	311
§243	148, 194, 208, 210	§280	310
§244	149, 150, 208	§281	279, 290
§245	135, 148, 211, 235	§282	279
§246	9, 38, 47, 50, 51	§283	184, 279, 299
§247	115, 145, 156, 160	§284	147, 278, 279
§248	153	§285	122, 283, 295
§249	131, 132	§286	131, 283, 295, 300
§250	209	§287	283, 287, 300
§251	122, 130, 149	§288	283
§252	33, 162, 208	§289	283, 287
§254	208, 315	§290	128, 287
§255	33, 76	§291	287
§256	210	§292	131, 147, 202, 284
§257	200, 209	§293	282, 283

§296	286
§297	286
§298	286
§299	70
§300	238, 243, 286
§301	285
§302	288
§303	279, 288
§304	38, 289
§305	288
§306	288
§307	288
§308	288, 289
§309	289
§310 の 2	56, 286
§311	279, 290, 294
§312	64, 70, 73, 117, 130, 131, 151, 292, 295, 305
§313	122, 147, 202, 279, 295
§314	131, 295
§315	295
§316	295, 297
§317	297
§318	117, 294
§319	128, 297
§320	293, 297
§321	162, 224, 290
§322	154, 293, 297
§324	278, 295
§325	224, 297, 298, 302
§326	298
§327	131, 302
§328	277, 300
§329	300
§330	301
§331	300, 301
§332	122, 299
§333	301
§334	299
§335	301
§336	302, 303
§337	303
§338	44, 53, 73, 131, 148, 151, 204, 292, 304〜307
§339	305
§340	306
§341	306
§342	122, 306
§343	307
§344	307
§345	307
§346	307
§347	307
§348	307
§349	307
§350	317
§352	155, 317
§353	317
§367	155
§368	313, 314
§369	315
§370	315
§371	315
§372	315
§373	314
§374	315
§375	316
§376	316
§377	316
§378	316
§379	316
§380	317
§381	314
§381 の 2	33, 139, 319, 320
§381 の 3	33, 139, 320, 321
§381 の 4	33, 139, 322
§381 の 5	33, 139, 321
§381 の 6	33, 139, 322

条文索引　*353*

§381 の 7	33, 139, 322
§381 の 8	33, 139, 323
§382	60, 226, 323, 324
§383	323
§384	324
§385	324
§386	324, 325
§388	324
§390	325
§391	225, 324
§392	324
§393	325
§394	325
§395	325
§396	324
§397	326
§398	326
§399	326
§403	284, 295, 302, 307, 317, 325

民事訴訟規則

§7	72
§8	72
§10	74, 153
§11	74
§12	75
§13	73
§14	82
§15	84, 90, 155, 242
§18	90
§19	249
§22	265
§23	94, 155
§30 の 2	146
§32	197
§33 の 3	32
§34	129
§34 の 9	73
§34 の 11	73
§35	120, 125
§37	121
§45 の 2	45
§45 の 4	45
§47	140, 141
§47 の 2	140, 141
§52 の 2	40
§53	42, 43, 140
§55	43
§55 の 2	45
§56	44, 60
§58	41
§60	47
§61	47, 60
§62	120
§63	60, 115
§64	121
§65	86
§66	129
§67	147, 158, 197, 198, 208
§68	149
§70	127
§79	137, 140
§80	137, 139
§81	137
§82	137
§83	137, 140
§83 の 2	137, 140
§84	137, 145
§86	137, 143, 144
§87	137, 144
§88	137, 142, 158
§89	137, 144
§90	137, 143
§91	137, 143
§92	137, 144
§93	137, 143
§94	137, 144

§95	137, 139, 144
§96	137, 139, 144
§97	137, 139, 144
§98	137, 139, 144
§99	171
§100	133, 170
§101	133
§102	173
§106	170
§112	172
§113	173
§114	173
§116	173
§118	173
§120	173
§123	173, 174
§124	173
§127	175
§129 の 2	176
§132	176
§132 の 2	177
§132 の 3	177
§132 の 4	177
§132 の 5	176
§137	171, 178
§140	179
§143	178
§149 の 2	186
§150	170
§151 の 2	188
§156	120, 209
§157	208
§159	122
§160	209
§163	198
§164	198
§169	312
§170	310, 311
§170 の 2	310
§171	310
§172	311
§173	279
§174	283
§175	283
§177	284
§178	282
§179	286
§182	285
§183	285
§188	294
§189	295
§190	295
§191	295
§192	295
§193	295
§194	295
§196	295, 297
§197	297
§198	297
§199	294
§200	294
§201	297
§203	295
§204	302
§205	301
§206	301
§207	301
§208	303
§210	301
§211	306, 307
§212	307
§222	314
§223	313
§225	315
§226	315
§227	315
§228	314
§229	315

§230 ································ 316	§231の6 ································ 321
§231 ································ 317	§231の7 ································ 321
§231の3 ································ 320	§231の9 ································ 321
§231の4 ································ 320	§232 ································ 324
§231の5 ································ 321	§237 ································ 325

著者紹介　　上原　敏夫（うえはら としお）
　　　　　　　　一橋大学名誉教授，明治大学名誉教授

　　　　　　池田　辰夫（いけだ たつお）
　　　　　　　　大阪大学名誉教授，弁護士

　　　　　　山本　和彦（やまもと かずひこ）
　　　　　　　　一橋大学大学院教授

【有斐閣Sシリーズ】
民事訴訟法〔第8版〕
Civil Procedure

1992年 5月30日 初　版第1刷発行	2006年 3月10日 第5版第1刷発行
1997年 4月30日 第2版第1刷発行	2009年 4月30日 第6版第1刷発行
1999年 3月20日 第2版補訂第1刷発行	2012年 4月15日 第6版補訂第1刷発行
2001年 3月20日 第3版第1刷発行	2017年 3月 5日 第7版第1刷発行
2002年 3月30日 第3版補訂第1刷発行	2025年 3月20日 第8版第1刷発行
2003年12月20日 第4版第1刷発行	

著　者　　上原敏夫，池田辰夫，山本和彦
発行者　　江草貞治
発行所　　株式会社有斐閣
　　　　　〒101-0051 東京都千代田区神田神保町2-17
　　　　　https://www.yuhikaku.co.jp/
印　刷　　大日本法令印刷株式会社
製　本　　牧製本印刷株式会社
装丁印刷　萩原印刷株式会社

落丁・乱丁本はお取替えいたします。定価はカバーに表示してあります。
©2025, T. Uehara, T. Ikeda, K. Yamamoto.
Printed in Japan　ISBN 978-4-641-15958-7

本書のコピー，スキャン，デジタル化等の無断複製は著作権法上での例外を除き禁じられています。本書を代行業者等の第三者に依頼してスキャンやデジタル化することは，たとえ個人や家庭内の利用でも著作権法違反です。

JCOPY　本書の無断複写（コピー）は，著作権法上での例外を除き，禁じられています。複写される場合は，そのつど事前に，(一社)出版者著作権管理機構（電話03-5244-5088，FAX 03-5244-5089, e-mail:info@jcopy.or.jp）の許諾を得てください。